2013 中国粮食发展报告

CHINA GRAIN DEVELOPMENT REPORT 2013

国家粮食局 主编

经济管理出版社
ECONOMY & MANAGEMENT PUBLISHING HOUSE

图书在版编目（CIP）数据

2013中国粮食发展报告/国家粮食局主编. －北京：经济管理出版社，2013.9
ISBN 978－7－5096－2657－3

Ⅰ. ①2… Ⅱ. ①2… Ⅲ. ①粮食－经济发展－研究报告－中国－2013 Ⅳ. ①F326.11

中国版本图书馆CIP数据核字(2013)第229080号

责任编辑：张　艳　赵喜勤
装帧设计：杨　炜　刘艳南
责任校对：陈　颖
图片提供：东方IC

出版发行：经济管理出版社（北京市海淀区北蜂窝8号中雅大厦A座11层 100038）
网　　址：www.E-mp.com.cn
电　　话：(010)51915602
印　　刷：北京北方福达印刷有限公司
经　　销：新华书店
开　　本：880mm×1230mm/16
印　　张：12
字　　数：260千字
版　　次：2013年10月第1版　2013年10月第1次印刷
书　　号：ISBN 978－7－5096－2657－3
定　　价：150.00元

2013
中国粮食发展报告编辑委员会

编写组
（按姓氏笔画排序）

万劲松 于　涛 孔伟娟 尹　坚 方　言 王　旭 王正友
王莉蓉 王耀鹏 史京华 田雨军 龙伶俐 刘　韧 刘冬竹
刘亚萍 刘宇宁 刘妍杉 刘莉华 匡广忠 向玉旭 孙丽娟
孙洪波 曲贵强 朱之光 纪　展 许　策 齐朝富 何　毅
吴龙剑 吴传文 张　云 张　雪 张永强 张永福 张立伟
张庆娥 张延华 张志栋 李红(女) 李红(男) 李　玥 李　洵
李　涛 李云峰 李亚莉 李寅铨 杨　正 杨卫路 杨凌志
杨绪珍 肖　玲 肖春阳 陈书玉 陈玉中 陈军生 陈成云
陈家积 周　波 周　惠 周　辉 周冠华 周晓耘 周望军
林　燕 林明亮 罗文娟 郁士祥 金　贤 姚秀敏 姜在峰
洪　荣 胡文忠 胡承淼 胡瑶庆 荆　霞 贺　伟 贺　娟
赵泽林 赵素丽 郝胜龙 唐　茂 唐柏飞 唐继发 唐铁军
唐瑞明 徐京华 徐晶莹 秦玉云 耿晓頔 贾　骞 郭洪伟
郭晓虹 陶　英 寇　荣 曹颖君 阎豫桂 麻　婷 麻国杰
黄大山 黄加才 智振华 曾令清 曾衍德 程传秀 程继伟
蒋光尧 韩继志 韩静涛 颜　波 黎　霆 魏　然

编辑部

主　　任：何松森

工作人员：刘珊珊　朱　蓉　崔菲菲

目录

目录

目录

2012年中国粮食发展概述

国家粮食局党组书记、局长　任正晓

2012年是实施“十二五”规划的关键之年。年初，国家粮食局召开全国粮食局长会议，确定了“稳市场保供给、强产业促发展”的中心任务，提出了“抓好收购促增收、加强调控保安全、深化改革转方式、提升产业惠民生、科学管粮上水平”的工作目标。年中，召开各省（区、市）粮食行政管理部门主要负责同志参加的座谈会，深入研究如何推动全面贯彻落实粮食安全省长负责制、推动涉粮中央强农惠农富农政策落到实处、健全保障国家粮食安全的粮食产业体系和粮食行业管理体系等重大问题。年末，深入学习贯彻党的十八大和中央经济工作会议、中央农村工作会议精神，认真落实中央关于“确保国家粮食安全和重要农产品有效供给”的决策部署，把实施粮食收储供应安全保障工程即“粮安工程”作为粮食流通工作的“守底线”工程，把“种粮卖得出、吃粮买得到”作为“底线目标”，提出将推动全面贯彻落实粮食安全省长负责制、实施“粮安工程”作为粮食部门当前和今后一段时期的重要任务。一年来，全国粮食系统坚持稳中求进的工作总基调，求真务实，开拓进取，努力克服经济增长下行压力的影响，积极应对国际市场粮价大幅波动的冲击，较好地完成了各项工作任务，为保障国家粮食安全，促进经济社会持续健康发展作出了积极贡献。

一、促进生产发展，夯实粮食安全物质基础

2012年，国家继续加大“三农”投入力度，中央财政用于“三农”的支出达到12287亿元。大力兴修水利，启动“节水增粮”行动，开展农村土地整治，建设高标准农田。继续对种粮农民进行直接补贴、良种补贴、农机具购置补贴和农资综合直补，健全主产区利益补偿机制，完善补贴政策，加大补贴力度，扩大覆盖范围，中央财政安排补贴资金1923亿元。与此同时，着力落实和完善粮食增产财政保障机制，专项用于保护种粮农民和主产区利益以及支持提高粮食综合生产能力。

积极发挥流通对生产的引导作用，继续在主产区对稻谷和小麦实行最低收购价政策，早籼稻、中晚籼稻、粳稻价格水平比上年分别提高0.36元/公斤、0.36元/公斤和0.24元/公斤，白小麦、红小麦、混合麦价格水平比上年分别提高0.14元/公斤、0.18元/公斤和0.18元/公斤；继续对油菜籽、大豆实行临时收储措施，价格水平比上年分别提高0.4元/公斤、0.6元/公斤。

中央强农惠农富农政策的实施，较好地保护和调动了农民种粮积极性，粮食总产量实现“九连增”，达到创纪录的58958万吨，比上年增加1837万吨，增幅3.2%。粮食总产量连续6年稳定在5亿吨以上并逐年增加，标志着我国粮食综合生产能力跃上新台阶，粮食安全的物质基础更加坚实。

二、加强宏观调控，确保粮食市场和价格基本稳定

始终把保供稳价作为首要任务，积极应对国际市场粮价剧烈波动的冲击，综合利用政策性粮食竞价销售、储备粮油轮换、适时进口转储、组织跨省移库和产销衔接等手段，有效实施粮食宏观调控，保证市场有效供给。2012年，共投放政策性粮食1850万吨，组织政策性粮食跨省移库328万吨，粮食产销对接2435万吨，保障了市场有效供给，维护了粮价基本稳定，为国家控制物价涨幅、稳定通胀预期发挥了重要作用。

认真做好中央储备粮油管理工作，通过直接收购、轮换收购、进口转储等方式，及时充实中央储备库存。进一步充实地方粮油储备，优化储备结构。大力推进粮食应急工作，加强应急培训，提高地方粮食部门应对突发事件的能力和水平。库存粮食继续保持数量真实、质量良好、储存安全。2012年12月末，全国地方储备粮和储备油库存同比分别增长5.7%和5.4%，其中成品粮和成品油库存分别增长8.7%和5.4%。切实做好粮食统计信息工作，开展社会粮油供需平衡调查，健全粮油市场监测网络，增强市场反应的灵敏度和准确度。稳步推进军粮供应网络体系建设和应急保障工作，加强军粮供应质量监管和规范化管理，确保军粮供应及时、质量优良、价格稳定。

三、抓好粮食收购，保护种粮农民利益

会同有关部门修改完善并及时公布最低收购价执行预案和临时收储工作方案，严格委托收储企业的资格条件，完善预案启动机制和补贴机制。新粮上市后，江苏、安徽、湖北、河南、山东、河北6省先后启动了小麦最低收购价执行预案。根据生产形势和市场价格情况，及时安排部署油菜籽、大豆、玉米等临时收储工作，继续对新疆小麦实施国家临时收储。认真组织政策性粮食收购，鼓励引导企业开展自营收购，督促企业严格执行“五要五不准”收购守则，确保国家粮食收购政策落实。2012年，全国各类粮食企业收购原粮31861万吨，其中国有企业收购13498万吨，政策性粮食收购3729万吨。通过提价托市、帮助灾区农户整粮减损提等进级等措施，帮助种粮农民增收350亿元以上。

四、深化国有粮食企业改革，增强企业活力

国家粮食局会同中国农业发展银行印发《关于进一步加强合作，推进国有粮食企业改革发展的意见》，提出推动战略重组、积极协调和争取地方政府支持、发挥金融政策性支持作用等改革措施，支持地方国有粮食企业改革发展。加强与国有粮食企业改革和发展工作联系点的沟通联系，指导国有粮食企业深化改革、强化管理。

各地国有粮食企业积极转变经营机制，进一步健全企业法人治理结构，完善内部人事、劳动和分配机制；积极转变经营模式，经营活力明显增强，经济效益继续提高。2012年，全国国有粮食企业统算盈利79.5亿元，同比增长12.8%，连续6年实现全系统统算盈利。同时，多元粮食经营主体进一步发展壮大，对搞活流通、繁荣市场发挥了重要作用。

五、推进粮食流通产业发展，增强产业实力

认真落实《粮食行业“十二五”发展规划纲要》精神，组织实施粮油加工、设施建设、粮食科技和粮食市场体系建设4个专项规划，加快粮食流通基础设施建设。国家有关部门安排中央补助投资28.78亿元，带动地方和企业投资178亿元，用于粮油仓储设施项目、现代物流、农户科学储粮专项、质量安全检验监测能力建设以及实施最低收购价政策地区仓房的维修改造。

推进粮食市场体系健康有序发展，重点突出对粮食收购、零售、批发等各类市场的规划指导和政策扶持。认真做好国家粮食交易中心的建设和管理工作，强化粮食批发市场在协调处理政策性粮食竞价交易出库、资金结算方面的工作责任。进一步健全全国统一粮食竞价交易系统，更好地发挥服务国家粮食宏观调控的载体作用。进一步完善国家粮食局重点联系粮食批发市场制度，推动粮食批发市场加强交流合作。

贯彻落实全国科技创新大会精神，强化科技创新，以重点项目研发和创新平台建设为抓手，为粮食产业发展提供有力支撑。以加快发展主食产业化为突破口，推进粮油工业结构调整和产业转型升级，进一步增强居民口粮和军粮供应保障能力。粮油加工业保持平稳运行，产品产量稳定增长，企业规模不断扩大。2012年，全国粮油加工企业全年实现工业总产值2.2万亿元，同比增长18.9%。

继续推进“放心粮油”进农村、进社区示范工程，构建“放心粮油”供应平台，“放心粮油”店和示范销售店达6000家以上，销售网点23万个以上，其中农村网点7万多个，创建示范配送中心达300多家。

六、实施农户科学储粮专项，减少粮食产后损失

我国农户家庭储粮数量较大，由于农户储粮装具简陋、保管技术水平低，每年受鼠害、虫害和霉变等因素的影响造成大量粮食损失。为减少农村粮食产后损失，2007年国家粮食局启动实施了农户科学储粮专项，取得了良好的经济效益和社会效益，深受农户欢迎。2012年，国家粮食局继续扩大农户科学储粮专项实施范围，为全国22个省（区、市）165.6万农户配置了储粮装具，可存储粮食约300万吨，每年减少储粮损失18.5万吨，促进农户增收3.7亿元。同时，以总体技术支撑单位为依托、以各省级粮食科研院所为支撑、以基层粮食仓储企业为基础的三级农户储粮技术服务体系逐步建立，为指导农户科学储粮提供了有力的技术支撑。

为节约稻谷和小麦资源，引导粮食加工业健康发展，国家粮食局开展了相关产业政策调查，组织有关行业协会、省级粮食行政管理部门、科研设计院和企业等单位研究编制稻谷、小麦加工产业政策，提出适度加工、提高副产物综合利用水平等加工环节节约减损的具体政策措施。

七、加强依法行政和依法管粮，维护粮食流通市场秩序

积极推进粮食立法工作。认真配合有关部门做好《粮食法（草案）》的研究、论证、报审等工作。研究制（修）订《粮食质量安全监管办法》、《粮食批发市场管理办法》和《国家粮油仓库仓储设施管理试行办法》。

继续加强粮食行政许可工作。各级粮食行政管理部门继续依法开展粮食收购资格审核工作。截至2012年底，全国取得粮食收购资格的经营者共8.25万家，其中国有企业1.57万家，多元市场主体6.68万家。开展了两批中央储备粮代储资格认定工作，并加强对已经取得资格企业的管理。目前全国共有1761户企业取得了粮食类代储资格，取得资格仓容9717万吨；193户企业取得了油脂类代储资格，取得资格罐容332万吨。

深入推进粮食监督检查工作。认真组织粮油库存清查，重点检查浙江、江西、湖北、湖南、贵州、青海6省近两年收购的国家临时存储油库存、临储菜籽油加工集并及入库储存政策落实情况。开展中央事权粮食委托在地检查试点，委托辽宁、江苏、安徽、河南、广西、四川6省（区）的省、市两级粮食行政管理部门对中央储备粮进行在地检查，实现了以地方粮食部门为主体，对辖区内所有性质粮食库存进行全口径检查。

加强质量监管和仓储管理。继续开展全国收获粮食质量调查和质量安全监测，及时通报并妥善处理部分地区存在的粮食质量安全隐患问题，粮食质量安全和库存管理水平进一步提高。积极开展“打非治违”专项行动，加大对生产事故的调查处理力度，行业安全生产的基础工作得到加强。

第一部分

粮食生产

一 2012年粮食作物生产情况及2013年形势展望

2012年，党中央、国务院着眼全局，出台了一系列强农惠农富农政策，各级农业部门坚决贯彻中央决策部署，紧紧围绕“千方百计确保国家粮食安全”的目标，凝心聚力，攻坚克难，粮食生产在高基数、高起点上，在灾害重、困难多的情况下，再获丰收，不断刷新历史。2012年粮食产量达到58958.0万吨，实现“九连增”，九年粮食产量累计增加15888.6万吨，每公顷产量提高969.3公斤，是新中国成立以来粮食总产增加最多、单产提高最快的时期。

(一)2012年粮食生产特点

1.种植面积稳定增加

2012年粮食播种面积为11120.5万公顷，比上年增加63.2万公顷，增幅0.6%，是新中国成立以来第一次连续九年增加。

2.粮食单产提高

2012年粮食平均单产为每公顷5301.8公斤，比上年提高135.9公斤，增幅2.6%。

3.粮食总产连续第九年增产

2012年粮食总产为58958.0万吨，比上年增产1837.1万吨，增幅3.2%，实现1959年以来第一次连续九年增产。

4.三季粮食季季增产

夏粮增产：2012年夏粮播种面积为2758.9万公顷，比上年增加3.2万公顷，增幅0.1%；总产为12993.7万吨，比上年增产355.1万吨，增幅2.8%；单产每公顷4709.7公斤，比上年提高123.5公斤，增幅2.7%。

早稻增产：2012年早稻播种面积为576.5万公顷，比上年增加1.5万公顷，增幅0.3%；总产为3329.1万吨，比上年增产53.7万吨，增幅1.6%；单产每公顷5774.8公斤，比上年提高77.9公斤，增幅1.4%。

秋粮增产：2012年秋粮播种面积为7785.1万公顷，比上年增加58.5万公顷，增幅0.8%；总产为42635.1万吨，比上年增产1428.4万吨，增幅3.5%；单产每公顷5476.5公斤，比上年提高143.4公斤，增幅2.7%。

5.主要粮食品种“三增一减”

稻谷增产：2012年稻谷播种面积为3013.7万公顷，比上年增加8.0万公顷，增幅0.3%；总产为20423.6万吨，比上年增产323.5万吨，增幅1.6%；单产每公顷6776.9公斤，比上年提高89.6公斤，增幅1.3%。

小麦增产：2012年小麦播种面积为2426.8万公顷，比上年减少0.2万公顷，减幅不足0.01%；总产为12102.3万吨，比上年增产362.2万吨，增幅3.1%；单产每公顷4986.9公斤，比上年提高149.7公斤，增幅3.1%。

玉米增产：2012年玉米播种面积为3503.0万公顷，比上年增加148.8万公顷，增幅4.4%；总产为20561.4万吨，比上年增产1283.3万吨，增幅6.7%；单产每公顷5869.7公斤，比上年提高122.2公斤，增幅2.1%。

大豆减产：2012年大豆播种面积为717.2万公顷，比上年减少71.7万公顷，减幅9.1%；总产为1302.4万吨，比上年减产146.1万吨，减幅10.1%；单产每公顷1816.0公斤，比上年降低20公斤，减幅1.1%。

(二)主要启示

1.粮食生产扶持政策体系不断健全

党的十六大以来，中央确立了把解决好“三农”问题作为全党工作重中之重的战略思想，连续10年发布指导“三农”工作的1号文件，明确要求稳定发展粮食生产、确保国家粮食安全，出台了一系列扶持粮食生产发展的政策，实惠之多、力度之大、覆盖面之广前所未有。2006年起国家全面取消农业税，每年为农民减轻负担1335亿元。2009年起，逐步取消了主产区粮食风险基金地方配套，每年为主产区减轻负担277亿元。粮食直补、良种补贴、农机购置补贴、农资综合补贴“四补贴”资金由2004年的145亿元增加到2012年的1668亿元，每亩种粮补贴由不足10元增加到100元。为调动地方抓粮积极性，2005年起中央对产粮大县进行奖励，资金由最初的55亿元增加到2012年的280亿元，将1000多个产粮大县纳入奖励范围。为保证农民种粮收益，国家在重点地区对重要粮食品种实行最低收购价政策，并根据种植成本及市场情况不断提高最低收购价水平，白小麦、红小麦（混合麦）由2004年的每公斤1.44元、1.38元，统一提高到2012年的2.04元；早籼稻由2004年的每公斤1.40元提高到2012年的2.40元，中晚籼稻由每公斤1.44元提高到2.50元，粳稻由每公斤1.50元提高到2.80元。

2.农业基础设施建设不断加强

2008年，中央从保障国家粮食安全的大局出发，制定了《国家粮食安全中长期规划纲要》，科学规划粮食生产布局，加大对农田水利、标准粮田、土地整理等重大项目的投入力度，不断提升粮食综合生产能力。“十一五”期间，中央财政累计安排小农水补助资金169亿元，小型农田水利重点县建设资金100亿元，改善灌溉和排涝条件，增强抗御旱涝等自然灾害能力。2008年起启动新增1000亿斤粮食生产能力规划，扶持800个产粮大县加快建设以小型农田水利设施为基础的田间工程，实施农业综合开发、优质粮食产业工程、现代农业发展项目，改造中低产田，打造旱涝保收的高产稳产粮田。实施测土配方施肥和土壤有机质提升项目，提升土壤肥力，提高农民科学施肥水平。2005～2012年，中央财政累计投入测土配方施肥资金64亿元，为13.5亿亩农作物设计“营养套餐”，示范区粮食亩均增产6%～10%。

3.农业科技支撑能力不断提升

实现粮食持续稳定发展，根本出路在科技创新，关键在技术集成。目前，我国农业科技贡献率为54.5%，在所有行业中是较高的。累计投入50多亿元，在水稻、小麦、玉米等50个农产品产业技术领域设立首席科学家、岗位科学家和综合试验站，支持农科教、产学研大联合大协作，促进技术研究集成和成果转化，形成推动粮食科技发展的强大合力。实施基层农技推广体系改革与建设示范县项目，在2555个县累计投入资金30多亿元，加强乡镇农技推广机构条件建设，努力打造一支农民信得过、靠得住、用得上的“正规军”，农技推广公共服务能力明显增强。大马力、多功能、高性能及薄弱环节农业机械增长迅速，农机装备结构不断优化。2012年，我国农作物耕种收综合机械化率达到57%，小麦基本实现全程机械化作业。同时，农机、植保各种专业服务组织迅速发展，为农民提供代耕、代种、代收等产前、产中、产后一条龙服务，大大减轻了农民的劳动强度。

4.高产创建带动作用不断强化

继续大规模开展粮食高产创建，通过集成推广高产优质品种和配套栽培技术，促进农机农艺结合、良种良法配套、规模化经营与产业化服务结合，辐射带动大面积均衡增产，对粮食实现连续九年增产发挥了重要作用。2008～2012年，中央财政累计安排50多亿元，在全国建设28202个集中连片的粮食万亩高产创建示范片，并选择基础条件好、增产潜力大的5个市（地）、50个县（市）、500个乡（镇）开展整建制粮食高产创建试点。

5.着力构建防灾减灾工作机制

牢固树立减灾就是增产的理念，创新工作思路，推进科学防灾减灾工作，努力做到防在灾害前面、救在第一时间、抗在关键时点。合理调整农作物区域布局，变对抗性种植为适应性种植，做到主动避灾。各地在这方面有许多成功的探索，甘肃结合水资源特点，主动压夏扩秋，压缩小麦，扩种玉米，同时大力推广全膜双垄沟播技术，玉米增产幅度超过40%，全省地膜玉米面积扩大到1000多万亩，近5年粮食总产增加250多万吨，走出了一条干旱半干旱地区依靠科技避灾增产的新路子。各级农业部门加强对农业生产影响较大的旱涝、低温灾害、病虫害等防范技术研究，分区域、分作物、分灾种筛选一批行之有效的防灾增产关键技术，组装主推模式，努力扩大技术覆盖率。加强灾情监测预报，及时发布预警信息，制定完善防灾减灾预案，提早做好物资、资金和技术准备，做到有效防灾。

（三）2013年粮食生产形势展望

粮食生产“九连增”，粮食等主要农产品连年丰收，是多种因素同向作用的结果。但粮食连年增产，出现滑坡拐点的几率在累积，风险在上升。在高基数、高水平上，要继续保持粮食等主要农产品稳定发展的好势头，面临的困难更多、挑战更大。

一是资源约束趋紧，保障主要农产品总量平衡的难度越来越大。我国人均耕地面积不足世界平均水平的40%，人均淡水资源仅为世界平均水平的28%。近年来，随着工业化、城镇化发展，耕地面积年均减少1000多万亩，农业用水占全国用水总量的比例年均下降0.5个百分点，耕地和水资源短缺问题日益突出。此外，农村劳动力大量转移，农村空心化、农业兼业化、务农农民老龄化趋势明显。在有限的资源条件下，如何合理配置资源，保持粮食等主要农产品生产稳定发展的难度越来越大。

二是基础设施薄弱，农业抗灾增产的难度越

来越大。近年来，干旱、洪涝、低温、台风等农业气象灾害和病虫灾害发生的不确定性越来越大，特别是对粮食生产影响最大的旱灾发生的频次高、范围广、持续时间长，农田基础设施薄弱，水利设施老化、配套不完善，旱不能浇、涝不能排等问题日益突出。目前，全国大型灌区骨干工程完好率仅为60%，中小灌区干支渠完好率只有50%，大型灌溉排水泵站老化破坏率接近75%。加强农田基础设施，提高农业抗灾能力的需求越来越迫切。

三是消费转化升级，保障主要农产品结构平衡的难度越来越大。目前，我国人均GDP为5414美元，进入消费结构加快升级阶段，对优质、专用农产品的需求量逐年增加，消费者对农产品安全性的要求越来越高。生产优质、安全农产品投入高、产量低，在有限的资源条件下，同时满足总量平衡和结构平衡的难度非常大。

四是生产经营规模小，有效应对国际国内市场冲击的难度越来越大。目前，我国人均耕地1.34亩，农业劳动力人均经营6亩耕地，是印度的2/3、韩国的1/2、日本的1/5，仅为美国的6‰，生产效率低，组织程度不高。随着世界经济一体化进程的加快，国际农产品对国内市场冲击日益增强，我国小农户与大市场的矛盾越来越突出。在坚持以家庭承包经营为基础、统分结合的双层经营体制下，如何创新组织方式，促进适度规模经营，不断提高主要农产品的产量、质量和效益，是需要深入研究并加快解决的重大问题。

五是种粮比较效益低，稳定农民种粮积极性的难度越来越大。据统计，三种粮食（小麦、水稻、玉米）每亩净利润仅为蔬菜的1/10，每亩成本利润率为31.7%，比蔬菜低54.1个百分点。虽然粮食价格逐年提高，但远远跟不上农药、化肥等农业投入品、土地承包费和劳动力价格的上涨幅度。2004年以来，三种粮食平均每亩生产成本翻了一番，而同期三种粮食平均价格仅上涨60%。

2013年是贯彻落实党的十八大精神的开局之年，是实施“十二五”规划的关键之年，确保国家粮食安全，对经济持续健康发展具有重要意义。要力争实现“两增一稳”，即夏粮增产、早稻增产、秋粮稳定，确保粮食总产稳定在5.25亿吨以上。

二 2012年国家扶持粮食发展政策

2012年，国家继续狠抓粮食生产不放松，进一步加大政策扶持力度，不断提高粮食生产能力，对实现粮食生产“九连增”、保障国家粮食安全发挥了重要作用。

(一)资金扶持政策

1.实施种粮补贴政策

2012年，中央财政继续实施各项农业补贴政策，保护和调动农民种粮、地方政府抓粮的积极性，促进粮食稳定增产。全年安排“四项补贴”资金1668亿元。其中，粮食直补资金151亿元，农资综合补贴1078亿元，农作物良种补贴224亿元，农机购置补贴200亿元。安排产粮（油）大县奖励资金280亿元，比上年增加44亿元，增长18.6%。此外，安排东北地区“坐水种”、冬小麦产区“一喷三防”、西南地区玉米覆膜种植等补助资金22.7亿元。

2.安排粮食产能建设资金

2012年，国家发展改革委安排全国新增1000亿斤粮食能力规划田间工程、大型灌区续建配套和节水改造、新建灌区、大型灌排泵站改造、旱作农业、种子工程、植保工程等粮食生产能力建设中央投资177亿元，比上年增加9亿元。其中，新增1000亿斤粮食规划田间工程中央投资43亿元，在800个产粮大县建设高产稳产粮田1070万亩；安排大型灌区续建配套和节水改造、新建灌区和大型灌排泵站改造工程110亿元，比上年增加34亿元。

3.加快粮食流通能力建设

2012年，国家发展改革委安排中央投资16.8亿元，用于粮油仓储设施、粮食现代物流、农产品批发市场等项目建设，累计建成粮食收储仓容2500万吨、食用油罐320万吨、跨省区粮食物流通道散粮物流项目465个、改造农户储粮设施506万户，以及一批农产品批发市场等。

(二)粮食最低收购价格政策

为保护和调动农民种粮的积极性，提高种粮收益，促进粮食生产发展，2012年国家根据种粮成本变化情况，继续稳步提高小麦、稻谷最低收购价格。

1.小麦最低收购价政策

2011年9月底，国家发展改革委公布了2012年小麦最低收购价，并取消了白小麦、红小麦和混合麦的价差，将最低收购价统一提高到每公斤2.04元（三等，下同），比2011年分别提高0.14元、0.18元和0.18元。按当年预计生产成本及上述价格水平测算，加上粮食直补和农资综合补贴，农民按最低收购价出售小麦的成本利润率为19%左右，接近小麦生产近20年的平均成本利润率。2012年5月21日，国家发展改革委会同有关部门下发了《关于印发2012年小麦最低收购价执行预案的通知》。6月份新麦上市后，河南、湖北、江苏、安徽4省及山东、河北部分市县启动了执行预案。

2.稻谷最低收购价政策

2012年2月，经国务院批准，国家发展改革委公布了2012年稻谷最低收购价格水平，从新粮上市起适当提高主产区当年生产的稻谷最低收购价格。其中，早稻、中晚籼稻、粳稻最低收购价分别由上年的每公斤2.04元、2.14元和2.56元，提高到每公斤2.4元、2.5元和2.8元，比上年分别提高0.36元、0.36元、0.24元。2012年7月和9月，国家发展改革委会同有关部门印发了早籼稻、中晚籼稻最低收购价格执行预案。11月中旬开始，根据稻谷市场价格变化，有关部门根据要求陆续启动了中晚籼稻、粳稻最低收购价执行预案。

(三)粮油临时收储政策

为加强粮油市场调控，防止价格过度下跌挫

伤农民的生产积极性，国家发展改革委根据玉米、大豆、油菜籽市场价格的变化情况，会同有关部门研究出台了临时收储政策，及时启动收储预案，稳定了农产品价格水平，增加了农民种粮收入，促进了农业持续稳定发展。

2012年11月，国家在东北三省和内蒙古自治区启动了玉米、大豆临时收储。按照辽宁、内蒙古玉米每公斤2.14元，吉林玉米每公斤2.12元，黑龙江玉米每公斤2.10元、大豆每公斤4.6元的价格进行收储。

2012年5月，国家发展改革委继续在主产区实施油菜籽临时收储。收储价格为每公斤5.0元（国标三等），比上年提高0.4元。执行区域为湖北、四川、安徽、江苏、湖南、河南、贵州、江西、青海、陕西、浙江、甘肃、重庆、内蒙古、云南、新疆和西藏17个油菜籽主产省（区、市）。适用期限为，冬播油菜产区从2012年6月1日到9月底，春播油菜产区从2012年9月1日到2013年2月底。

三 主要粮食品种生产成本分析

(一)2012年粮食生产成本收益变化情况

据全国价格主管部门成本调查机构的调查显示，2012年粮食与上年相比（下同）：单产提高，成本增加，价格上涨，收益减少。具体情况如下：

1.单产提高

2012年上半年粮食主产区遇到了低温寡照的不利天气，而下半年气候条件较好，加之国家对农业生产扶持力度的不断加大，我国粮食生产再获丰收。从调查情况来看，三种粮食（稻谷、小麦、玉米，下同）平均每亩产量451.4公斤，比上年增加9.4公斤，增幅2.1%。其中，稻谷和玉米亩产分别为478.8公斤和492.6公斤，分别增加14.3公斤和20.3公斤，增幅分别为3.1%和4.3%；小麦亩产382.8公斤，减少6.4公斤，减幅1.6%。

2.成本增加

2012年三种粮食平均每亩总成本和现金成本分别为936.4元和449.7元，分别比上年增加145.3元和50.0元，增幅分别为18.4%和12.5%。主要成本项目变动情况：一是主要受化肥价格上涨影响，虽然每亩化肥施用量（折纯）仅比上年略增0.8%，但每亩化肥费达到143.4元，增加15.1元，增幅11.8%；二是在机械化率持续提高和机械作业价格上涨的影响下，每亩机械作业费

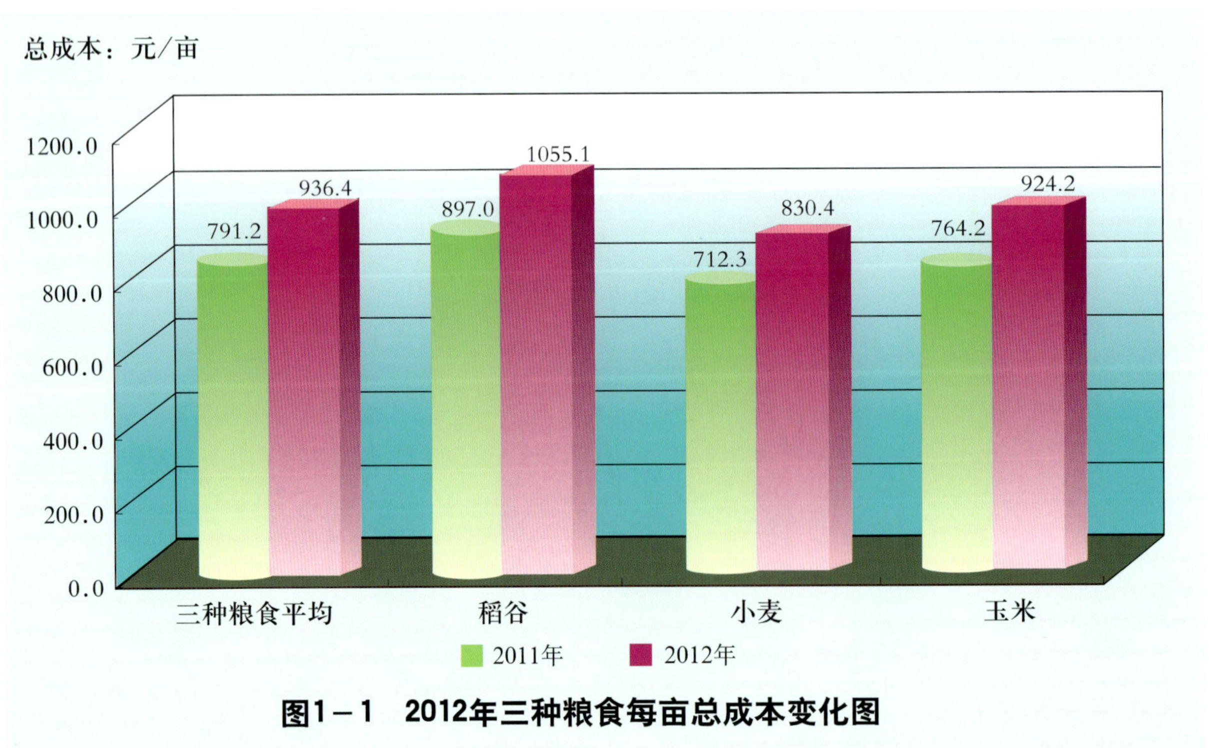

图1－1 2012年三种粮食每亩总成本变化图

114.5元，比上年增加16.0元，增幅16.2%；三是由于种子价格上涨10.6%，加之用量增加1.3%，每亩种子费达52.1元，比上年增加5.6元，增幅12.1%；四是由于劳动力价格上涨，虽然每亩用工数量比上年减少5.3%，但每亩人工成本仍达372.0元，比上年增加88.9元，增幅31.4%；五是由于土地价格继续上涨，每亩土地成本166.2元，比上年增加16.4元，增幅11.0%。

3.价格上涨

主要受成本持续增加和国家继续提高粮食最低收购价等因素的影响，2012年粮食价格连续第七年上涨。农民出售三种粮食全年平均价格每50公斤119.9元，比上年上涨4.4元，涨幅3.8%。其中，稻谷、小麦和玉米分别为138.1元、108.3元和111.1元，分别比上年上涨3.5元、4.4元和5.1元，涨幅分别为2.6%、4.2%和4.8%。

4.收益减少

2012年三种粮食平均每亩净利润为168.4元，比上年减少82.4元，减幅32.8%；而不考虑家庭用工和自营土地机会成本的每亩现金收益为655.1元，比上年增加12.9元，增幅2.0%。如果再加上国家对农业的补贴，每亩实际收益（现金收益加补贴收入）达731.3元，比上年增加22.9元，增幅3.2%，再创历史新高。其中，稻谷和玉米每亩实际收益分别为884.1元和798.2元，分别比上年增加3.3%和7.2%；小麦为511.7元，比上年减少2.4%。

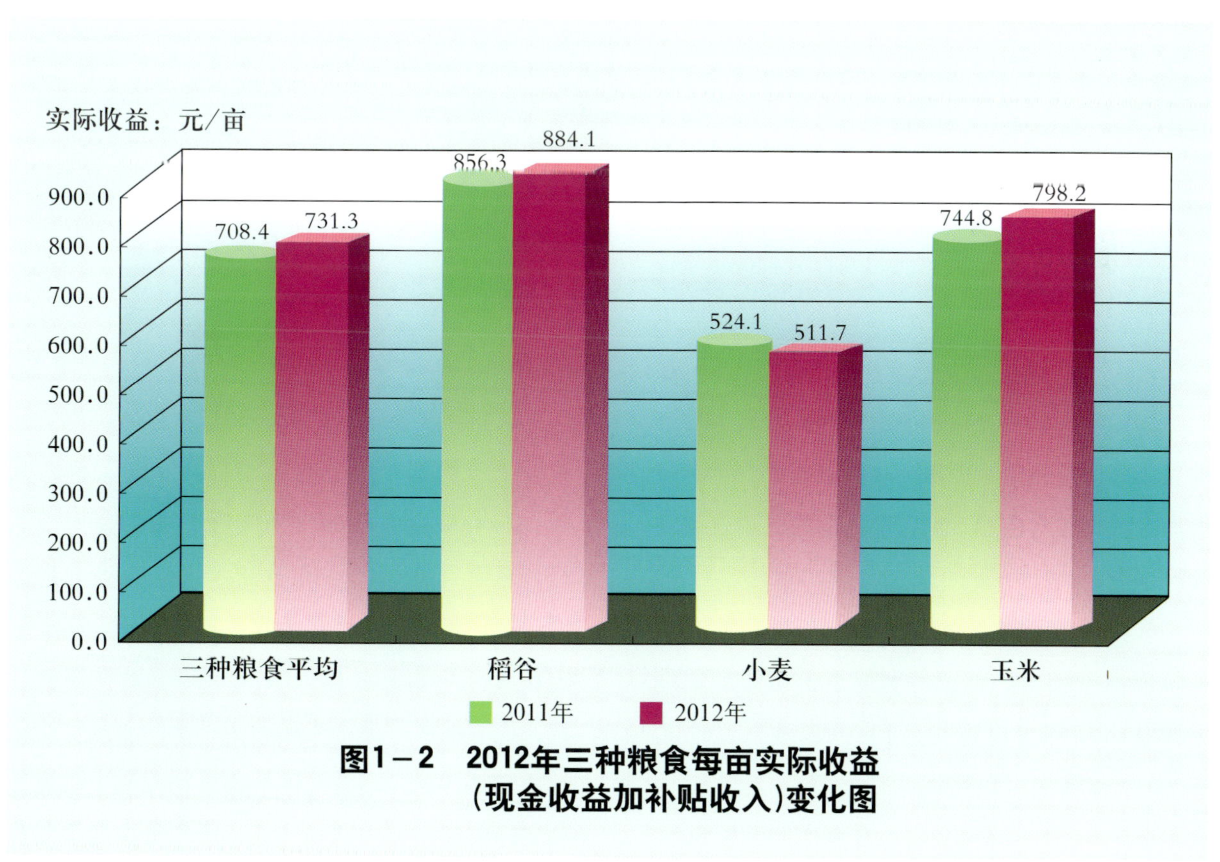

图1－2　2012年三种粮食每亩实际收益（现金收益加补贴收入）变化图

表1-1　2012年粮食成本收益比较表(一)

单位：元

品种	每亩总成本		每亩净利润		每50公斤总成本		每50公斤平均出售价格	
	2011年	2012年	2011年	2012年	2011年	2012年	2011年	2012年
三种粮食平均	791.2	936.4	250.8	168.4	87.6	101.6	115.4	119.9
稻谷	897.0	1055.1	371.3	285.7	95.2	108.7	134.5	138.1
早籼稻	822.7	965.7	212.0	125.4	98.6	116.0	124.0	131.1
中籼稻	891.9	1043.1	428.4	366.3	87.7	99.8	129.9	134.9
晚籼稻	835.5	988.7	325.5	246.8	100.4	110.8	139.6	138.5
粳稻	1037.7	1223.1	519.3	404.2	95.4	109.7	143.2	146.0
小麦	712.3	830.4	117.9	21.3	89.2	105.6	104.0	108.3
玉米	764.2	924.2	263.1	197.7	78.9	91.6	106.1	111.1

表1-2　2012年粮食成本收益比较表(二)

单位：元

品种	每亩现金成本		每亩实际收益（含补贴收入）		每50公斤现金成本	
	2011年	2012年	2011年	2012年	2011年	2012年
三种粮食平均	399.7	449.7	708.4	731.3	44.3	48.8
稻谷	487.6	543.4	856.3	884.1	51.7	56.0
早籼稻	435.4	479.8	669.4	694.7	52.2	57.7
中籼稻	412.1	458.7	987.3	1037.5	40.5	43.9
晚籼稻	459.2	509.7	770.2	805.1	55.2	57.1
粳稻	643.5	725.1	998.3	999.2	59.2	65.1
小麦	370.3	414.6	524.1	511.7	46.4	52.7
玉米	341.3	391.1	744.8	798.2	35.2	38.7

(二)2012年粮食和主要经济作物效益比较

2012年我国粮、棉、油、烟的生产成本均继续呈快速上升趋势，但实际收益也均比上年有所增加。粮食相对棉花、油料和烤烟的比较效益均有所下降。

从比较效益来看，由于2012年棉花单产增加幅度高于粮食，油菜籽和烤烟价格的涨幅高于粮食，粮棉（以棉花为1）、粮油（以油菜籽为1）和粮烟（以烤烟为1）实际收益比，由上年的0.62、1.58和0.43，分别下降到0.56、1.54和0.32。

从实际收益水平来看，2012年粮食亩均实际收益低于烤烟，但仍然高于棉花和油菜籽。其中，三种粮食各品种亩均实际收益均高于油菜籽，粮食与烤烟的实际收益水平差距进一步扩大。2012年每亩烤烟实际收益2316.9元，高于每亩粮食全年实际收益（按一年两季粮食作物计算，北方地区一亩小麦和一亩玉米的实际收益合计为1309.9元，南方地区一亩早籼稻和一亩晚籼稻实际收益合计为1499.8元，平均每亩粮食实际收益为1404.8元），收益差距由上年的303.0元扩大到912.1元。2012年棉花价格稳定，单产增加较多，每亩棉花实际收益1312.5元，与粮食的实际收益差距由上年的205.7元缩小到92.3元。油菜籽每亩实际收益仅为473.3元，低于各粮食品种。

四 2012年油料作物生产情况及2013年发展趋势

2012年全国油料生产继续保持较好的发展势头，面积、总产、单产“三增”，特别是总产和单产再创历史新纪录，总产也实现自2008年以来的“五连增”。油料生产的持续稳定发展，增加了市场有效供应，对食用植物油供给安全发挥了重要作用。

(一)2012年油料生产继续增产

据统计，2012年全国油料总产达到3436.8万吨，比上年增产130万吨，增长3.9%，增产量和增长幅度都大于上年。2012年油料生产主要有以下特点：

1.油料增产主要靠单产

2012年全国油料平均单产每公顷2467.2公斤，比上年提高80.5公斤，增长3.4%，再创历史新纪录。单产提高增产油料110多万吨，占油料增量的85%。花生、油菜籽、芝麻、胡麻、向日葵五个油料作物单产均比上年增加，均创历史新纪录。其中，花生每公顷3598.5公斤，提高96公斤；油菜籽1884.8公斤，提高57.5公斤；芝麻1463.2公斤，提高77.8公斤；胡麻1228.5公斤，提高115.5公斤；向日葵2614.1公斤，提高154.4公斤。

2.种植面积稳中有增

在上年种植面积略减的情况下，2012年实现了恢复性增加。全国油料面积1393万公顷，比上年增加7.5万公顷，增长0.5%。分作物看，主要油料作物增加，特色油料作物减少。其中油菜面积743.2万公顷，比上年增加8.4万公顷；花生面积463.9万公顷，增加5.7万公顷。向日葵、胡麻等其他特色油料作物面积减少，特别是向日葵面积减少5.2万公顷。

3.主要油料作物增产多

五个油料作物全面增产，增产最多的是花生和油菜。2012年全国花生产量达到1669.2万吨，实现连续6年增产，连续3年创新纪录，比上年增产64.6万吨，占油料增量的50%。油菜籽产量1400.7万吨，创历史新纪录，增产58万吨，占增量的45%。芝麻等其他作物增产7.4万吨，占增量的5%。

4.主产省增产多

全国11个油料总产量超100万吨的省（区）

中，除湖南省减产7.5万吨外，其余10个省（区）均增产，共增产105.1万吨，占油料增量的80.8%。增产最多的是河南省，增产37.1万吨，占全国油料增量的28.5%。此外，内蒙古、吉林、安徽、山东、四川增产量都在10万吨左右。

5.食用植物油自给率总体稳定

2012年油料增产130万吨，棉花增产25万吨，大豆减产146.1万吨，茶籽油、玉米油、米糠油等稳中略增，扣除食用部分，国产油料折油总量1063万吨，比上年增产28万吨。按照2012年植物油食用消费量2530万吨测算，食用植物油自给率稳定在42%左右。

2012年油料生产持续增产的主要原因：一是气候条件总体有利。冬油菜尽管在春季遭遇长时间的低温阴雨寡照，但播栽期、苗期、花期和灌浆成熟期天气较好，有利于油菜适期播栽、壮苗越冬、开花授粉和灌浆成熟。秋收油料作物大多分布在比较干旱瘠薄地区，上年这些地区雨水比较丰沛，有利于作物生长，花生、芝麻、胡麻、向日葵单产大幅度提高。二是油料高产栽培技术得到进一步普及推广。各地以高产创建为抓手，大力开展技术培训，召开各种技术现场会，组织技术观摩活动，在作物生长关键季节开展技术指导，推广普及油料高产栽培技术。三是政策支持力度加大。国家在继续实施油菜、花生良种补贴和油料大县奖励政策的同时，针对上年三熟制油菜生育期推迟的情况，中央财政安排1亿元资金，对稻稻油三熟制油菜实行“一促四防”补助。同时，一些地方政府也加大了支持力度，如湖北省油菜免费供种面积已达到1/3以上。四是花生等油料市场价格继续保持高位运行。2012年，花生果价格基本保持在每公斤7元以上，油菜籽价格也高于上年，稳定了农民的生产积极性。

(二)2013年油料生产形势展望

总体来看，油料生产发展的两大制约因素仍然存在。一是比较效益低的局面没有扭转。长江中下游油菜收益不如小麦，东北地区大豆收益只有玉米的一半，影响农民的生产积极性。二是油料生产机械化水平低的局面没有扭转。我国油菜、花生、芝麻、胡麻等作物机械化生产水平低，以人工作业为主，费工费劲。受品种、季节、生产条件、机械性能等多方面的影响，机械作业推进缓慢。农村劳动力素质下降、人工成本上升等也制约了油料生产的发展。但2013年油料生产也有一些有利条件：一是油料价格比较稳定。尽管近期花生价格有所下降，但仍维持在较高水平。二是国家进一步提高了油菜籽临时收储价格，由每公斤5元提高到5.1元。三是冬油菜单产和含油率都可能提高。

根据以上分析，2013年油料生产有可能继续保持基本稳定的趋势，不会出现大起大落的局面。油料面积可能稳中略增。其中，油菜面积可能稳中略增，花生面积小幅增加，向日葵等特色油料面积将基本稳定。如气候正常，油料总产有可能稳中有增。

五 全国新增1000亿斤粮食生产能力规划实施情况

《全国新增1000亿斤粮食生产能力规划（2009-2020年）》（以下简称《规划》）启动实施以来，各地区、各有关部门高度重视，周密部署，扎实工作，切实加强粮食生产能力建设，落实高产稳产粮田建设任务。

(一)加大投入力度

增加资金投入是完成规划建设任务的重要前提。近年来，各地区、各有关部门积极调整投资结构，努力增加规划建设资金，据初步统计，2010～2012年累计安排中央投资690多亿元，投入力度之大前所未有。其中：国家发展改革委累计安排中央投资390多亿元用于800个产粮大县田间工程、大型灌区续建配套与节水改造、新建灌区、大型灌排泵站更新改造、抗旱应急水源工程等项目建设。财政部将800个产粮大县全部纳入农业综合开发范围，累计安排约250亿元用于产粮大县中低产田改造、中型灌区节水改造。国土资源部在安排新增建设用地土地有偿使用费、土地开发整理工程等项目资金时积极向产粮大县倾斜，加大土地复垦开发和基本农田建设保护力度。同时，有关部门努力提高中央投资补助比例，减轻地方配套投资压力。国家发展改革委将田间工程建设地方配套比例由以往的50%降至25%，并要求省级投资占地方配套一半以上。财政部将粮食主产区中低产田改造地方配套比例由1：0.49调整为1：0.41，并取消产粮大县县级财政配套。各地区也结合本省实际出台了扶持政策，如河南省省级配套资金占地方配套的56%，并督促县级财政落实配套，77个产粮大县落实了县级配套资金；江苏省明确提出“十二五”期间田间工程项目地方配套资金全部由省级承担。

(二)提高了粮食产能

在各地区、各有关部门的共同努力下，《规划》实施取得了明显成效，800个产粮大县灌排设施等农业生产条件明显改善，粮食生产抵御自然灾害的能力显著增强。据初步统计，项目区累计新打或修复机井8.5万眼，铺设各类输水管道5万多公里，修建灌排渠道6.3万公里，排灌泵站2.7万个，桥涵闸等4.8万个，集蓄水设施9040个，机耕路3万多公里，水稻育秧大棚11.6万栋，培肥地力300多万亩，平整土地2100多万亩，改造中低产田2450万亩，建成高产稳产粮田4000多万亩，新增和改善有效灌溉面积2000多万亩，形成了一批田成方、渠相连、旱能灌、涝能排的粮食生产基地，提高了耕地的产出水平，为粮食稳步增产奠定了坚实的基础。汇总各地上报数据，2011年，800个产粮大县粮食播种面积约9.81亿亩，比2009年增加近2000万亩；粮食产量近4亿吨，比2009年增加3300多万吨，约占同期全国粮食增产量的80%左右，为粮食连年增产做出了重要贡献。同时，有关部门按照要求加大产粮大县农业科技推广力度，加快优良品种和先进栽培技术的推广应用，项目区粮食良种覆盖率达到95%以上，商品化供种水平达到85%以上，高产栽培技术推广到位率达到95%以上，粮食生产的科技水平明显提升，加上粮食生产基础设施条件的改善，产粮大县的粮食单产水平显著提高。2011年，800个产粮大县粮食平均亩产超过400公斤，比2009年提高了25公斤，高出全国平均亩产50公斤左右。

第二部分

粮食流通

一 2012年粮食流通情况分析

（一）2012年粮食商品量36507万吨，商品率达到62%，比上年提高2个百分点

2012年全国粮食商品量36507万吨，商品率为62%。近年来粮食商品量和商品率持续提高的主要原因：一是粮食连年增产，直接增加商品粮数量；二是粮食生产集约化发展，可提供的商品粮源增加；三是农村消费方式改变，农户卖原粮再买成品粮及其制品的情况变得越来越普遍。分地区看，东北三省一区以及河北、安徽、江西和湖北8个粮食主产区商品量增量均超过100万吨。分品种看，小麦、稻谷、玉米三大主要粮食品种商品量均有不同程度增加，大豆由于产量减少，商品量有所下降。

（二）粮食收购总量增加，分品种收购“两增两减”

2012年，各类粮食企业（包括国有粮食企业、重点非国有粮食企业和转化用粮企业）共收购粮食29015万吨（贸易粮，下同），同比增加772万吨。其中，收购小麦8423万吨，同比增加396万吨；大米6414万吨，同比减少96万吨；玉米12700万吨，同比增加513万吨；大豆1037万吨，同比减少62万吨。

1.国有粮食企业收购量增加较多

2012年国有粮食企业收购粮食12364万吨，比上年增加921万吨。分品种看，收购小麦4871万吨，同比增加221万吨；大米2574万吨，同比减少225万吨；玉米4261万吨，同比增加833万吨；大豆564万吨，同比增加98万吨。收购增加的主要原因：一是在河北等6个小麦主产省启动了小麦最低收购价执行预案，收购量增加；二是在东北三省一区对玉米和大豆实行了临时收储政策，玉米和大豆收购量有所增加。由于政策性收购增加，2012年国有企业收购量占各类企业收购总量的比重达43%，比上年提高3个百分点。

2012年共收购最低收购价粮2456万吨，其中小麦2317万吨，大米139万吨；国家临时存储粮607万吨，其中小麦3万吨、玉米282万吨、大豆322万吨。

2.重点非国有粮食企业和转化用粮企业收购量略有减少

2012年多元主体收购量占全社会各类企业收购总量的57%。重点非国有粮食企业收购粮食10753万吨，比上年减少142万吨，其中小麦、玉米、大豆收购量分别比上年减少14万吨、132万吨、149万吨，大米增加126万吨。重点转化用粮企业收购5898万吨，减少8万吨，其中玉米、大豆收购分别比上年减少188万吨、10万吨；小麦、大米分别比上年增加188万吨、4万吨。

（三）国有粮食企业销售量大幅减少

2012年，国有粮食企业累计销售粮食16829万吨，比上年减少2093万吨。分品种看，小麦销售

6930万吨，同比减少412万吨；大米2971万吨，同比减少638万吨；玉米4548万吨，同比减少1291万吨；大豆2188万吨，同比增加196万吨。

国家政策性粮食销售出库1232万吨，同比减少2599万吨，减少67.8%。其中销售最低收购价小麦873万吨、大米23万吨；销售临时存储小麦33万吨、大米9万吨、大豆294万吨。

(四)粮油市场价格总体趋稳

2012年，我国粮食连续九年增产，为粮油市场价格保持稳定奠定了较好基础。玉米和稻谷价格基本平稳，小麦和大豆价格涨幅较大。据监测，2012年末，国内各主要粮食品种主产区每50公斤市场收购价格为：小麦111.7元、玉米108元、早籼稻129.9元、中籼稻132.6元、晚籼稻132.5元、粳稻143.7元，分别比上年同期增长8.6%、2.5%、6.3%、1.4%、0.5%和1.7%；大豆收购价格为230.8元，同比上涨13.4%。受原粮收购价格上涨的推动，成品粮油零售价格也出现不同程度上涨。2012年末，全国晚籼米、粳米和小麦粉每50公斤平均零售价格分别为216元、245元、184元，同比分别上涨4.3%、3.4%、2.8%；豆油、菜籽油和花生油零售价格为589元、659元和1154元，同比分别上涨5%、5.4%和9.9%。

(五)库存总量继续增加

1.国有粮食企业库存同比增加

2012年，国有粮食企业收购增加、销售减少，年末库存增加。分性质看，最低收购价粮、国家临时存储和地方储备库存均有不同程度增加，中央储备库存略有下降，企业商品周转库存减少较多。分品种看，各主要粮食品种除小麦库存下降外，其他品种均不同程度上升，库存品种结构进一步优化。分地区看，主产区库存比例上升，主销区库存基本持平，产销平衡区库存有所下降，库存区域不平衡的矛盾依然存在。

2.非国有粮食企业和转化用粮企业的粮食库存基本稳定

各级粮食部门积极引导各类粮食企业理性入市，采取多种措施引导和规范非国有粮食企业的经营行为，鼓励多元主体参与粮食流通、搞活粮食市场，促进粮食产业健康发展。非国有粮食企业和转化用粮企业粮食经营量继续维持在较高水平，年末非国有粮食企业库存略有增加，转化用粮企业的粮食库存略有减少。

3. 城乡居民存粮继续增加

据调查，2012年末全国农户存粮27940万吨，同比增长11.7%。农户存粮继续增长的主要原因：一是粮食总产特别是秋粮产量增加较多，而秋粮旺季收购期大致在当年10月至翌年3月，年末正是农户手中大量粮源的出售期；二是国家最低收购价和临时收储价格的支撑，以及种粮成本的提高，使得农民待价而售的心理增强；三是农户储粮条件改善以及家庭收入的多元化，也使得许多农户不再急于卖粮变现。分品种和地区看，农户小麦、玉米、稻谷、大豆和其他杂粮存量均有不同程度增加。农户存粮增加主要集中在粮食主产区，其中河南、山东的小麦，湖北、江西和江苏的稻谷，吉林、山东、内蒙古和黑龙江的玉米年末农户存粮增加较多。

2012年末，全国城镇居民户存粮755万吨，比上年增加35万吨，增幅4.9%。城镇居民户存粮增加主要是城镇化率进一步提高和进城务工人员较多，使得城镇家庭存粮继续增长，其中大米和杂粮增加，小麦减少。

二 2013年粮油流通形势预测

(一)粮食生产稳步发展，粮食产需基本平衡，食用植物油产需缺口仍然较大

2012年，粮食总产量实现“九连增”。2013年粮食生产继续保持良好势头，综合有关部门数据和调查情况，冬小麦播种面积增加6.7万公顷，一、二类苗合计达到85%，小麦单产有望继续提高。如果后期不发生大的自然灾害，夏粮有望再获丰收，将为全年粮食丰收和保持产需基本平衡打下坚实基础。2013年粮食消费继续平稳增长，主要粮食品种产需总量保持基本平衡的态势，大豆和食用植物油产需缺口依然较大。

国内市场价格总体平稳。受粮食最低收购价继续提高和生产成本上升等因素的影响，国内小麦、早籼稻、粳稻、大豆等主要粮食品种市场价格总体平稳略涨，面粉、早籼米、粳米等成品粮价格略有上涨，玉米价格略降。

预计2013年食用植物油消费将平稳增长，产需仍存在较大缺口，食用植物油和油料进口量将保持较高水平。

(二)多元收购主体入市活跃，粮食商品率不断提高

当前我国粮食生产正朝着集约化、专业化、组织化、社会化的现代农业方向发展，粮食生产将进一步向主产区集中。加之粮食连续增产和农民消费习惯改变，预计2013年粮食商品率将有所提高，粮食收购数量继续保持较高水平，省际间粮食流通数量也将稳步增加。国有粮食企业仍将发挥主渠道作用，多元主体积极入市，有利于促进粮食流通。

(三)粮食市场价格继续高位运行，粮食市场价格总体稳定

预计2013年市场粮价将继续在高位运行，但总体保持基本稳定。小麦和稻谷市场价格将总体保持平稳，大幅上涨的可能性不大。主要原因：一是近几年物价水平总体上涨，能源、生产资料以及劳动力价格上涨推高了生产成本；二是2013年国家继续提高最低收购价格水平，对粮食市场价格形成有力支撑；三是近两年粮食进口数量增加，对粮食市场价格具有抑制作用。

由于国内大豆产需缺口大，食用植物油自给率低，食用植物油和大豆价格受国际市场价格的影响较大，但由于库存较为充裕，价格大幅波动的可能性不大。玉米需求有所减弱，价格会总体趋于平稳。

三 2012年粮油进出口贸易形势分析

据海关统计，2012年我国进口粮食8024.6万吨（包括谷物、豆类以及木薯等），同比增加25.9%。其中，进口小麦370.1万吨、大米236.9万吨、玉米520.8万吨、大豆5838.4万吨，同比分别增加1.9倍、3倍、2倍和11.2%。出口粮食276.6万吨，同比减少3.8%，其中谷物出口减少、大豆出口增加。全年净进口粮食7748万吨，同比增加27%。

2012年我国进口食用植物油845.1万吨，同比增加28.7%。其中，进口豆油182.6万吨、棕榈油523万吨、菜籽油117.6万吨，同比分别增加59.7%、11.3%和1.1倍。出口食用植物油10万吨，同比减少18.2%。全年净进口食用植物油835.2万吨，同比增加29.6%。另外，2012年我国进口油菜籽293万吨，同比增加1.3倍。

分国别看，部分品种进口来源国所占份额变化较大，进口集中度进一步提高。澳大利亚小麦进口增加2.8倍，占我国进口小麦的比例由上年的51.0%提高到65.7%。越南和巴基斯坦大米进口分别增加5.6倍、65.9倍，占我国进口大米的比例由上年的39.1%、1.5%分别提高到65.2%、24.5%；泰国大米进口减少42.2%，占我国进口大米的比例由上年的57.7%下降到8.4%。巴西豆油进口增加82.4%，占我国进口豆油的比例由上年的43.8%提高到50.0%。

2012年我国粮油进口增加较多的主要原因：一是部分品种供需偏紧。近年来国内粮食连年增产，但由于消费刚性增长，供需处于“总量基本平衡、结构性紧缺”状态。国内大豆减产，饲养业对豆粕需求增加，大豆产需缺口扩大，进口继续增长。小麦价格一度持续低于玉米，替代玉米饲用消费进一步增长，饲料小麦进口增加较多。二是部分品种国内外价差较大。近年来在国际粮食市场价格大幅波动的情况下，国内粮价稳步提升，部分品种价格持续高于国际市场，特别是大米价格高出国际市场较多，企业进口有利可图，进口积极性较高。三是国家通过进口方式补充了部分储备库存。

2012年粮食价格情况分析及2013年预测

2012年，国内市场粮食价格总体平稳上升，涨势有所放缓；国际市场粮食价格高位大幅震荡。预计2013年国内市场粮食价格将稳中有升，国际市场粮价震荡上升。

(一)2012年粮食价格运行情况

1.国内市场原粮收购价格小幅上升，成品粮零售价格平稳上升

(1)原粮收购价格小幅上升。全年三种粮食平均收购价格为每50公斤118.3元，比上年上涨6.3%，其中稻谷收购价格小幅上升，玉米价格总体先升后降，小麦价格先稳后降再升，全年平均价格均高于上年，分别比上年上涨7.6%、4.4%和6.4%。

稻谷收购价格总体小幅上涨，不同品种走势分化明显。全年平均，每50公斤稻谷收购价格为137元，比上年上涨7.6%，其中粳稻、中晚籼稻、早籼稻收购价格分别为143.8元、137.2元、129.8元，比上年分别上涨0.8%、10.1%、13.3%。分月走势看，粳稻价格总体平稳偏弱，10月新稻上市初期价格小幅回落，11月中旬黑龙江、安徽部分市县先后启动了最低收购价执行预案，价格趋于稳定；中晚籼稻价格在9月新稻上市前保持平稳上涨，上市后小幅回落，江西个别地区12月底启动了托市收购；早籼稻产需偏紧，价格持续稳步上涨。

小麦收购价格呈先稳后降再升走势，全年平均价格高于上年。1～5月，价格稳中略升；6～7月夏收后低开上市，主产区启动最低收购价执行预案，收购价格稳定在最低收购价附近；8～12月，面粉消费进入旺季，由于大量托市收购新麦进入国家储备库，市场流通粮源阶段性偏紧，小麦价格上涨较快。全年平均，小麦收购价格为每50公斤107.7元，比上年上涨4.4%。

玉米收购价格呈先升后稳再降走势，全年平均价格高于上年。1～4月，饲料和深加工企业生产积极性较高，玉米价格快速上涨；5～9月，受生猪价格持续下降影响，养殖效益低迷，饲料需求转淡，玉米价格高位趋稳；10～12月，主产区玉米丰收上市，价格小幅回落。全年平均，玉米收购价格为每50公斤110.1元，比上年上涨6.4%。

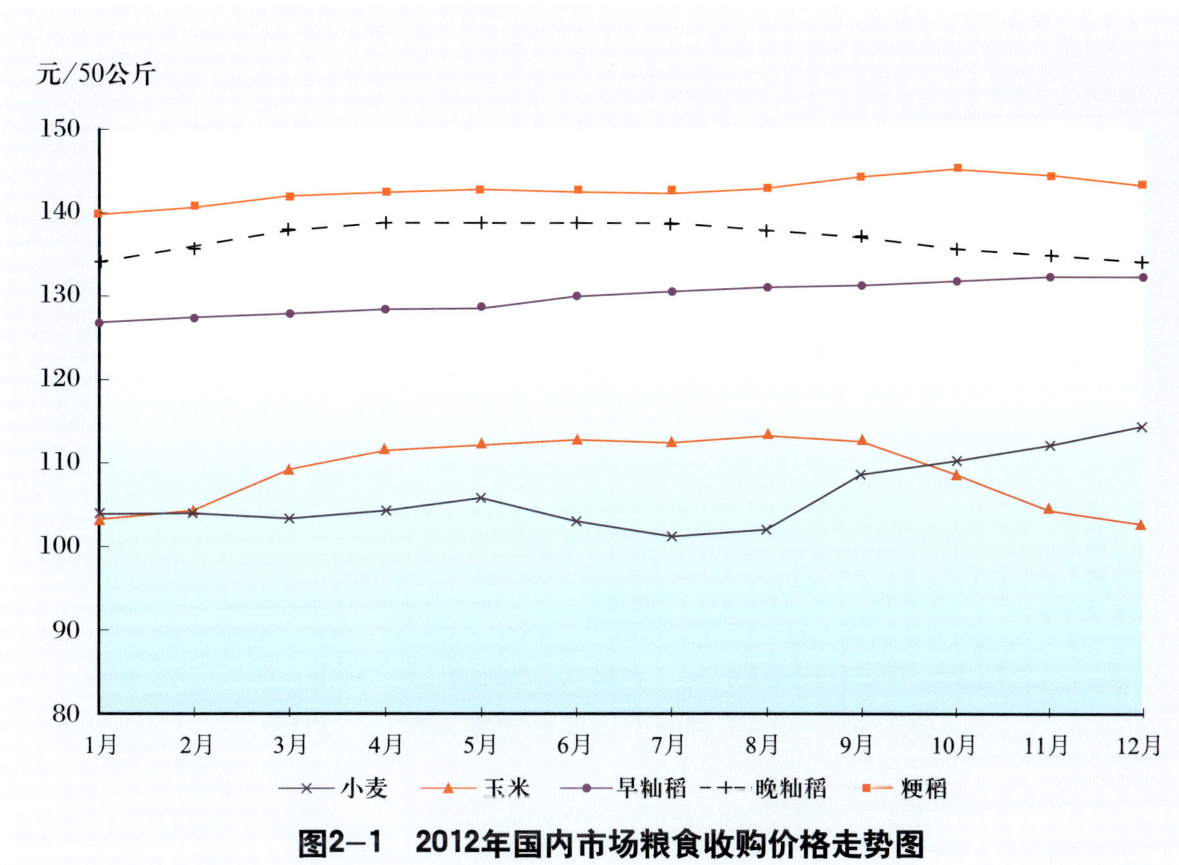

图2–1 2012年国内市场粮食收购价格走势图

(2)成品粮零售价格逐月平稳上升。受原粮收购价格上涨影响，2012年成品粮零售价格逐月小幅上涨，但由于成品粮加工企业竞争激烈，加之东南亚低价大米对国内大米价格形成一定抑制作用，成品粮价格涨幅大多小于原粮。全年平均，36个大中城市晚籼米、粳米、标准粉和富强粉零售价格分别为每公斤4.86元、5.30元、4元和4.66元，比上年分别上涨8.3%、4.7%、3.6%和4.2%。

2.国际市场粮价高位大幅震荡

1～5月，受原油价格波动、主产国天气变化等因素影响，国际市场小麦、玉米价格在较高价位上小幅波动；6～8月，市场对主产国恶劣天气的炒作不断升温，国际市场小麦、玉米价格大幅上涨；9～12月，随着北半球农作物陆续大量上市，粮食生产形势日趋明朗，美国减产幅度小于此前预期，市场炒作逐渐消退，加之欧美债务危机再次引发市场担忧，国际市场小麦、玉米价格持续下跌。大米市场相对平稳，泰国、越南等主要大米出口国库存较为充裕，大米价格总体在较低价位运行，其中越南大米价格下降较多。全年平均，芝加哥市场小麦、玉米期货价格和泰国、越南大米现货FOB价分别为每吨278美元、272美元、569美元、436美元，与上年相比，小麦、玉米、泰国大米价格分别上涨5.2%、1.4%、4.4%，越南大米下降14%。

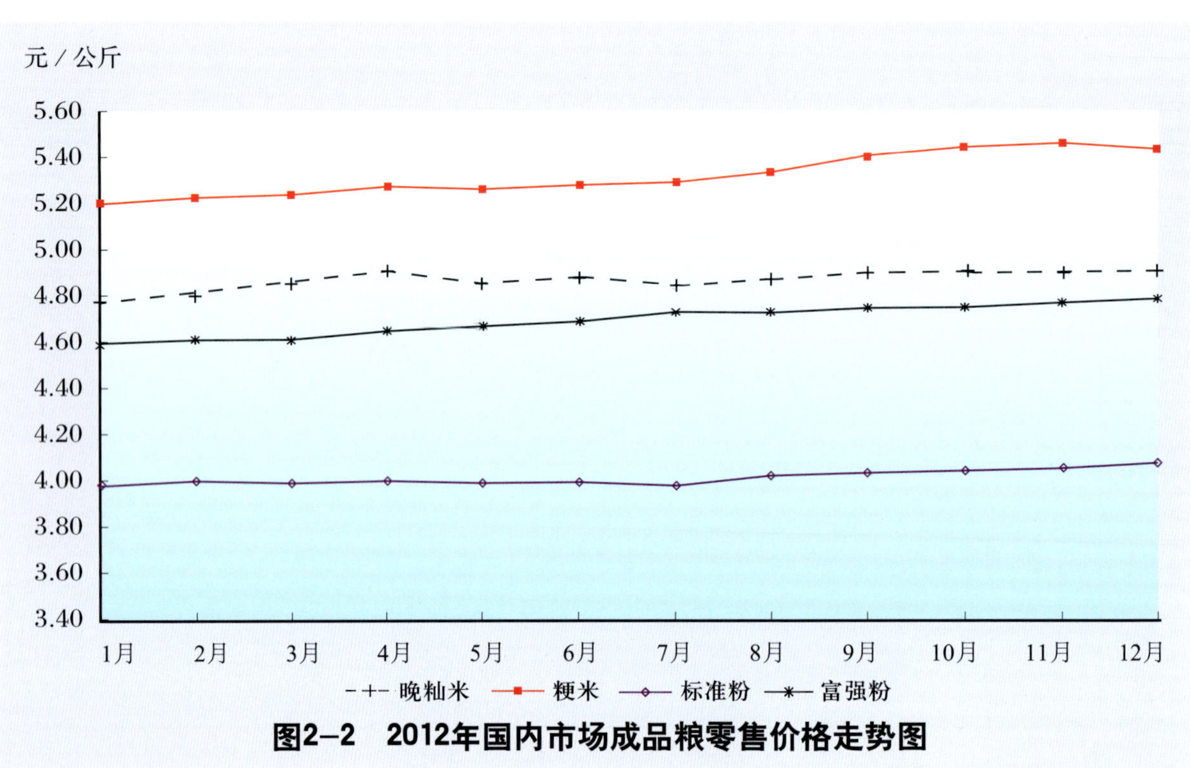

图2-2 2012年国内市场成品粮零售价格走势图

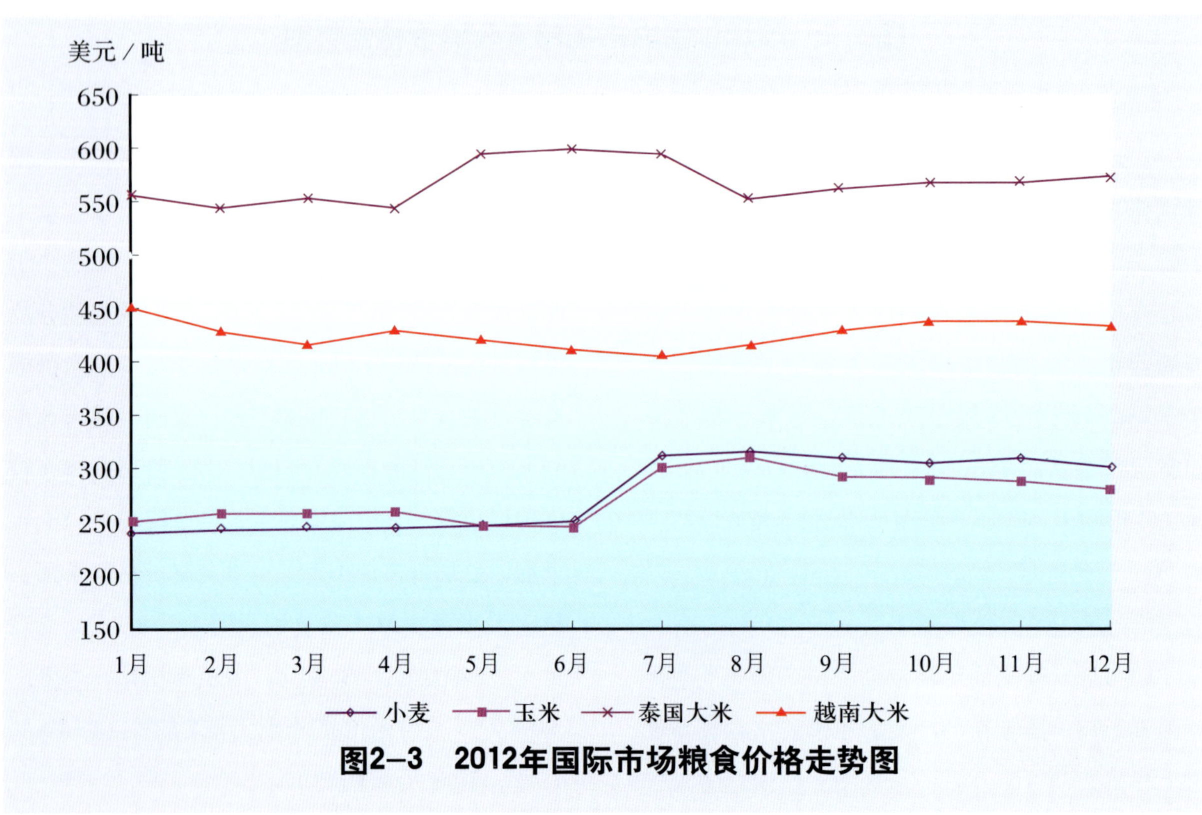

图2-3 2012年国际市场粮食价格走势图

(二)2012年国内市场粮食价格运行的主要特点

2012年，在国家提高粮食最低收购价政策引导和临时收储、储备吞吐、进出口调节等调控措施的综合作用下，国内粮食价格总体继续保持平稳上升态势，同时呈现出以下新特点：

一是国内粮食价格涨势总体放缓，不同品种涨幅分化明显。2012年粮食平均收购价格涨幅仅为6.3%，比上年缩小6.2个百分点，其中稻谷、玉米涨势放缓，涨幅分别比上年缩小8.3个、12.6个百分点；小麦价格小幅上涨，全年平均上涨4.4%，涨幅比上年扩大1.3个百分点。稻谷各品种中，籼稻价格涨幅远大于粳稻，全年平均，早籼稻、中晚籼稻收购价格分别较上年上涨13.3%、10.1%，涨幅比上年缩小1.2个、9.7个百分点；粳稻仅上涨0.8%，涨幅缩小13个百分点。

二是小麦、稻谷均启动了最低收购价执行预案。2012年小麦、中晚籼稻和粳稻上市后，部分地区价格低于最低收购价，启动了最低收购价执行预案，其中小麦6个主产省均启动了托市收购。多品种、大范围启动预案，这在近三年尚属首次。

三是国内农产品市场受国际市场影响程度加深。国内粮食特别是玉米需求增长较快，更多利用国际市场资源满足国内需求成为必然选择，加之国内粮食价格已全面高于国际市场，且价差较大，粮食进口有利可图，进口量增加较多，国内外市场的联系日趋紧密。

(三)2013年国内外粮食价格走势预测

1.预计国内市场粮食价格总体稳中有升

我国粮食产量实现"九连增"，市场供应总体充足，目前国家粮食库存处于历史较高水平，粮食市场调控体系进一步健全，稳定价格具有较好的物质基础。此外，当前国际市场粮价已全面低于国内价格，一定程度上影响国内价格和市场预期，将抑制国内粮食价格上涨。但粮食生产成本将继续呈小幅上升态势，在国家继续提高粮食最低收购价的引导下，2013年粮食价格总体将继续呈稳中有升态势。分品种看，预计小麦和面粉价格总体平稳运行；大米价格受东南亚低价大米进口增加影响平稳运行，稻谷价格在最低收购价政策的引导下，预计稳中有升；2012年玉米丰收，市场供应充足，但2013年东北地区受低温雨雪天气影响播种期推迟，玉米产量存在较大不确定性，加之生猪市场周期性波动对饲料需求的影响，预计2013年全年玉米价格总体呈先降后升态势。

2.预计国际市场粮食价格总体震荡走低

2013年全球粮食播种面积增加，若主产国不出现异常天气，粮食产量将达到历史较高水平，产需关系进一步改善，国际市场粮食价格将呈震荡走低态势，但价格水平仍处于历史较高价位。由于美日欧等主要经济体为刺激本国经济，纷纷采取宽松货币政策释放流动性，不确定性因素较多的农产品有可能再次成为投机资金炒作的对象，所以不排除个别品种、个别时段出现大幅震荡的可能性。

第三部分 粮食供求形势

一 2012年粮食供求形势分析与2013年展望

在中央一系列强农惠农富农政策的有力推动下，我国粮食生产实现连续九年丰收。2012年粮食总产量58960万吨，比上年增加1840万吨；粮食消费继续平稳增长，主要粮食品种产需总量保持基本平衡的态势，大豆和食用植物油产需缺口依然较大。据海关统计，全年进口谷物、大豆、食用植物油分别为1400万吨、5838万吨、845万吨，比上年分别增加860万吨、580万吨、188万吨。虽然谷物进口增幅较大，但进口量占消费量的比重仅为2%。进口粮食对保证国内市场供应发挥了积极作用。2013年，国家继续加大对粮食生产的扶持力度，较大幅度提高粮食最低收购价格，进一步调动地方政府抓粮和农民种粮的积极性，冬小麦播种面积增加，如没有大的自然灾害，全年粮食生产将保持稳定发展；粮食消费继续平稳增长，2013年粮食产需将继续保持总量基本平衡。预计2013年食用植物油消费保持平稳略增，产需缺口依然较大，食用植物油和油料进口仍将保持较高水平。

二 主要粮食品种供求形势分析

(一)2012年小麦供求情况

1.小麦供给和需求状况

2012年，我国小麦产量较上年有所增加，进口增加较多，出口略减。

(1)小麦产量增加，进口量增长。2012年我国小麦产量为12102.3万吨，较上年增加362.2万吨；当年进口370万吨，较上年增加244万吨；出口29万吨，较上年减少4万吨。

(2)小麦需求略减。2012年我国小麦国内总需求量为12530万吨，较上年减少249万吨，降幅2.0%。其中，制粉消费量为8760万吨，占国内消费量的69.9%，较上年增加250万吨，增幅2.9%；饲料用消费量为2100万吨，占国内消费量的16.8%，较上年减少600万吨，降幅22.2%；工业消费量为1200万吨，较上年增加100万吨，增幅9.1%。

2.小麦市场价格走势及成因

2012年上半年，小麦市场粮源充足，价格基本稳定。2012年下半年，受政策提振、饲用季节性增加等因素推动，国内小麦价格大幅上涨。

(1)2012年上半年国内小麦价格基本稳定。由于2011年我国未启动小麦托市收购，2012年上半年小麦市场粮源仍然十分充足，小麦价格以稳为主。市场粮源充足，用粮企业对托市小麦依赖程度较低。2012年1～6月全国托市小麦成交量为282.0万吨，较2011年同期减少911.6万吨，是小麦托市收购启动以来成交量最少的半年。

5月下旬有关部门发布了小麦最低收购价执行预案，2012年三等小麦收购价为1.06元/斤。执行区域包括河北、江苏、安徽、山东、河南和湖北6个主产省，执行时间为2012年5月21日到9月30日。6月新麦自南往北收获上市，收购工作展开。但由于部分地区发生小麦赤霉病，小麦品质预期不佳，市场主体观望情绪较重，收购不积极，市场价格保持低位稳定。

(2)6月下旬起，小麦价格开始小幅上涨，至12月底创下历史新高。6月下旬起，小麦托市收购在主产区各地陆续启动，贸易商随之入市收购小麦，虽然小麦制粉消费处于淡季，制粉企业收购不积极，但小麦饲用成本优势明显，饲料企业大量收购小麦，致使价格开始小幅上涨。8月份，制粉消费逐渐进入旺季，各类收购主体收购力度均较大，小麦价格快速上涨。9月上旬，小麦托市收购结束，累计收购量达到2325万吨。市场粮源快速消耗，小麦价格快速上涨。自12月中旬起，国家加大托市小麦投放市场力度，小麦价格上涨速度减缓，但上涨势头并未改变。12月底，小麦价格创下历史新高，华北黄淮地区小麦进厂价达到2563元/吨。7～12月，主产区小麦价格累计上涨447元/吨，创下近年同期最大涨幅。2012年下半年小麦市场粮源紧张，用粮企业对托市小麦依赖程度增加。7～12月，托市小麦累计成交1164.7万吨，较上半年增加882.7万吨，增幅313.0%。

(二)2012年稻谷供求情况

1.稻谷供给和需求状况

(1)稻谷连续九年增产。2012年，我国稻谷产量为20423.6万吨，同比增产323.5万吨，实现连续九年增产，占全球稻谷产量的30%。

国家连续提高稻谷最低收购价，提振了农户种粮积极性。2012年我国稻谷种植面积为3013.7万公顷，同比增加8万公顷。由于良种覆盖率和耕作管理水平的提高，稻谷平均单产达6.777吨/公顷，同比提高1.3%。在全球主要稻米生产国中，我国稻谷单产水平仅次于美国，远高于印度、泰国及越南等东南亚产区。

籼稻种植“单改双”继续推进，早稻面积恢复性增长。全国早稻种植面积为576.5万公顷，同比增加1.5万公顷，增幅0.3%；早稻单产为5.775吨/公顷，同比提高1.4%；早稻产量为3329万吨，同比增加53.6万吨，增幅1.6%。全国中稻种植面积为1828.2万公顷，同比增加18.2万公顷，增幅1%。中稻平均单产为7.405吨/公顷，同比增加0.7%；中稻总产量为13538.5万吨，同比增加230.4万吨，增幅1.7%。全国晚稻种植面积为625万公顷，同比增加4.3万公顷，增幅0.7%；单产5.698吨/公顷，同比提高0.6%；产量为3561万吨，同比增加44.4万吨，增幅1.3%。

(2)消费稳定增长。稻米的主要需求来自食用消费，其次是饲用、工业用途等。随着经济发展水平的提高，我国人均主食消费趋于稳定，稻米消费增加主要来自人口的增长。

2012年，我国稻谷食用消费为17200万吨，同比增加300万吨，约占国内稻谷消费总量的

85%；稻谷饲用消费（含损耗）为1526万吨，同比略降，主要原因是稻谷价格高于小麦和玉米价格，饲用成本较高；稻谷工业消费为1300万吨，同比增加100万吨；尽管种植面积增加，稻谷种用量仍稳定在120万吨左右，主要是由于种子改良，单位面积种用量略降。

(3)2012年我国大米进口创历史新高。海关总署数据显示，2012年我国进口大米237万吨，为2011年进口总量的近4倍；大米出口总量为28.0万吨，较2011年减少24.3万吨，降幅47%。全年大米净进口为207.3万吨。此外，还有大量通过边贸和走私入境的大米。自1980年以来，除了1995年进口164万吨以外，其余年份大米进口量均在100万吨以内，2012年创下记录新高。从进口构成来看，2012年我国从越南进口大米155万吨，占进口总量的66%；从巴基斯坦进口大米58万吨，占进口总量的25%；从泰国进口大米17.6万吨，占进口总量的8%。

2012年我国大米进口增加的直接原因是国际大米价格低于国内，价差推动进口。2012年，越南5%的破碎大米进口到南方港口的分销价在3200～3500元/吨区间内波动，国产普通早籼米批发价为3800元/吨左右，普通中晚籼米批发价3900～4000元/吨。越南大米与国产早籼米价差为300～500元/吨，与中晚籼米价差达400～800元/吨，刺激大米进口快速增加。

2.稻米市场价格走势及成因

(1)粳稻价格大幅涨跌。2012年，粳稻价格经历了大幅涨跌过程。春节之后，国家公布2012年度稻谷最低收购价，稻谷价格底部整体抬升，粳稻价格稳中走强。进入6月之后，粳稻价格开始强劲上涨，价格高点出现在9月，黑龙江普通圆粒粳稻收购价达3200元/吨以上，较年初上涨近500元/吨。主要原因是2011年国储补库收购量达800万～900万吨，这部分粮源处于暂时“冻结”状态，粳稻市场有效供应大幅减少。

9月中旬国家开始投放临储粳稻，新季粳稻也相继上市，市场供应快速增加，价格开始逐渐回落。粳稻连年增产，而东北地区外运数量未见明显增加，市场主体收购积极性下降，价格下跌。截至12月下旬，黑龙江普通圆粒粳稻收购价下降至2700～2800元/吨，较6月高点累计降幅400元/吨以上。由于市场价格低于国家最低收购价，11月份黑龙江和安徽（合肥和安庆）启动粳稻托市收购。

(2)早籼稻与中晚籼稻“行情有别”。早籼稻仍然是2012年的明星品种，备受市场青睐。一方面是因为早籼稻耐储性能较好，是各级储备库的主要采购品种，商品率较高，市场价格相对活跃。另一方面，近几年早籼稻上市以后均表现为高开高走，各市场主体采购积极性较高。2012年上半年早稻价格较为平稳，7月新稻上市之后，湘赣地区早籼稻由开秤价2560元/吨一路上涨至2700元/吨，湖南省局部地区高达2800元/吨。随着储备收购接近尾声、中晚稻丰收预期明朗以及低价进口大米的影响下，9月早稻价格开始回调，此后基本稳定在2650～2700元/吨，但仍然高出中晚籼稻50元/吨左右。

受最低收购价提振影响，上半年中晚籼稻价格平稳略涨；秋粮上市之后，中晚籼稻收购价格高开低走。截至12月下旬，主产区普通中晚籼稻收购价格为2600～2660元/吨，较新粮上市之前下降60～100元/吨，与上年同期基本持平。与早籼稻不同，中晚稻国家储备补库需求量小，其价格对加工企业和贸易商的收购心态较为敏感。受进口大米增加影响，2012年稻米加工企业利润下降、开工不足，企业入市收购意愿不强是籼稻价格高开低走的主要原因。企业大多以销订购，中晚籼稻收购市场呈均衡收购、常年收购，收购时间明显延长。

(3)“稻强米弱”格局加剧。2012年，“稻强米弱”格局加剧，行业利润继续下滑。长期以来，“稻强米弱”困扰着我国稻米行业发展，近几年这一格局不断加剧。以湖南长沙地区为例，12月20日，早籼稻到厂价为2660元/吨，同比上涨220元/吨；大米出厂价3800元/吨，同比仅上涨200元/吨，涨幅小于稻谷。按照出米率70%的标准计算，米价涨幅必须大于稻价才能保证利润水平稳定，理论涨跌比例为1：1.4。但事实上，近年国内稻米价格涨幅普遍低于该理论水平。

稻强米弱是我国稻米市场自身的特点所致。2004年实行稻谷最低收购价以来，稻谷价格有国家托市收购兜底，政策市特点鲜明，并且随着最低收购价格的提高而加速上涨。同时，受产能扩张的影响，贸易商和加工企业相继进入原粮市场，市场参与主体多元化竞争收购刺激稻谷价格上扬。相反，大米市场更倾向于一个完全竞争市场，价格决定于市场供需状况。从外部原因来看，国内外大米价差扩大，廉价大米进口大幅增加对国内大米市场也产生了较大影响，加剧了“稻强米弱”格局。

2012年秋粮上市之后，稻谷价格上行态势有所缓和，但大米价格更显疲软，稻米加工企业经营压力继续加大。

(三)2012年玉米供求情况

1.玉米供给和需求状况

2012年我国玉米产量大幅增长，进口同比增加，国内玉米消费稳步增长，供需结构得到改善。

(1)产量大幅增加，进口量增加，供给充裕。2012年玉米产量为20561.4万吨，较上年增加1283.3万吨，增幅6.7%，进口各种用途玉米521万吨，较上年增加345万吨，增幅197%。

(2)需求稳步增加，出口量增长。2012年国内玉米总消费量为18735万吨，较上年增加935万吨，增幅5.3%。其中饲料消费11300万吨，较上年增加520万吨，增幅4.8%；工业用消费量5700万吨，较上年增加350万吨，增幅6.5%。2012年玉米出口26万吨，较上年增加12万吨，增幅89%。

2.玉米市场价格走势及成因

2012年国内玉米价格冲高回落。2011年秋，华北黄淮产玉米受连阴雨影响，霉变粒显著增加，玉米整体质量为近几年最低，导致东北玉米过快消耗。加上市场预期当年优质玉米供应偏紧，国内玉米价格普遍上涨。尤其是东北地区涨幅较大，以吉林长春为例，2012年6月底，当地深加工企业挂牌价格达到2270元/吨，较1月初上涨210元/吨，涨幅超过10%。下半年新季玉米上市前，受前期涨幅过大以及进口量大幅增加等因素影响，玉米价格高位稳定。新季玉米上市后，玉米连续增产、整体质量大幅提升，加上市场需求放缓导致玉米价格迅速回落。

(1)1～3月玉米价格持续上涨。国家在2011年

12月中旬启动东北地区国家临时储备玉米收购，为国内玉米价格提供底部支撑。春节过后，市场普遍预期国内优质玉米供应偏紧，贸易企业及用粮企业采购积极，玉米价格大幅上涨。3月底，长春地区加工企业二等玉米挂牌收购价格为2250元/吨，较1月初上涨190元/吨；大连港口二等烘干玉米平仓价格为2440元/吨，较1月初上涨140元/吨。石家庄和滨州地区加工企业二等玉米挂牌收购价格分别为2300元/吨和2430元/吨，较春节前上涨120元/吨和100元/吨，广东港口东北产二等玉米成交价2520元/吨，较1月初上涨100元/吨。

(2)4～6月价格止涨趋稳。受前期玉米价格上涨过快，小麦玉米价格倒挂幅度扩大、小麦饲用替代数量显著增加、收购主体库存持续升高、收购能力下降，加上进口玉米大量到港等因素影响，4月国内玉米收购价格止涨趋稳。6月底，长春地区加工企业二等标准水分玉米挂牌收购价格为2270元/吨，较3月底上涨20元/吨；大连港口二等烘干玉米平仓价格为2450元/吨，较3月底上涨10元/吨；石家庄和滨州地区加工企业二等玉米收购价格分别为2340元/吨，较3月底上涨40元/吨；滨州地区加工企业二等玉米收购价格为2400元/吨，较3月底下跌30元/吨；广东港口东北产二等玉米成交价2540元/吨，较3月初上涨20元/吨。

(3)7～9月玉米价格经历“跌—涨—跌”行情。7月上旬，受贸易企业出库增加影响，国内玉米价格出现季节性小幅回调。7月中下旬，产区用粮企业加紧采购，贸易企业和粮库玉米库存逐渐消耗，多数地区贸易粮源耗尽，产区玉米价格重新上涨，多数地区玉米价格超越6月份高点。截至8月底，长春地区加工企业二等标准水分玉米挂牌收购价格为2290元/吨，较6月底上涨20元/吨；大连港口二等烘干玉米平仓价格为2500元/吨，较6月底上涨50元/吨；石家庄和滨州地区加工企业二等玉米收购价格分别为2350元/吨，较6月底上涨10元/吨；滨州地区加工企业二等玉米收购价格为2390元/吨，较6月底下跌10元/吨；广东港口东北产二等玉米成交价2580元/吨，较6月初上涨40元/吨。

9月中上旬，华北黄淮产区玉米收获，新玉米质量较上年显著提升，且新玉米水分较低，上市速度快。加上河北地区积压大量霉变的低质量玉米，导致陈玉米价格大幅下跌。山东地区玉米价格仅9月单月下跌幅度达到150元/吨、河北下跌幅度也达到130元/吨左右。同期东北地区新季玉米则尚未上市，陈玉米价格变动不大。9月底，哈尔滨和长春地区加工企业二等玉米收购价格分别为2350元/吨和2290元/吨，均较6月底上涨20元/吨。

(4)10～12月玉米价格季节性回落。10月，华北和东北新玉米上市逐渐增加，新季玉米增产形势较好，且质量显著提升，市场有效供给充足，玉米价格开始季节性回调。12月中旬，国家下达东北地区临时存储玉米托市计划，敞开收购农户余粮，收购底价较上年度大幅提高140元/吨，支撑国内产区玉米价格，东北及华北地区玉米价格均呈现止跌上涨趋势。

2012年底，长春地区加工企业二等标准水分玉米挂牌收购价格为2250元/吨，较10月底上涨90元/吨，较上年年底上涨190元/吨；大连港口二等烘干玉米平仓价格为2420元/吨，较10月底上涨40元/吨，较上年年底上涨110元/吨；石家庄地区加工企业二等玉米收购价格为2260元/吨，较10月底上涨20元/吨，较上年年底上涨100元/吨；滨州地区加工企业收购价格2380元/吨，较10月底上涨20元/吨，较上年年底上涨180元/吨；广东港口东北产二等烘干玉米成交价格为2510元/吨，较10月底上涨30元/吨，较上年年底上涨60元/吨。

(四)2012年大豆供求情况

1.大豆供给和需求状况

2012年我国大豆产量连续第2年减产，但大豆进口量刷新了历史纪录，弥补了国内大豆产量下降对供给的影响，全年大豆供给充足，年底港口大豆库存继续保持在600万吨以上水平。

2012年南北半球大豆相继减产，国内大豆价格受到拉动，国家及时向市场出售了部分临储大豆，对国产大豆压榨量起到支撑作用。尽管如此，国产大豆在榨油总量中所占比重不足7%，继续呈下降趋势，大豆压榨业对进口大豆的依赖程度进一步上升。

(1)国内大豆减产，进口创历史纪录。2012年我国大豆产量1305.0万吨，同比减少143.5万吨，降幅为9.9%。产量下降的主要原因是大豆种植效益竞争优势较低，一些种植大豆的耕地被玉米或其他作物所替代。全年进口大豆5838万吨，同比增加574万吨，增幅10.9%，刷新历史纪录。受大豆进口量增加影响，2012年我国大豆新增供给总量为7118万吨，同比增加405万吨，增幅6.0%，达到历史新高。

(2)国内大豆消费量继续呈增加趋势，出口量略增。2012年国内养殖业发展较快，对豆粕需求较大，促进了大豆压榨量的提高。全年国内大豆榨油消费量达到6200万吨，同比增加480万吨，增幅8.4%。其中进口大豆榨油消费量为5800万吨，同比增加530万吨，增幅10.0%；国产大豆榨油消费量为400万吨，同比减少50万吨，降幅11.1%。国产大豆榨油消费虽然下降，但因为是非转基因食品，且蛋白含量较高，在食用消费领域继续增长。全年我国大豆食用及工业消费量为1000万吨，同比增加20万吨，增幅2.0%。受大豆种植意愿不足影响，2012年我国大豆种用消费下降，为60万吨，同比减少5万吨，降幅7.7%。2012年我国大豆出口量为32万吨，同比增加11万吨，增幅度52.4%。全年大豆需求总量7292万吨，同比增加506万吨，增幅7.5%。

2.大豆市场价格走势及成因

2012年国内大豆价格先扬后抑，年末价格高于年初。全年国产大豆价格波动幅度及频率均低于进口大豆，与国际市场联动性减弱。进口大豆价格波动幅度较大，基本呈倒“V”字走势。国际国内市场大豆供需、国家大豆托市收购政策，以及全球经济环境，是影响国内大豆价格走势的三大主要因素。总体看，我国大豆价格走势可分为两个阶段。

第一阶段是1～9月中旬，我国大豆价格总体上升走势。在这一阶段，南美大豆产量显著下降，其中巴西大豆产量为6650万吨，减少880万吨；阿根廷产量4010万吨，减少890万吨；巴拉圭产量435万吨，减少278万吨。在此之前，美国大豆已经出现了640万吨的减产，国际市场大豆供给

注：文中引用的2012年产量、需求及现货价格数据来自国家粮油信息中心，进口数据来自海关总署。

偏紧局面加重。雪上加霜的是，六七月美国作物带出现持续干旱，大豆苗情优良率降至历史低位，使市场产生美国大豆显著减产的预期。当时主流分析机构普遍预计，美国大豆将减产1200万吨以上。受上述各因素影响，国际市场大豆价格显著上涨，并对国内价格形成拉动。据监测，9月中旬，哈尔滨地区油厂大豆收购价格4700元/吨，比年初上涨700元/吨，涨幅17.5%；青岛港进口大豆分销价格为5140元/吨，比年初价格上涨1190元/吨，涨幅30.1%；9月中旬订货的进口大豆完税成本为5400元/吨，比年初上涨了1370元/吨，涨幅34.0%。在这一阶段，国产大豆价格涨幅明显小于进口大豆，国家及时向市场出售了部分临储大豆，对国产大豆价格的稳定起到显著作用。

第二阶段是9月下旬到12月底，我国大豆价格自高位回落。在这一阶段，美国大豆收获上市，实际产量为8200万吨，产量仅下降了210万吨，降幅明显小于此前市场预期的1200万吨水平。这一阶段，南美大豆播种因受到处于历史高位的价格刺激，播种面积上升，市场对未来供给前景持乐观预期，国际市场大豆价格自高位快速下降。我国大豆产量连续两年减产，国家出台托市收购政策，托市价格为4600元/吨，比上年提高600元/吨，国产大豆价格受到政策支撑，下降幅度小于进口大豆。据监测，12月底订货的进口大豆完税成本为4520元/吨，比9月中旬下降880元/吨，降幅16.3%；青岛港进口大豆分销价格为4500元/吨，比9月中旬下降640元/吨，降幅12.5%；哈尔滨地区油厂大豆收购价格4600元/吨，比9月中旬下降100元/吨，降幅2.1%。虽然国产大豆价格降幅小于进口大豆，但由于榨油收益低迷，当地油厂收购意愿不足，用于榨油的国产大豆数量处于较低水平。

三 食用油脂油料供求形势分析

2012年我国油料产量连续第5年增加，再创历史最高纪录。当年我国食用油籽和植物油进口量大幅增加，并双双创下历史纪录。2012年我国植物油消费需求继续增加，但增幅有所放缓。由于油脂油料进口量大幅增加，全年食用植物油供应保持充裕。受国际市场影响，2012年国内油脂油料价格出现两次上涨和两次回落，全年价格呈现震荡回落走势。

（一）油料总产量再创历史最高纪录

2012年我国油料（不包含棉籽和大豆）总产量达到3436.8万吨，比上年的3307万吨增长3.9%，连续第4年创历史最高纪录。其中油菜籽产量为1400.7万吨，增产58万吨；花生产量为1669.2万吨，增产64.6万吨，均创历史最高纪录。

2012年我国大豆播种面积继续大幅下降，虽然单产有所提高，但大豆总产量仍较上年明显下降，产量为1302.4万吨，减产146.1万吨。2012年棉花播种面积再次出现下降，但由于单产提高，棉花总产量较上年有所增加。根据棉花产量推算，2012年我国棉籽产量达到1231万吨，同比增长3.9%。国家粮油信息中心估计，2012年我国油籽总产量（包含大豆和棉籽）为5987万吨，较上年增加46万吨和0.8%；扣除油籽种子、食用和出口，2012年国产油籽折油总产量在1150万吨左右（包括玉米油、米糠油等其他非油籽作物产油）。

(二)食用植物油进口量及进口油料折油量较上年大幅增加

2012年我国食用植物油及油料进口折油总量在2180万吨左右，较上年增加350万吨左右。当年进口食用植物油（包含棕榈油硬脂）960万吨，比上年增加180万吨和23.1%。其中，进口豆油182.3万吨，比上年增加68.3万吨，增幅为59.8%；进口菜籽油117.6万吨，比上年增加62.5万吨，增幅高达113.4%；进口棕榈油634.1万吨，比上年增加42.9万吨，增幅为7.3%。2011年我国共进口油籽（含大豆）6228万吨，比上年增加746万吨和13.6%，进口油籽折油1220万吨左右。其中，进口大豆5838.4万吨，比上年增加574.4万吨，增幅为10.9%；进口油菜籽293万吨，比上年增加166.8万吨，增幅高达132.2%。

(三)食用油籽出口量增加，食用植物油出口量下降

2012年我国出口食用油籽（含大豆）100.6万吨，比上年增加9.4万吨，增长了10.3%。其中，出口大豆32万吨，比上年增长53.9%；花生仁10.3万吨，比上年下降10.6%。当年我国出口食用植物油9.9万吨，比上年降低18.9%。其中，出口豆油6.5万吨，比上年增长17.5%；出口菜籽油6631吨，比上年增长102.5%。

(四)油脂油料供应量较上年大幅增加

2012年我国大豆产量下降，但油料总产量和棉籽产量明显增加，抵消了大豆产量的下滑，油籽总产量较上年继续增加。但国内产不足需局面继续存在，加上国内油料压榨能力不断增加和油粕消费持续增长，进而带动油脂油料进口量大幅增加，导致当年国内油脂油料供应量较上年大幅增加。虽然当年国家收购了临时存储菜籽430多万吨（折合菜油近150万吨），但国内植物油市场供应依然保持充裕局面。

(五)国内油脂油料价格走势及成因

2012年国内油脂油料价格走势分为四个阶段：

第一阶段是1月初至4月上旬，受南美地区持续干旱导致大豆产量大幅下降影响，国际市场油脂油料价格持续上涨，国内油脂油料价格跟盘上涨。1月初沿海地区一级豆油价格集中于8650～8850元/吨，到4月上旬上涨至10050～10250元/吨，24度棕榈油价格由年初的7500～7650元/吨上涨至8700～8800元/吨；长江流域四级菜油价格由年初的9800～9900元/吨上涨至10600～10700元/吨。

第二阶段是4月中旬至6月上半月，受南美大

豆集中上市销售、美国大豆种植面积增加，以及欧盟经济持续下滑影响，国际市场油脂油料价格回落，国内油脂油料价格震荡下跌。6月上半月沿海地区一级豆油价格下跌至8800～9000元/吨，24度棕榈油价格下跌至7400～7600元/吨。受市场预期国家将继续提高菜籽托市收购价格影响，菜油价格保持相对坚挺，6月上半月长江流域四级菜油价格集中于10500～10800元/吨。

第三阶段是6月下半月至9月初，受美国大豆产区持续干旱、美国农业部不断下调大豆产量预期影响，国际市场大豆价格持续大幅上涨，并不断刷新历史最高纪录。国际市场除棕榈油外的油脂油料价格持续上涨，带动国内油脂油料价格震荡回升。9月初沿海地区一级豆油价格再次上涨至10050～10200元/吨，长江流域四级菜油价格震荡上涨至11300～11500元/吨。沿海地区24度棕榈油价格稳定在7700～7900元/吨。

第四阶段是9月中旬至12月底，受美国大豆集中收获上市销售，大豆实际产量明显好于先前预期以及全球棕榈油产量大幅增加的影响，国际市场油脂油料价格大幅下跌，国内油脂油料价格持续回落。12月底沿海地区一级豆油回落至8800～8900元/吨，与上年同期基本持平；沿海地区24度棕榈油价格回落至6200～6300元/吨；长江流域四级菜油价格回落至10200～10600元/吨。

(六)国家对油脂油料市场调控压力减弱

2012年国内油脂油料价格受国际市场影响出现两轮上涨走势，但每次上涨后都出现快速回落，使得国家对油脂油料市场的调控压力明显减弱。2012年国家出台的油脂油料市场主要调控政策有：

2012年6月初，临时存储油菜籽收购政策出台，收购价格提高到5000元/吨，较上年提高400元/吨和8.7%。由中储粮总公司按照国家规定的价格委托企业收购油菜籽，并加工成临时存储菜籽油。当年国家下达临时存储油菜籽(菜籽油)收购计划500万吨。

2012年10月，国家决定继续在东北地区实行大豆临时收储政策，国标三等大豆临时收储价格为4600元/吨，较上年提高600元/吨和15%，由中储粮总公司委托收购库点按照国家规定价格敞开收购。

四 杂粮供求形势分析

2012年杂粮种植面积除个别品种外，总体减少，但因部分品种单产提高幅度较大，总产产量稍有增加，杂粮价格在连续几年上涨的基础上，稍有小幅回落，需求量、消费量较前两年略有增加，供求形势仍处于基本平衡状态。

(一)2012年杂粮供给量4930.6万吨，比上年增加114.5万吨，增幅2.9%

1.杂粮产量

2012年杂粮种植面积1468.8万公顷，比上年减少12.7万公顷，减幅0.86%。除高粱的种植面积增加外，大部分品种的面积均减少。高粱种植面积62.3万公顷，比上年增加12.3万公顷，增幅24.6%。燕麦、大麦、荞麦、谷子、绿豆等主要品种减幅较大，燕麦种植面积6.7万公顷，比上年减少3.9万公顷，减幅36.8%；绿豆种植面积69.4万公顷，比上年减少8.7万公顷，减幅11.1%；荞麦种植面积27.3万公顷，比上年减少1.6万公顷，减幅5.5%。大麦种植面积连续四年下降，2012年种植面积48.8万公顷，比上年减少2.4万公顷，减幅4.7%。

虽然种植面积减少，但总产量有所增加。2012年杂粮总产量4584.6万吨，比上年增加30.5万吨，增幅0.67%。产量增加的品种主要有：荞麦、高粱、谷子、红小豆、马铃薯等，荞麦产量31.3万吨，比上年增加7.3万吨，增幅30.4%；高粱产量251万吨，比上年增加近46万吨，增幅22.4%；谷子产量179.6万吨，比上年增加23.4万吨，增幅15.0%；红小豆产量27.4万吨，比上年增加2.3万吨，增幅9.2%；马铃薯产量1817.5万吨，比上年增加51.7万吨，增幅2.9%；大麦产量与上年基本持平，燕麦、绿豆、甘薯及其他品种均不同程度的减产，燕麦产量4.6万吨，比上年减少1.4万吨，减幅23.3%；绿豆产量86.7万吨，减少8.5万吨，减幅8.9%；甘薯产量1817.5万吨，减少45.6万吨，减幅2.4%。

2.杂粮进口

2012年是20多年来杂粮进口数量最多的一年。全年进口量为346万吨，比上年增加84万吨，增幅32.1%。主要是大麦进口增加，全年进口量252.8万吨，比上年增加75.3万吨，增幅42.4%，是自20世纪80年代以来进口数量最多的一年。绿豆近五年来进口量起伏多变，2008年进口7.9万吨，2009年进口0.5万吨，2010年进口近8万吨，2011年进口1.6万吨，2012年进口3.3万吨，比上年增加1.7万吨，增幅106.3%。燕麦、大麦和马铃薯淀粉的进口量增幅也较大，燕麦进口8.2万吨，比上年增加2.6万吨，增幅46.4%；马铃薯淀粉进口3.7万吨，比上年增加1.4万吨，增幅60.9%；豌豆在三年连续增长情况下有所减少，2012年67万吨，比上年减少6.3万吨，减幅8.6%。

(二)2012年杂粮需求量4930.6万吨，比上年增加114.5万吨，增幅2.4%

1.杂粮国内消费

2012年杂粮国内消费量为4777.5万吨，比上年增加121.3万吨，增幅2.6%。从分项来看，工业用粮2583.4万吨，比上年增加133.1万吨，增幅5.4%。其中，食品工业用粮1293.3万吨，比上年增加20万吨，增幅1.6%；直接食用1254.5万吨，比上年增加177.5万吨，增幅16.5%；饲料用粮939.6万吨，比上年减少204.9万吨，减幅17.9%。分品种来看，谷物类杂粮的消费量增加较多，其中，谷子消费178.1万吨，比上年增加22.9万吨，增幅14.8%；高粱消费量256万吨，增加57.8万吨，增幅29.2%；大麦消费量415.9万吨，比上年增加75万吨，增幅22.0%；豆类杂粮的品种中红小豆略有增加，其他均不同程度的减少。马铃薯消费量1784.6万吨，比上年增加53.6万吨，增幅3.1%；甘薯消费量1459.2万吨，比上年减少45.9万吨，减幅3.0%。

2.杂粮出口

2012年我国杂粮出口到109个国家和地区，出口产品有15类38个品种，出口量153.1万吨，比上年减少6.8万吨，减幅4.3%。创汇金额12.88亿美元，比上年减少0.25亿美元，减幅1.9%。其中，芸豆出口74.9万吨，比上年减少1.6万吨，减幅2.1%，创汇7.19亿美元，增幅0.29%，出口数量和创汇金额仍是杂粮出口最多的品种；绿豆出口量为13.4万吨，比上年增加1.9万吨，增幅16.5%。其他品种均不同程度减少。

(三)杂粮国内外市场行情及价格走势

2012年我国杂粮出口价格在连续几年上涨的基础上，稍有回落，平均每公斤价格比上年降0.03美元。只有芸豆、燕麦等少数品种出口价格有所上升，芸豆每公斤价格比上年上涨0.17美元。燕麦出口量很小但价高，每公斤2.27美元，比上年上涨1.25美元。其他品种价格均有不同程度下降，马铃薯下降幅度稍大，每公斤下降0.49美元。

总体来看，2012年杂粮国内市场平稳，供需一直维持在基本平衡状态，价格略有下降。国际市场稍有变化，进口增幅较大，出口量和金额都有所减少，价格下降。预计2013年下半年市场不会有太大的变化，个别品种有可能出现短期紧俏情况。

第四部分

粮食流通体制改革

一 深入推进粮食流通体制改革

2012年，全国粮食系统紧紧围绕年初确定的“稳市场保供给、强产业促发展”的中心任务，进一步完善体制，健全机制，转变职能，深化粮食流通体制改革，推进国有粮食企业改革和发展。

（一）贯彻中央精神，深入推进粮食流通体制改革工作

2012年初，国家粮食局召开全国粮食局长会议，认真贯彻落实中央关于粮食工作的方针政策。要求各级粮食部门抓住主题把握主线，把思想和行动统一到中央经济工作会议强调的稳中求进工作总基调和稳增长、控物价、调结构、惠民生、抓改革、促和谐精神上来；贯彻中央农村工作会议提出的强生产保供给、强科技保发展、强民生保稳定的要求；落实全国发展和改革工作会议关于加强重要商品特别是生活必需品的产运销衔接、充实粮油库存、合理安排粮油收储和投放的部署，紧紧围绕保障国家粮食安全和服务“三农”的工作大局，加快推进粮食流通发展方式转变，大力推动粮食行业科学发展。强调粮食部门要坚持“为耕者谋利，为食者造福”的服务理念，以“稳市场保供给、强产业促发展”为中心任务，以“抓好收购促增收、加强调控保安全、深化改革转方式、提升产业惠民生、科学管粮上水平”为工作目标，确保粮食流通各项工作再上新台阶。

年中，召开各省（区、市）粮食行政管理部门主要负责同志参加的座谈会，提出将推动全面贯彻落实粮食安全省长负责制、实施粮食收储供应安全保障工程，即“粮安工程”，作为粮食部门今后一段时期的重要任务。会议对于全国粮食系统进一步解放思想、统一认识、把握形势、坚定信心，对于进一步深化粮食流通体制改革，加强和改善粮食宏观调控，健全保障国家粮食安全的产业体系和粮食行政管理体系，都具有十分重要的意义。

（二）积极尝试探索，为继续深化改革积累宝贵经验

各地认真落实中央精神，在改革中注重制度建设、注重政策创新、注重市场调控、注重责任落实，粮食流通体制改革顺利推进。浙江、广东、云南等地结合本省实际，调整粮食行政首长负责制的考核项目和考核指标，加大考核和奖惩力度；广东、山西等地逐级签订粮食安全责任状，促进粮食工作责任落实；陕西将地方储备落实情况纳入省对市考核内容，地方粮食储备全部充实到位；山西、黑龙江等地推进省级粮食部门对市级粮食部门的工作考核，粮食流通工作推进有力。这些措施的实行，促进了区域粮食供求平衡和市场稳定，保障了区域粮食安全，为粮食安全省长负责制在全国推行积累了宝贵的经验。

国家粮食局继续组织23个省（区、市）粮食

部门，对8个主要粮油品种的产销和成本利润情况进行调查，研究提出粮食最低收购价格原则的建议和进一步完善粮食价格形成机制、加强粮食支持保护的政策措施建议。新疆在全区开展小麦“价外补贴、敞开收购”，提高种麦农户收益，广西、福建、浙江等地将粮食最低收购价、直接补贴与地方粮食储备轮换相结合，体现“多种粮、多售粮、多受益”的原则，保护和调动农户的种粮积极性，为完善粮食价格形成机制、调整粮食补贴方式作出了有益的尝试。

(三)总结做法经验，以点带面推进基层改革

年初，组织部分县级粮食流通体制改革联系点和相关省级粮食行政管理部门，总结交流基层在深化粮食流通体制改革、发展现代粮食流通产业等方面的做法和经验，针对存在的问题，提出解决的政策措施建议。目前基层粮食工作中存在的突出问题主要有：一是粮食行政管理机构和职能弱化。有的县级粮食行政管理机构被降为二级局，有的被合并到其他部门仅保留粮食局的牌子，有的被撤销，部分行政职能由企业行使，粮食行政执法机构、人员、经费难落实，地方储备难到位，调控市场缺少抓手，一旦发生较重的自然灾害或突发事件，或者出现市场异常波动，区域粮食安全很难保障。二是国有粮食企业困难较多，企业小、散、弱的状况没有根本改变，仓储等基础设施严重老化，信贷没保障，政策支持少，抗风险能力较差，做大做强难。三是国家在取消主产区粮食风险基金配套的基础上增加了风险基金规模，但支出范围并没有调整，地方用于粮食流通基础设施建设、市场调控、产业发展等方面的资金不足，粮食风险基金支出范围不适应粮食流通工作的需要。四是多数地方在执行粮食直补政策时，以计税面积作为补贴依据，无论是否种粮、种粮多少都给予补贴，无形中降低了种粮农民的补贴标准，影响了农民种粮积极性，直接补贴政策需要进一步完善。

针对存在的问题，各地积极推进改革，取得了较好成效。一是根据管理全社会粮食流通、开展粮食行政执法和粮食流通统计工作的需要，争取党委、政府和有关部门支持，落实粮食流通行政执法、监督检查、统计调查等职责、机构和人员，落实工作经费，推进政企分开和粮食行政管理职能转变。二是加强基层粮食仓储、物流设施和产业园区建设，通过多种措施解决国有粮食企业历史遗留问题，推进兼并重组和产权制度改革，大力扶持龙头企业发展，促进基层国有粮食企业做大做强，促进种粮农民增收，推进县域粮食经济发展。三是进一步加强粮食收储网络体系和供应网络建设，落实地方粮食储备，健全应急预案，增强应急保障能力，加大粮食流通监督检查和执法力度，维护县域粮食流通正常秩序，保持县域粮食市场稳定。

二 现代粮食流通产业稳步发展

2012年，各级粮食部门认真贯彻落实《粮食行业“十二五”发展规划纲要》，组织实施粮油加工、设施建设和粮食科技、粮食市场体系建设4个专项规划，大力推进现代粮食流通产业发展，取得了显著成效。

(一)健全粮食宏观调控体系，保供稳价取得新成效

一是稳定收购价格。配合有关部门确定粮食最低收购价格和临时收储价格水平，完善执行预案和工作方案，适时启动托市收购，引导企业自主收购，稳定收购价格，保护种粮农民利益。

二是保证市场供应。通过适时、适量、适价安排政策性粮食竞价销售，把握和调整储备粮油轮换时机，进口转储备，组织跨省移库和产销衔接等措施，增加粮食市场供应量，保障市场有效供给。

三是稳定销售价格。加强市场监测预警，开展应急演练，提高粮食应急工作水平，确保市场出现异常波动和应急救灾情况下的粮食正常供应，维护粮价基本稳定。

四是完善储备体系。继续做好中央储备粮油管理工作，通过直接收购、轮换收购、进口转储备等方式，及时充实中央储备库存；进一步充实地方粮油储备，优化储备结构，夯实国家调控粮食市场的物质基础。

(二)健全粮食市场体系，规范交易取得新进展

印发并组织实施粮食市场体系建设专项规划，推进粮食市场体系健康有序发展，重点突出对粮食收购、零售、批发等各类市场的规划指导和政策扶持。认真做好国家粮食交易中心的建设和管理工作，强化交易中心在协调处理政策性粮食竞价交易出库、资金结算方面的工作责任。进一步健全全国统一粮食竞价交易系统，更好地发挥其在保证粮食市场供应、维护粮食市场价格稳定等方面的重要作用。进一步完善国家粮食局重点联系粮食批发市场制度，在加强粮食批发市场建设情况调研和召开重点联系粮食批发市场会议的基础上，系统分析市场发展现状，总结市场建设经验，提出下一步市场发展的对策和思路，推动粮食批发市场加强交流合作。

(三)健全粮食产业化体系，产业发展迈上新台阶

一是加快粮食流通基础设施建设，国家有关部门安排中央补助投资28.78亿元，带动地方和企业投资178亿元，用于粮油仓储设施、现代物流、农户科学储粮专项、质量安全检验监测能力建设，以及实施最低收购价政策地区仓房的维修改造。

二是贯彻全国科技创新大会精神，强化科技创新，以重点项目研发和创新平台建设为抓手，

为粮食产业发展提供有力支撑。

三是以加快发展主食产业化为突破口，推进粮油工业结构调整和产业转型升级，居民口粮和军粮供应保障能力进一步增强。粮油加工业保持平稳运行,产品产量稳定增长，企业规模不断扩大，全国粮油加工企业全年实现工业总产值2.3万亿元，同比增长19.5%。

四是继续扩大农户科学储粮专项实施范围，为全国22个省（区、市）165.6万农户配置了储粮装具，可存储粮食约300万吨，每年减少储粮损失18.5万吨，促进农户增收3.7亿元。同时，以总体技术支撑单位为依托、以各省级粮食科研院所为支撑、以基层粮食仓储企业为基础的三级农户储粮技术服务体系逐步建立，为指导农户科学储粮提供了有力的技术支撑。

五是继续推进“放心粮油”进农村进社区示范工程，构建“放心粮油”供应平台，“放心粮油”店和示范销售店达6000家以上，销售网点23万个以上，其中农村网点7万多个，创建示范配送中心达300多家。

(四)健全粮食执法监督保障体系，依法管粮再上新水平

一是积极推进粮食立法工作，认真配合有关部门做好《粮食法（草案）》的报审、研究、论证、申报、征求意见以及调研等工作，抓紧制（修）订《粮食质量安全监管办法》、《粮食批发市场管理办法》和《国家粮油仓库仓储设施管理试行办法》。

二是继续加强粮食行政许可工作，各级粮食行政管理部门继续依法开展粮食收购资格审核工作，截至2012年底，全国取得粮食收购资格的经营者共8.25万家，其中国有企业1.57万家，多元市场主体6.68万家；开展了两批中央储备粮代储资格认定工作，并加强对已经取得资格企业的管理，截至2012年底，全国共有1761户企业取得了粮食类代储资格，取得资格仓容9717万吨，193户企业取得了油脂类代储资格，取得资格罐容332万吨。

三是深入推进粮食监督检查工作，认真组织粮油库存清查，重点检查浙江、江西、湖北、湖南、贵州、青海6省近两年收购的国家临时存储油库存、临储菜籽油加工集并及入库储存政策落实情况；开展中央事权粮食委托在地检查试点，委托辽宁、江苏、安徽、河南、广西、四川6省区的省、市两级粮食行政管理部门对中央储备粮进行在地检查，实现了以地方粮食部门为主体，对区域内所有性质粮食库存进行全口径检查。

四是加强质量监管和仓储管理，继续开展全国收获粮食质量调查和质量安全监测，及时通报并妥善处理部分地区存在的粮食质量安全隐患，粮食质量安全和库存管理水平进一步提高；积极开展“打非治违”专项行动，加大对生产事故的调查处理力度，行业安全生产的基础工作得到加强。

三 国有粮食企业改革和发展现状及对策

2012年，全国粮食部门按照有利于保障国家粮食安全，维护粮食市场稳定，调动种粮农民积极性，发挥国有粮食企业主渠道作用的原则，指导国有粮食企业加快改革步伐，促进发展方式转变，取得了阶段性成果。

（一）国有粮食企业改革和发展现状

1.国有粮食企业加快兼并重组步伐

2012年下半年，国家粮食局召开部分地区国有粮食企业经营管理暨企业改革情况座谈会，总结交流上半年各地国有粮食企业改革、经营管理等方面的情况，分析研究国内外粮食工作面临的新形势，对下一阶段的工作进行了部署。同时，建立政府和企业、中央企业和地方企业、国有企业和民营企业交流合作平台，促进粮食企业跨地区资产重组，实现产权多元化。各地粮食行政管理部门依据当地实际，制定和实施当地国有粮食企业改革方案，推进企业兼并重组，整合资源。2012年，河北省继续实施国有粮食企业三年振兴工程，重点推进县级国有粮食购销企业兼并重组，提升县级企业集中度。黑龙江省实施“一县一企”、“一企多库”改革方案，整合基层国有粮食购销企业，构建粮食流通网络新格局。江苏省按照“整合资源、内联外引、转型升级、跨越发展”原则，培育县级骨干国有粮食购销企业。湖南省整合省内国有粮食企业资源，组建了湖南粮食集团、天下洞庭（集团）有限责任公司、军粮集团。截至2012年底，全国国有粮食企业总数14867个，比2011年减少605个，减少3.9%。其中，国有粮食购销企业10348个，比2011年减少590个，减少5.4%。全国现有国有粮食企业、国有粮食购销企业改制数分别为10251个、7620个，分别占国有企业总数的69.0%和购销企业的73.6%；改制数占企业数的比重，分别比2011年提高了2.1个和3.7个百分点。

2.国有粮食企业积极转变发展方式

各地粮食部门指导国有粮食企业加快发展方式转变，提高发展质量和水平。一是鼓励有条件的地方发展粮食产业园，支持国有粮食企业结合“退城进郊”向粮食产业园集中。依靠粮食企业集群，充分发挥粮食企业各自优势，形成整体合力，推动粮食产业发展。二是支持国有粮食企业的粮食产业化龙头企业发展，完善粮食产业链。推动有条件的粮食产业化龙头企业向粮食生产、收购、加工、销售一体化经营转变，增强企业竞争力。扶持一批粮食产业化龙头企业建立粮食生产基地，促进土地适度规模经营，提高市场畅销的优质粮食产量，提高企业带动力和影响力。三是发展城乡粮油连锁经营。充分利用国有粮食企业现有仓储设施和场地资源优势，完善城乡服务网络，推进“放心粮油”进农村和社区。同时，建设主食产业化工程。在政府鼓励和支持下，以企业为主体，兴建城乡粮油食品配送中心，发展快餐连锁经营。四是积极做好粮食流通服务工作。探索“粮食银行”发展模式，建立粮食产业发展融资平台，推动国有粮食企业与中介组织合作，搞活粮食流通。2012年，北京粮食集团有限责任公司以“古船”等品牌为核心，全力打造“放心粮油”，切实提高首都粮食市场的保障能力。重庆粮食集团已建超市11个，计划改造各区县粮食公司在当地城市中心的粮油门店，今后三年开设超市160个。陕西省合理建立粮食购销网点，大力推进“放心粮油”和主食产业化工程，促进资产、资源向优势企业集中。截至2012年底，全国国有粮食企业的粮食产业化龙头企业981家。2012年，全国全社会粮食企业粮食收购总量29015万吨；其中国有粮食企业收购12364万吨，占全社会粮食企业粮食收购总量的比重为43%。与2011年相比，粮食收购总量增加772万吨；其中国有粮食企业增加921万吨，比重增加3%。

3.切实解决国有粮食企业历史遗留问题

粮食部门积极争取政府和有关部门的大力支持，按照先易后难的原则，逐步解决国有粮食企业历史遗留问题。一是分流安置国有粮食企业富余职工。各地采取多种方式增加粮食职工就业岗位，鼓励粮食职工自主创业、自谋职业。截至2012年底，全国国有粮食企业职工总数579841人，与2011年相比减少16512人，减幅2.8%。其中，国有粮食购销企业职工423399人，与2011年相比减少26883人，减幅6.0%。2012年度，全国国有粮食企业安置富余职工10821人。1998～2012年累计，全国国有粮食企业安置富余职工1355199人。二是提出了解决河南、湖北等10省（区）“开仓借粮”遗留问题的方案。2012年，国家粮食局会同国家发展改革委、财政部、民政部、中国农业发展银行等部门对这一遗留问题进行全面调查后提出建议，经国务院批准，联合印发了《关于切实解决“开仓借粮”遗留问题的通知》（国粮财〔2012〕17号）。明确对10省（区）1998年以来“开仓借粮”占用的贷款本息和相关费用，由有关省（区）省级财政从取消粮食主产区粮食风险基金地方配套置换出来的资金或从部门预算资金中解决。三是将黑龙江、吉林两省粮食市场化改革以前库存的保护价粮、陈化粮销售后产生的价差亏损等纳入政策性粮食财务挂账。

4.争取和落实国有粮食企业改革和发展的优惠政策措施

为了创造良好的国有粮食企业改革环境，粮食部门积极与有关各方协商，争取和落实财政、信贷、税收等政策。一是拓宽融资渠道。2012年，国家粮食局、中国农业发展银行联合印发了《关于进一步加强合作推进国有粮食企业改革发展的意见》（国粮财〔2012〕205号），明确保证地方储备粮食增加储备数量的资金要求，支持国有粮食企业开展粮食收储、科技创新、升级改造等方面的资金需要。各地积极探索以农业发展银行为主，多渠道筹资的方式。河北省与交通银行等9个商业银行建立了信贷合作关系。河南省与邮政储蓄银行合作，设立省直国有粮食企业共同担保基金，2012年发放贷款8亿元。重庆粮食集团采取发行企业债券、中期票据、短期融资等方式，2012年融资10亿元以上。二是争取财政资金。粮食部门主动与财政部门协商，积极编制申请财政资金的粮食物流、仓储设施维修改造、粮油精深加工、主食加工、粮食产业化发展、放心粮油示范工程等专项，中央和地方财政对国有粮食企业的投入明显加大。黑龙江省从2012年开始每年安排2亿元，专项用于粮油精深加工。“十二五”期间，安徽省安排10亿元用于粮食流通产业项目扶持。湖北省2012年安排资金3.24亿元，用于粮食物流、粮食市场等项目建设。三是争取和落实优惠税收政策。粮食部门积极与税务部门沟通，将国有粮食企业的各项减免税收优惠政策落到实处。浙江、宁夏、安徽等省区将军供企业纳入了免税范围。河北省把政策性储备粮承储企业纳入了免税范围。四是提高保管费用补贴标准。为确保储粮安全，增加企业收入，中央财政提高2011年中央政策性粮食保管费用补贴标准以后，全国绝大部分省（区、市）不同程度地调高了地方储备粮食保管费用补贴标准。山东、江西、福建、海南、重庆、青海、广西、四川等省（区、市）将地方储备粮食保管费用补贴标准提高到每年每公斤0.1元及以上。云南省从2011年开始，对承储省级储备粮食的企业实行定期考核，以奖代补。

5.国有粮食企业经济效益再上新台阶

国有粮食企业在改革中竞争力、影响力增强，经济效益显著提高，职工收入水平稳步增长。全国国有粮食企业统算，2012年实现利润78.02亿元，比2011年增加11.32亿元，增长17%。全国27省（区、市）实现盈利，盈利面占87%。北京、山东、江苏、吉林、河北、广东、安徽、上海、新疆、浙江10省（区、市）盈利都过亿元。

国有粮食企业改革和发展受历史和粮食市场等多种因素影响，目前存在的主要问题是：一是发展不平衡。地区之间不平衡，国有粮食企业改革和发展粮食主销区快于粮食主产区；企业之间不平衡，中央国企要好于地方国企，省级直属企业要好于市县级国有粮食企业。2012年，4个中央国有粮食企业的资产总额占全国国有粮食企业的1/2，实现利润占全国国有粮食企业利润总额的约2/3。全国138个省级直属国有粮食企业占地方国有粮食企业资产总额的1/4，实现利润占地方国有粮食企业利润的约1/2。二是基层国有粮食企业呈小、散、弱状态。与国有工业企业和其他行业企业相比，国有粮食企业产权制度改革滞后，产权结构比较单一，企业产权多元化的进程比较缓慢。多数基层国有粮食企业资产质量差，负担重，改革难。三是地方国有粮食企业发展后劲不足，新上项目不多，生产经营产业链短，管理人员和职工普遍老化，经营管理机制不活，发展乏力。

（二）国有粮食企业改革和发展的对策

针对国有粮食企业改革和发展中存在的主要问题，下一阶段国有粮食企业改革要积极推进以产权制度改革为核心，突出抓好县级国企兼并重组，增强企业的经营活力、市场影响力。支持国企跨产销区、跨所有制进行资产重组，组建大型粮食企业集团。大力培育和规范发展多元粮食市场主体，搭建合作平台，促进央企、地方国企、民营企业融合发展，扶持粮食产业化龙头企业做大做强。

1.分类指导，加快推进国有粮食企业产权制度改革

积极推进以产权制度改革为核心，突出抓好

县级国有粮食企业兼并重组，增强经营活力和竞争力。一是重点推进县级国有粮食购销企业兼并重组。每个县（市、区）原则上保留1个国有独资或国有控股粮食购销企业，以优势骨干粮库为主体，基层购销网络为基础，通过兼并重组，组建公司制、股份制粮食企业。主要承担粮食储备、政府调控等政策性业务。二是着力培育区域性国有独资或国有控股的地方大中型粮食企业，以现有具备规模、资产和区位优势的大中型粮食企业为依托，组建区域性粮食集团，提高国企竞争力、影响力和控制力。

2.转变国有粮食企业发展方式，实行粮食全产业链经营

为适应现代粮食生产集约化、专业化、社会化、组织化的新形势，确保国家粮食安全和粮食有效供给，国有粮食企业要逐步改变“买原粮，卖原粮”一元化经营模式，实行粮食从田间到餐桌全产业链经营，增强发展活力。要充分利用自身优势，积极与种粮大户、家庭农场、农民合作组织等经营主体合作，大力发展订单粮食生产；加快发展粮食连锁超市、网上粮店、“粮食银行”等现代粮食流通业态，实行经营多元化。

3.优化国有粮食企业资本结构，提高企业经营能力

通过用企业利润冲减、银行核呆等多种形式主动消化国有粮食企业经营性粮食财务挂账，减轻财务包袱，降低负债水平，提高优良资产比率。采取政府注资、企业入股等多种方式，多渠道充实国有粮食企业资本金，实行企业资本结构多元化，提高企业资信等级，增强企业资产经营能力。

4.培育一批国有粮食企业的粮食产业化龙头企业，延长粮食产业链

指导国有粮食企业以资本为纽带，整合资金、技术、品牌、人才等要素，开展兼并和联合，组建大中型粮食产业化龙头企业。企业经营活动要从粮食流通向生产、消费延伸。采取“龙头企业＋合作组织＋农户”、“龙头企业＋农户”等多种形式，与农民签订粮食订单，提高合同履约率，对订单粮食推行企业与农民的“二次结算”，实现农民增收、企业增效。重点提高粮食产业化龙头企业的竞争力、影响力、带动力。

5.构建新型粮食购销网络体系，新建一批粮食流通项目

按照“十二五”全国新增1000亿斤粮食生产能力规划，有关地方要结合产粮大县的变化，制定和实施当地新型粮食购销网络方案，统筹解决好国有粮食企业改革和发展、新增粮食产能后农民增产增收、粮食向外调出的现代粮食物流等问题。多方筹集资金，新建一批粮食流通项目，增强国有粮食企业发展后劲。

四 国有粮食企业经营管理情况分析

(一)国有粮食企业经营管理情况

2012年，各级粮食部门深入贯彻落实科学发展观，紧紧围绕粮食流通中心工作，积极应对国际金融危机和粮食市场形势复杂变化的不利影响，争取和落实粮食流通有关财政、税收和信贷支持政策，指导国有粮食企业不断深化改革，加强经营管理，保持良好发展态势。自2007年统算盈利后，全国国有粮食企业实现“六连盈”，2012年实现统算盈利78亿元，同比增加11.3亿元，27个省（区、市）实现了统算盈利，北京、山东、江苏、广东、河北、吉林、安徽、上海、浙江、新疆等省（区、市）盈利额都在1亿元以上。总的来看，国有粮食企业继续保持了平稳发展态势。

(二)国有粮食企业经营管理情况分析

保持平稳发展的主要原因：一是各级粮食部门高度重视，积极协调财政、税务等部门，争取落实有关粮食财政补贴、税收减免等支持政策，为粮食企业经营管理和改革发展创造了良好条件。二是积极协调农业发展银行落实粮食收购资金，并探索多渠道融资方式，改善基层国有粮食企业收购资金供应环境，指导和帮助企业多收粮、收好粮，促进了农民增产增收和企业增盈增效。三是加强国有粮食企业改革发展指导，重点推进基层粮食企业兼并重组，培育骨干粮食企业，推动区域性粮食企业做大做强，加强内部管理，发展产业化经营，增强了企业市场竞争力。四是采取多种措施，妥善处置经营性财务挂账等历史遗留问题，切实减轻了企业负担。

尽管实现了“六连盈”，但要继续保持国有粮食企业增盈势头、不断改善粮食经济增长质量和效益还存在不少困难：一是部分国有粮食企业改革不到位、不彻底，改革改制中的一些遗留问题尚未完全妥善解决。二是企业经营方式单一，产业链条短，市场竞争力整体仍然较弱。三是受竞争激烈、成本上升等影响，地方国有粮食企业盈利基础不牢固、主营业务盈利能力不强、可持续性较差、区域不均衡等问题仍较突出。

(三)进一步做好国有粮食企业经营管理工作的措施

要按照全国粮食流通工作会议和全国粮食财会工作会议的总体部署，进一步做好国有粮食企业经营管理工作。要继续推动国有粮食企业产权制度改革，重点推进县级粮食企业兼并重组，培育壮大骨干国有粮食企业。积极争取政策和资金支持，妥善解决企业历史遗留问题，优化企业经营发展环境。要用好用足国家粮食局、中国农业发展银行《关于进一步加强合作推进国有粮食企业改革发展的意见》的有关政策规定，争取农业发展银行粮食收购资金贷款支持；探索多渠道筹措资金，指导和督促国有粮食企业积极入市收购，搞好粮食购销，促进种粮农民增产增收，夯实企业经营基础。要按照现代企业制度要求，完善法人治理结构，加强企业内部管理。要引导企业积极参与“粮安工程”，加强企业生产经营设施建设。加快转变经济发展方式，延伸产业链条，着力提高粮食经济增长质量和效益。

第五部分

粮食宏观调控

一 2012年粮食最低收购价政策执行情况

鉴于粮食种植成本上升、人工费用增加等诸多因素，为调动农民种粮的积极性，保护农民利益，促进粮食增产和农民增收，2012年国家在主产区继续实行小麦、稻谷最低收购价政策，适当提高了最低收购价水平，修改完善并及时公布小麦、早籼稻和中晚稻最低收购价执行预案，严格委托收储企业资格条件，完善预案启动机制和补贴机制等。

新粮上市后，由于小麦市场价格低于最低收购价水平，江苏、安徽、湖北、河南、山东、河北6省先后启动了小麦最低收购价执行预案，并根据收购情况及时增加委托收储库点，满足农民售粮需要。早籼稻市场价格高于最低收购价水平，预案未启动。黑龙江、安徽、江西、吉林等省先后启动了中晚稻最低收购价预案。为切实保护种粮农民利益，国家明确了将东北地区粳稻最低收购价预案的执行起始时间提前和调减粳稻水分扣量标准的政策，并将南方地区中晚籼稻最低收购价预案的执行截止时间延长一个月。

二 2012年国家临时收储政策要点及调控效果

2012年国家继续对油菜籽、玉米、大豆实行临时收储政策，并提高了临储价格。油菜籽、玉米、大豆临储价格分别提高到每公斤5元、2.1～2.14元、4.6元，分别比2011年提高了0.4元、0.14元、0.6元。国家粮食局会同国家有关部门及时下发文件，分别对油菜籽、玉米、大豆临时收储工作作出具体部署。油菜籽临时收储政策执行范围为内蒙古、江苏、浙江、安徽、江西、河南、湖北、湖南、重庆、四川、贵州、云南、西藏、陕西、甘肃、青海和新疆17省（区、市）。冬、春播油菜籽临时收储工作于6月、10月先后在除重庆、西藏外的15个省（区）启动。玉米、大豆临时收储政策于11月中旬在内蒙古、辽宁、吉林、黑龙江4省（区）相继启动，敞开收购农民交售的粮食。

为维护新疆地区粮食市场和社会稳定，国家连续第4年在新疆实施了小麦临时收储政策，由中储粮总公司组织收购。

临时收储政策的实施，对稳定市场粮价发挥了积极的引导作用，保护和调动了广大农民种粮的积极性，促进了我国粮食生产稳定发展，增加了农民种粮收益，农民真正得到了实惠，实现了中央提出的促进粮食增产、促进农民增收的政策目标。同时国家也掌握了更多的调控粮源，对保障粮食市场供应、稳定市场价格具有积极作用。

三 2012年临时存储粮油购销调运情况

(一)收购情况

一是国家有关部门下达油菜籽临时存储收购计划500万吨，截至2013年2月底收购期结束，中储粮总公司直属企业及委托企业实际收购429万吨。二是截至2013年4月30日，东北三省和内蒙古自治区共收购临时存储大豆81.1万吨、玉米2770.2万吨。三是下达新疆维吾尔自治区2012年产小麦国家临时收储计划150万吨，实际共收购3.3万吨。

(二)销售情况

为确保粮食市场供应和价格基本稳定，满足居民口粮消费和企业用粮的需要，国家有关部门继续坚持常时向市场投放国家政策性粮食，并根据市场情况和调控需要把握销售节奏和力度。如在面粉市场出现价格上涨时及时加大政策性小麦的投放力度，增加粮食市场有效供给；在美国大豆减产预期推动国内大豆价格上涨时，进一步加大国家临储大豆的市场投放力度，有效地稳定了国内大豆价格。2012年全年累计成交政策性粮食1850万吨。

(三)调运情况

为加强市场调控，优化库存布局，发挥政策性粮食“柜台前移”的作用，2012年，国家有关部门下达两批国家临时存储粮食跨省移库计划220万吨，其中粳稻100万吨、大豆120万吨(含省内移库5万吨)，以充实销区和库存薄弱地区的粮食库存。截至2012年底，两批移库计划共完成145万吨。国家下达的中央储备粳稻跨省移库计划108万吨，2012年底全部完成。

四 粮食市场体系建设

(一)2012年粮食市场体系建设和发展情况

2012年初，国家粮食局印发了《全国粮食市场体系建设与发展“十二五”规划》，明确提出了“十二五”时期粮食市场体系建设的主要目标是：“到2015年，形成以粮食收购市场和零售市场为基础、批发市场为骨干、粮食期货交易稳步发展，统一开放、竞争有序的现代粮食市场体系”；主要任务是：“构建高效的粮食收购服务体系、完善粮食零售供应网络、健全现代粮食批发市场体系、发展粮食期货市场和加快粮食市场信息体系建设”。同时，规划还提出了“加强对粮食市场体系建设的规划和指导、大力培育和发展多元市场主体、积极扶持粮食市场发展、完善粮食市场管理相关规章制度”四个方面的政策措施。该规划是当前和今后几年指导粮食市场体系发展的重要文件。8月，国家粮食局在湖南长沙组织召开了全国粮食市场体系建设工作座谈会，对贯彻实施市场体系规划进行了专题研究部署。一年来，各级粮食行政管理部门认真做好“十二五”粮食市场体系规划的贯彻实施工作，切实加强对市场的规划指导和规范管理，积极争取和落实相关扶持政策，加大资金投入力度，促进市场优化结构布局，提升基础设施水平，完善综合服务功能，粮食收购、零售、批发等各类市场实现健康有序发展，粮食市场功能和作用得到进一步提升。

1.粮食收购市场

2012年，各级粮食行政管理部门认真落实国家粮食收购政策，加强政策性收购的组织协调和监督检查，积极引导企业自主收购，以国有粮食企业为主渠道、其他多元市场主体共同参与的粮食收购网络不断完善。一是市场收购主体多元化稳步发展。各地在充分发挥国有粮食企业主渠道作用的同时，积极培育和引导多元市场主体参与粮食收购，目前全国取得粮食收购资格的经营者达8.25万个，其中国有及国有控股企业1.56万个，占18.9%；其他多元主体6.69万个，占81.1%。二是农村粮食经纪人队伍发展较快。粮食主产区的农村粮食经纪人规模快速增长，已成为粮食收购市场不可或缺的重要力量，很好地活跃了粮食收购市场，方便了农民售粮，在服务农民卖粮和企业收粮中发挥着积极的联结纽带作用。如吉林省国有粮食企业和大中型粮食加工企业通过粮食经纪人收购的粮食占其总收购量的70%以上。三是粮食收购市场秩序进一步规范。各地加强粮食收购市场监管，严格粮食收购许可证的审核和发放，督促企业严格执行“五要五不准”收购守则，维护了良好的粮食收购市场秩序。2012年，全国各类粮食企业收购粮食31861万吨，其中国有企业收购13498万吨，政策性粮食收购3729万吨。通过提价托市、帮助受灾农户整粮减损等措施，促进种粮农民增收350亿元以上。

2.粮食零售市场

2012年，粮食零售业态继续保持良好发展态势。一方面，城市大型购物超市、大卖场、社区便利店稳步发展，已成为满足城市居民口粮需要的重要零售途径；另一方面，随着“万村千乡”市场工程的深入开展，粮油产品连锁经营、物流配送向乡村不断延伸，农村粮食零售市场交易活跃，功能日趋完善。同时，粮食零售终端建设稳步推进，以粮油平价连锁店建设和“放心粮油”工程为主的粮油销售网络进一步拓展，为消费者提供优质平价的粮油商品，在保供稳价中发挥了重要作用。如广东省在全省建成粮油平价商店463家，所销售的粮油产品价格低于市场均价5%～10%，较好地保障了群众基本生活，保证了粮油市场供应的基本稳定；湖北省建成粮油连锁店108家，全部采用统一的店面标示牌，所销售的产品价格均低于市场价格，受到消费者的青睐和好评；山西省共建设放心粮油经销点11000多个，“放心粮油”网络已覆盖全省84%的乡（镇、街道）、38%的行政村和71%的城市社区。此外，一些新型的粮食零售模式如电子商务快速发展壮大，成为粮食零售发展的新趋势。

3.粮食批发市场

2012年，各级粮食行政管理部门加大对粮食批发市场的政策引导和扶持力度，各类粮食批发市场在主营业务发展、服务功能完善、基础设施水平提升等方面取得了新进展。一是粮油批发业务规模保持稳定。各地按照“十二五”市场规划的部署，加大对本地区粮食批发市场的重组整合力度，进一步优化批发市场结构和布局，保持粮油批发经营业务稳定发展。据初步统计，目前全国共有各类粮食批发市场473家，年交易量超过1.1亿吨，约占全社会粮食商品流通量的35%，总体保持了平稳发展势头，在服务国家粮食宏观调控和合理配置粮食资源方面发挥了重要作用。二是全国统一粮食竞价交易平台不断完善。目前国家粮食局批准组建的国家粮食交易中心达25家，已有25家粮食批发市场联网开展国家政策性粮食竞价交易，全国统一的粮食竞价交易平台不断健全和完善。全年国家通过全国统一竞价交易平台适时、适量、适价销售政策性粮食1850万吨，较好地服务了国家粮食宏观调控。三是大中城市成品粮批发市场呈现强劲发展势头。成品粮批发市场交易量继续稳步增长，城市粮油供应的主渠道作用进一步发挥。如浙江省各级粮油批发市场年成交量达679万吨，全省80%以上的商品口粮通过批发市场中转流通；吉林省长春市的成品粮批发市场经营总量占城市口粮消费量的70%以上，主要供应城区集体伙食点、粮油零售点和部分粮油超市。四是粮食批发市场的基础设施条件得到较大改善。各地加大资金投入力度，促进粮食批发市场基础设施建设，提升市场服务功能。如浙江省财政全年共投入849万元，对粮食批发市场内经营户从东北采购调运粳稻的运费进行补贴，对市场内代储市、县储备粮的经营户给予一定的费用补贴；福建省粮食批发市场公共服务设施建设项目已累计完成投资额4000多万元，重点批发市场的信息系统、质量检验监测系统有了较大改善。

4.粮食期货市场

2012年，欧债危机总体还没有摆脱困境，大宗商品价格大幅波动，特别是农产品的金融衍生品属性进一步凸显，基金炒作的进入使得市场运行并不平稳，对国内农产品期货市场的运行也带来风险。2012年全国粮食期货市场交易量和成交额均比2011年有大幅增长，成交量和成交金额分别为102899.78万手和443271.98亿元，比上年分别增加了188.09%和126.72%，其中豆粕交易经历了前一年的低迷后出现强烈反弹，成交量、成交金额分别比上年增加了549.54%和612.24%；强筋小麦交易大幅走高，成交量、成交金额分别比上年增加了226.21%和192.09%；黄大豆一号期货成交也比较活跃，成交量、成交金额分别比上年增长80.18%和88.75%；玉米和油菜籽期货交易成交量、成交金额的涨幅均超过40%，是比较活跃的市场品种。值得注意的是，早籼稻期货交易受需求疲软的影响，延续了上年的低迷态势，成交量、成交金额继续下滑，仅为2010年高峰时期的15%左右。

2012年，各主要粮食期货交易品种的价格均出现不同幅度上涨。早籼稻在补库需求的支撑下，价格涨幅超过50%，国内外价差使得大米进口明显增加；玉米上半年经历了一轮较大的涨跌后，下半年保持高位震荡态势；大豆先扬后抑并于高位趋稳，但在国家调控政策的作用下，波动幅度明显小于国际市场；小麦价格前期走势相对平稳，但后期出现了连续4个月的快速上涨；菜籽油多数时间走势强于豆油，菜籽粕在豆粕的带动下较上年大幅上涨。

表5-1 2012年度粮油期货合约交易情况表

单位：成交量：万手；成交额：亿元

品种名称	2012年成交量	2011年成交量	同比增减(%)	2012年成交额	2011年成交额	同比增减(%)
强筋小麦	5160.42	1581.95	226.21	13070.46	4474.86	192.09
普通白小麦	1.25	0	—	14.24	0	—
豆一	9095.09	5047.91	80.18	42903.26	22730.58	88.75
豆二	2.08	2.13	-2.46	9.88	10.16	-2.78
玉米	7564.87	5369.95	40.87	18118.54	12608.98	43.70
豆粕	65175.33	10034.07	549.54	231733.64	32535.82	612.24
豆油	13771.71	11602.51	18.70	128614.88	115551.46	11.31
菜籽油	1249.71	864.02	44.64	6374.58	4498.14	41.72
早籼稻	767.66	1185.09	-35.22	2087.98	3037.26	-31.25
油菜籽	27.42	0	—	144.6	0	—
菜籽粕	84.24	0	—	199.92	0	—
总计	102899.78	35718.21	188.09	443271.98	195515.12	126.72

注：数字资料来源于郑州商品交易所和大连商品交易所，成交量、成交金额均按双边计算。

(二)2013年粮食市场体系建设工作思路

2013年是实施《全国粮食市场体系建设与发展“十二五”规划》承前启后的关键一年，粮食行政管理部门将继续加强对粮食市场体系建设发展的指导。一是进一步推进市场规划的贯彻实施，开展规划贯彻落实情况中期评估，督促各地落实好规划所提出的各项目标任务。二是研究提出促进粮食批发市场完善价格、集散、信息、结算等功能的政策措施，更好地发挥市场发现价格、配置粮食资源方面的作用。三是研究完善国家粮食交易中心的运行机制，使其更好地为国家粮食宏观调控服务。四是研究提出支持和规范粮食批发市场电子商务发展的政策措施，发挥好电子商务在粮食批发业务减少交易环节、降低交易成本的作用。五是积极协调各相关部门，加快推动《粮食批发市场管理办法》出台，依法规范当前粮食批发市场及市场内各交易主体行为，为市场发展提供更加规范的市场环境。六是积极争取相关政策和资金扶持，促进各类粮食市场提高基础设施水平和服务功能。

五 粮食储备和应急体系建设与管理

(一)加强中央储备粮油管理

为确保中央储备粮储存安全、质量良好、常储常新，更好地满足市场调控的需要，指导和督促中储粮总公司落实好2012年度中央储备粮油轮换计划，国家粮食局会同有关部门及时安排下达2013年度轮换计划。并根据市场供求形势和价格走势，适时追加下达3批中央储备粮轮换计划，以增加市场有效供给，满足新粮上市前的市场需求，发挥储备粮的吞吐调节作用。

(二)及时补充中央储备库存，优化品种结构

为进一步增强中央储备调控能力，优化中央储备粮地区分布和品种结构，2011年下半年以来，通过直接收购、轮换收购、进口转储等多种方式，适时对中央储备短缺品种进行补库和增储，并将部分中央储备划转为国家临时储备，进行品种串换。

(三)地方政府调控的物质基础进一步增强

各地按照国家指导性计划，积极充实地方粮油储备，特别是成品粮油和小包装粮油储备，并不断优化储备结构。一些省份在完成指导性计划的基础上，进一步增加地方储备粮规模，夯实地方政府调控市场的物质基础。2012年底，全国地方储备粮、油库存同比分别增长5.7%和5.4%，其中成品粮、油库存分别增长8.7%和5.4%。

(四)粮食应急加工供应网络更趋完善

一是在继续做好粮食应急管理日常工作的同时，按照国务院应急办要求，及时报送相关材料。二是国家粮食局举办两期粮食应急预案培训班，邀请民政部和国家行政学院的专家授课，并请部分地方粮食局同志介绍粮食保障供应以及应急演练培训等方面的经验，指导各地完善粮食应急预案，细化操作方案，完善工作制度，取得了很好效果。三是各地不断加强粮食应急体系

建设，积极组织开展粮食应急演练，建立健全应急粮油加工和供应网点体系，目前各地已确定省级粮油应急加工定点企业1636家，省级以下5155家；省级应急供应定点企业4291家，省级以下11181家。

(五)粮食市场监测能力和水平进一步提高

进一步完善市场监测直报点布局，实时跟踪市场价格，加强重点地区重点时段的监测力度，适时调整监测频率，增强市场反应的灵敏度和准确度，及时掌握和反映市场动态变化情况，监测能力和水平有所提高。

六 粮食产销合作现状与展望

2012年，各地按照“政府推动，部门协调，市场机制，企业运作”和“丰歉互相保证，同等条件优先”的原则，坚定不移地推进粮食产销合作深入发展。积极组织好企业间的粮食购销贸易，引导企业主动对接，开展购销贸易，并积极探索完善储备粮异地代储、动态储备等灵活多样的购销方式，扩大合作规模。抓好产销合作基地建设，鼓励、支持双方企业建立生产、收购、加工、储存及销售等基地，推动资产深度合作，如上海与黑龙江虎林以资产为纽带的深度合作，极大地提升了产销合作水平。搭建好粮食产销合作平台，举办各类粮食产销衔接会、贸易洽谈会，如黑龙江金秋粮食交易合作洽谈会、福建七省市粮食产销协作洽谈会、中国粮油精品展示交易会等，全年共签订产销合同2435万吨。

2013年要继续完善促进产销合作发展的政策措施，建立健全粮食产销区利益协调机制，努力营造促进产销合作发展的良好环境，鼓励产区与销区建立多形式、深层次、长期稳定的粮食产销合作关系，努力扩大合作规模和范围。销区粮食行政管理部门要继续支持有实力的企业到产区开展订单生产、订单收购或委托产区企业与农户签订单；产区粮食行政管理部门要继续为销区企业提供便利和服务，进一步提升产销合作水平，促进粮食有序顺畅流通。此外，要积极落实国家发展改革委《关于落实促进粮食主产区稳定发展粮食生产政策措施的分工方案》，配合财政部门做好产粮大省奖励工作，研究奖励资金与粮食调出量挂钩的办法。要加强与粮食净调出大省的联系，深入调查分析，提高数据质量，及时提供年度各省（区、市）商品粮调入调出等方面的数据，以便合理规划布局，更好地指导各地发展粮食生产。

第六部分

粮食依法行政

一 粮食行业依法行政积极推进

2012年，粮食部门依法行政取得了明显成效。

(一)依法行政有了扎实的基础

通过加强法制宣传和培训，尤其是举办粮食局长培训班、行政执法培训班、组织开展《粮食流通管理条例》颁布实施八周年宣传活动等方式，粮食行政管理人员依法行政的意识和能力显著增强。《粮食法》稳步推进，粮食法规、规章和规范性文件等制度建设步伐加快。粮食执法机构逐步建立，截至2012年末，全国市、县两级粮食行政管理部门设立监督检查机构的比例分别达到86%和74%，为履行粮食行政管理职责奠定了基础。

(二)维护了种粮农民的合法权益

2012年，各级粮食行政管理部门加大了政策性粮食监管力度，对粮食收购中压级压价、不及时支付售粮款等行为进行了执法检查。特别是对媒体反映的河南省孟津县农民7万余元卖粮款被拖欠11年的情况，国家粮食局高度重视，第一时间要求河南省粮食局督促当地政府和粮食企业核实情况，核实后立即将所欠粮款及利息送到当事农民手中，维护了种粮农民的合法权益。

(三)保持了粮食市场和价格的基本稳定

综合利用政策性粮食竞价销售、储备粮油轮换、适时进口转储、组织跨省移库和产销衔接等措施，实施对粮食市场的宏观调控。同时，加强对国家政策性粮食收购、出库情况和粮油储备、粮食库存的监督检查，规范粮食市场秩序，保持了粮食市场和价格的基本稳定。

(四)保护了消费者的合法权益

通过健全粮油标准体系，开展粮食品质测报和原粮卫生专项调查，加强粮油质量安全监管，保护了消费者的合法权益。

粮食依法行政工作取得成绩的同时，还存在一些问题：一是粮食流通立法仍滞后于现代粮食流通产业发展和保障国家粮食安全的需要，粮食流通法律体系有待进一步健全。二是粮食依法行政意识和能力有待进一步提高，粮食法制宣传和教育工作需进一步加强。三是受机构调整因素影响，一些基层粮食行政管理部门被撤并或改为事业单位，人员配备不足，经费落实困难，粮食机构和队伍建设需进一步加强。四是全社会粮食流通监管与服务需进一步加强。

下一步将继续贯彻落实国务院《全面推进依法行政实施纲要》和《关于加强法治政府建设的意见》，围绕粮食流通中心工作，全面落实《国家粮食局关于粮食行政管理部门深入推进依法行政的意见》确定的目标和任务要求，深入推进粮食依法行政。

一是积极推进粮食立法。继续配合有关方面做好《粮食法》立法相关工作，制修订粮食规章和规范性文件。

二是做好粮食普法工作。按照全国粮食行业“六五”普法规划要求，结合粮食流通重点工作，继续做好粮食行业普法依法治理工作。区分粮食行政管理部门、粮食企业、粮食生产者等不同对象，有针对性地开展普法宣传。做好《行政许可法》、《行政处罚法》、《行政强制法》、两部条例和相关配套制度等的学习宣传，提高粮食行政管理部门依法行政的能力和水平。

三是继续做好行政审批工作。深入推进粮食行政管理部门职能转变，按照统一部署，继续做好行政审批项目清理工作，做到该放的放开到位，该管的管住管好，同时加强对行政审批权力的监督和制约。健全行政许可工作制度，继续做好粮食收购资格和中央储备粮代储资格认定工作，规范许可行为和资格企业行为。

四是加强全社会粮食流通监管与服务。强化粮食库存监管，继续做好粮油库存检查工作。强化国家政策性粮食购销检查工作。加强粮油统计和监测预警。进一步落实粮食经营者质量安全主体责任和各级粮食行政管理部门的质量安全监管责任。加大粮油标准体系建设力度，全面推进粮食质量检验监测能力建设。

二 粮食收购资格审核情况分析

2012年，各级粮食行政管理部门进一步完善粮食收购市场准入制度，依法做好粮食收购资格审核工作，加强对全社会粮食收购市场经营主体的监管，督促企业严格执行“五要五不准”粮食收购守则。

(一)完善粮食收购市场准入制度，严格规范粮食收购资格审核行为

各地粮食行政管理部门根据《国家发展改革委、国家粮食局、国家工商总局关于加强粮食收购资格审核，规范粮食收购市场秩序的通知》的要求，结合本地实际情况，进一步完善本地粮食收购市场准入制度，对许可条件、程序、责任等进行明确和细化，规范粮食收购资格审核行为。江西修订了《江西省粮食收购资格许可管理办法》，取消年收购量低于50吨的个体工商户从事粮食收购活动无须取得粮食收购资格的规定。上海出台了《上海市粮食收购资格规定》，对收购资金、仓储设施、粮食质量检验仪器和人员资质予以细化。福建制定了《福建省粮食收购资格审核管理实施细则》，对粮食质量检验仪器和人员资质提出具体要求。

各级粮食行政管理部门依法严格审核粮食收购资格申请，加强对申请者经营场所、仓储设施、检验仪器和人员资质的实地核查，对不符合条件的坚决不予许可。同时结合粮食收购专项检

查和粮食收购资格定期核查等活动，规范收购经营主体行为，确保粮食收购者落实好国家粮食收购政策，保障收购粮食的储存安全。2012年，各级粮食行政管理部门共暂停收购资格409例，取消收购资格1919例。

（二）粮食收购者数量稳中有降，收购市场多元化格局明显

2012年粮食收购者数量比2011年有所减少。截至2012年底，全国具有粮食收购资格的经营者82490家，比2011年减少3553家，减少的主要原因是部分省份提高了粮食收购市场准入标准，并对粮食收购资格进行了全面核查，对不具备条件的及时予以注销。粮食主产区、主销区和产销平衡区粮食收购者数量分别为65234家、3451家、13792家，分别占全国的79%、4%、17%，其中仅江苏、安徽、四川、河南、山东5个粮食主产省粮食收购者数量就占到全国的四成以上。

粮食收购市场多元化格局明显。在所有粮食收购者中，国有及国有控股企业15647家，占全部的19%；个体工商户、民营企业以及外商投资企业等其他多元市场主体66843家，占全部的81%，其中内蒙古、湖南、四川等省（区）的其他多元市场主体的比重超过了九成。2012年全国各类粮食企业收购原粮31861万吨，占粮食总产量的54%，其中国有企业收购13498万吨，政策性粮食收购3729万吨。

（三）规范粮食收购市场秩序的工作措施

一是完善粮食收购市场准入制度。结合《粮食法》研究起草工作和粮食收购市场出现的新情况新问题，继续完善粮食收购市场准入和退出机制等相关制度。健全粮食收购资格定期通报机制，及时交流通报各地粮食收购资格审核工作情况。

二是做好粮食收购政策的宣传工作。将粮食收购政策作为粮食法制宣传教育工作的重点，结合夏粮收购和秋粮收购专项检查等活动，广泛宣传粮食最低收购价和临时收储等国家粮食收购政策以及从事粮食收购活动应履行的法定义务，增强粮食收购者严格执行国家粮食收购政策和依法诚信经营的意识，切实规范粮食收购市场秩序，保护农民利益。

三是加强对粮食收购资格审核工作的监管和服务。加强粮食监督检查和行政执法体系建设，加强对全社会粮食流通监管与服务，严格对粮食收购资格审核的监管。支持、鼓励、引导和规范各类粮食企业、粮食经纪人入市收购，方便农民售粮，搞活农村粮食流通。加强对国家粮食收购政策执行情况的监督检查，严格落实“五要五不准”粮食收购守则，让种粮农民有效益、不吃亏、得实惠。

三 粮食流通监督检查工作取得新进展

2012年，全国粮食监督检查工作紧紧围绕“稳市场保供给，强产业促发展”的中心任务，认真组织粮油库存检查，创新检查方式，强化问题整改落实，确保了粮食库存安全。加强政策性粮食购销活动和社会粮食流通监督检查，严肃查处涉粮案件，维护了粮食市场正常秩序，在推进监督检查体系建设和创建示范单位活动等方面取得了新的进展。

(一)努力开拓创新，粮油库存检查方式取得新突破

2012年，国家继续组织开展了粮油库存检查工作，对重点地区粮食库存开展全面清查，委托部分省（区）地方粮食部门开展中央储备粮库存在地检查。各地高度重视，加强组织协调，制订检查方案，培训检查人员，建立检查责任制。检查结果表明，各类性质粮食库存数量真实，质量总体良好，储存比较安全。主要特点：

1.创新库存检查方式

2012年，国家首次委托辽宁、江苏、安徽、河南、广西、四川6个试点省（区）粮食部门，对区域内中央储备粮和纳入检查范围的所有粮食库存进行了在地清查，全面完成了委托检查任务。粮食库存委托检查，推动了中央和地方监管合力的形成，提高了检查效果，为在《粮食法》中强化中央储备粮库存监管提供了实践支撑，丰富了粮食安全省长负责制的内涵。下半年，国家粮食局又组织浙江、江西、湖北、湖南、贵州、青海6个油菜籽主产省，开展了国家临储油库存专项检查，进一步巩固了2011年全国油脂库存普查成果。

2.突出问题整改

国家粮食局对库存检查中发现的涉及中央事权粮食管理的问题，梳理了9类62项，要求中储粮总公司统一组织整改。中储粮总公司高度重视，严肃整改，对1个分公司、16个直属库进行了通报批评，对38名责任人给予了行政处分或经济处罚。各地对地方事权粮食库存管理中的问题，坚持边检查边整改，完善库存管理责任制度。

粮油库存检查工作得到了国务院领导的高度重视，温家宝总理在2012年全国粮食库存检查情况报告上作出了重要批示，要求建立责任制度，认真解决这次检查中发现的问题，切实加强各项管理措施。国家有关部门正在抓紧研究进一步强化粮食库存管理的措施意见，以推动粮食库存管理水平进一步提高。

(二)服务宏观调控，政策性粮食购销检查工作取得新成效

1.加强国家粮油收购政策落实情况的监督检查，切实保证国家各项粮食收购政策落到实处

2012年夏、秋粮油收购工作开始前，国家粮食局认真分析粮食收购市场形势，按照粮食最低收购价执行预案和国家临时存储政策，及时下发

文件，指导各地粮食部门依据《粮食流通管理条例》和政策规定，结合本地实际，认真组织开展粮食收购专项检查。收购期间，国家粮食局派出工作组，深入安徽、江西、山东、湖北、湖南等主产省检查指导粮油收购工作，督促相关企业自觉遵守“五要五不准”的收购守则。指导各级粮食部门对检查中发现的不及时支付农民售粮款等苗头问题予以坚决纠正；对检查中反映的预案启动时间晚、托市收购库点少等问题，及时与有关部门和单位沟通，促进政策的完善和落实。2012年夏、秋粮油收购市场秩序总体平稳，抬级抬价抢购等违规现象得到有效治理，实现了收购数量稳中有增。

2. 加强政策性粮食销售出库的监督检查，确保市场供应稳定

2012年5月，国家发展改革委和国家粮食局印发了《国家政策性粮食出库管理暂行办法》，进一步明确了有关部门和单位对政策性粮食销售出库工作的职责分工和纠纷处理程序，细化了违规法律责任。国家粮食局督促各地粮食部门切实按照《国家政策性粮食出库管理暂行办法》要求，密切与粮食批发交易中心联系，跟踪政策性粮食竞价销售出库动态，根据成交情况，督促承储库点履行出库义务，及时协调处理出库纠纷，严肃查处拖延阻挠出库、额外收取费用等违规行为。总体来看，2012年政策性粮食销售出库总体顺畅，检查工作也有力推动粮食收购企业严把收购质量关，政策性粮食质量好于上年。

3. 加强社会粮食流通监督检查，维护粮食流通秩序

指导各地按照国家粮食局的要求，结合本地粮食流通实际，加强全社会粮食流通监督检查工作。各地开展了粮食收购资格核查，加强了对地方储备粮监管、粮食质量监管、执行最高最低库存制度和落实粮食应急预案情况检查，开展省际间联合执法等工作。这些工作的扎实开展，有效维护了粮食流通秩序。

据统计，2012年各地开展各类检查91743次，其中政策性购销检查8966次，出动人员379236人次，检查企业324102个次。查办违规案件16915例，其中政策性粮食违规案件829例。

（三）以示范带全面，第二批示范单位创建工作扎实开展

全国粮食流通监督检查示范单位创建工作始于2011年，首批确定了49个全国粮食流通监督检查示范单位，成效显著，较好地发挥了示范带头作用。2012年国家粮食局继续开展粮食流通监督检查示范单位创建工作，为确保示范单位质量，国家粮食局组成10个工作组，对各地推荐的候选单位进行了实地审核。本着积极稳妥、优中选优的原则，确定了第二批全国粮食流通监督检查示范单位59个。这些示范单位基础工作实，监管制度全，监管方式新，执法力度大，工作规范，形成了很强的示范效应。一些地方还开展了省级示范单位创建活动，也取得了较好效果。创建活动使粮食监督检查工作得到了地方党委政府的进一步重视，监督检查机构、人员、经费的支持力度进一步加大，执法力量得到加强，粮食行政执法的社会影响力得到进一步提升。

(四)强化粮食流通监督检查体系建设

1.机构和队伍基本稳定

截至2012年末，全国市、县两级粮食部门分别设立监督检查机构302个和1819个，比例分别达到86%和74%；建立粮食执法队1548个，占市、县两级粮食部门总数的55%，河北等8省（市）85%以上的县（市）成立了执法队；取得粮食监督检查执法资格的人员约2.5万人，机构和队伍稳中有增。各地初步完成了省级粮油库存检查专业人才库建设，向国家专业人才库推荐业务骨干554名，为建设一支熟悉政策、精通业务、经验丰富、能胜任重大检查任务的专家型检查队伍奠定了基础。

2.各项基础工作进一步加强

各省（区、市）粮食行政管理部门按照国家粮食局的要求，加强对基层粮食部门建立监督检查工作日志制度的指导，并将其作为实施层级监督的有力抓手。各地开展了形式多样的粮食监督检查行政执法培训，提高了检查人员的法律素养和业务能力。积极落实检查工作经费，配备调查取证工具，切实保障监督检查工作的正常开展。截至2012年末，各地粮食部门已对5.8万个粮食经营企业建立了监管信息档案，一些地方还通过档案管理电子化实现了信息共享，探索建立了粮食经营诚信评价体系。

(五)加强粮食流通监督检查工作的对策

粮食流通监督检查工作要深入学习贯彻党的十八大精神，按照“守住管好‘天下粮仓’，做好‘广积粮、积好粮、好积粮’三篇文章”的总部署，认真落实全国粮食流通工作会议确定的“一个中心、四项重点”工作任务，扎实开展政策性粮食购销活动监督检查，继续搞好粮油库存检查，加强全社会粮食流通监督检查，加大涉粮案件查处力度，加强粮食监督检查行政执法体系建设，为实现“守底线、保安全、惠民生、促发展”工作目标提供有力保障。

1.加强体系建设，夯实监督检查工作基础

结合落实粮食安全省长负责制，进一步强化监督检查工作职能，健全机构，落实编制、人员和经费，重点推动市、县两级粮食部门监督检查内设机构建设工作，充实一线执法力量。精心选拔熟悉政策、精通业务、经验丰富、作风正派的人员，充实监督检查队伍。制订培训工作计划，抓好执法资格培训和实务培训，提高监督检查人员业务素质。制定粮食库存检查专业人才库管理办法，规范人员入库、培训、考核、选用和出库管理。开展粮食监督检查示范单位创建活动，促进体系建设和监督检查工作整体水平的提高。配合做好全国粮食流通监督检查信息系统开发及推广应用工作，提高监督检查工作信息化水平，提升粮食行政执法能力和监管服务水平。全面建立粮食经营企业监管信息档案，落实监督检查工作日志制度，为开展粮食经营者诚信守法评价工作打好基础。制定《粮食经营者诚信守法评价暂行办法》并组织实施，实现对粮食经营者动态分类监管。

2.加强工作调研和信息交流，促进监督检查工作水平提高

围绕粮食流通的热点和难点问题以及监督检查工作的重点，采取实地调研、召开专题会议、现场交流会等形式，大力开展调查研究，深入研究新形势下如何履行监督检查职责守住管好“天下粮仓”，如何围绕粮食中心工作提高监督检查

保障和服务的水平等。重视监督检查信息交流，切实加强信息报送工作，信息要突出及时性、准确性和本地特点，增进各地的相互学习和交流。

3. 抓好政策性粮食购销活动监督检查，确保国家粮食购销政策落到实处

一是切实抓好国家最低收购价政策和临时收储政策落实情况的监督检查。重点检查委托收储库点资格条件、执行粮食质价政策、支付农民售粮款等情况，严肃查处压级压价、抬级抬价、“打白条”、“转圈粮”等违规行为。督促粮食经营者严格落实“五要五不准”收购守则，切实保护种粮农民利益，绝不允许出现农民“卖粮难”问题，维护好政策性粮食收购市场秩序。二是积极开展国家政策性粮食销售出库和跨省移库的监督检查，确保不出现粮食供应脱销断档。重点检查承储企业执行出库收费标准、履行出库义务等情况。督促中储粮相关分公司及直属库履行政策执行主体的职责，落实国家政策性粮食出库监管员等制度。检查粮食批发市场审核竞买资格、协调出库纠纷、报送成交信息等情况。对销售出库违规行为实行“零容忍”，坚决查处违规收费、质量不符、阻挠或拖延出库，以及违规竞买政策性粮食等行为。

4. 认真搞好粮油库存检查，确保粮油库存安全

一是扎实有效做好全国粮食库存检查。严格按照国家粮食局等4部委关于开展2013年全国粮食库存检查工作的通知要求，对所有中央储备粮、国家临时存储粮、地方储备粮，以及国有粮食企业的商品粮库存的数量、质量、储存安全情况进行全面检查。继续推进中央事权粮食委托在地检查，强化对检查发现问题的整改，健全粮油库存检查的通报和整改机制。二是继续开展中央储备油和地方储备油库存专项检查。以委托部分省检查方式为主，由省级粮食部门牵头组织当地有关部门和单位，对中央储备油和地方储备油进行专项抽查。

5. 加大涉粮案件查处力度，提高案件办理水平

重点加大对涉及政策性粮食购销、出库和库存管理等方面的案件查处力度。建立重大案件逐级备案制度，做到发现一起，查处一起，上报一起。加强案件评审工作，提高案件查办质量。剖析典型案例，探索发案规律，总结办案经验。

四 粮食流通统计制度作用及成效分析

2012年，各级粮食行政管理部门和广大粮食统计人员认真执行《国家粮食流通统计制度》，切实履行统计职责，牢固树立科学统计、依法统计的理念，不断完善统计体系和调查方法，强化市场监测，科学研判市场形势，积极组织开展专项调查，充分发挥统计监督检查职能，较好完成统计各项工作，为政府宏观决策提供了可靠依据。

(一)适时修订统计制度，粮食统计调查体系日趋完善

按照《粮食流通管理条例》的规定和有关要求，为不断适应粮食市场形势的变化，满足粮食宏观调控需要，国家粮食局对《国家粮食流通统计制度》及时进行了修订，继续优化和精简了统计调查内容、项目和指标，进一步完善粮食流通、粮食仓储设施、粮油加工业和粮食行业机构人员四方面内容的部门统计调查体系，提高统计制度的可行性、规范性和科学性。

(二)积极发挥监督职能，依法统计理念得到加强

2012年在全国范围内组织开展了统计数据质量专项检查，共检查了2939个粮食行政管理部门和48285家入统涉粮企业，强化了依法统计、科学统计的理念。2012年，继续将企业严格执行统计制度作为承担国家政策性粮油购销业务的资格选定条件之一，督促企业切实履行统计报送义务，进一步强化统计监督职能，严格粮食流通统计制度的执行力，为开展全社会粮食统计营造了良好氛围。

(三)强化统计服务意识，统计执行能力得到提高

一是全面了解全社会粮食流通状况。通过粮食统计旬（月）报、市场信息周报等日常统计工作，及时反映全国粮食收购、销售、库存、价格等变化情况。认真组织开展全社会粮食、食用植物油供需平衡调查工作，全面掌握粮油生产、流通、消费、库存和省间流向等基本情况，对全国粮油供求现状、面临形势和未来发展趋势进行深入分析和准确研判。在粮食收购旺季，建立收购信息五日报告制度，密切关注主产区粮食收购进展情况，及时上报收购进度、市场价格等信息。重点加强对最低收购价和国家临时存储粮食的收购数量、价格、跨省移库等情况的统计和分析；强化粮油市场监测，加强对重点地区、重要品种和重点时段的市场监测，动态反映各地粮油市场价格变化情况，随时掌握粮油市场出现的新情况和新动态。

二是基本掌握了粮油加工企业数量、生产规模、区域分布，企业从业人员及专业技术人员数量，主要粮油产品产量、库存量，主要原料年消耗量以及粮油加工业经营效益等情况，为科学制定粮油加工业发展规划、促进粮油加工业结构调整和健康发展提供了基础资料，为完善应急加工企业网点提供了依据。

三是基本摸清了全国粮食仓容规模、仓型、区域分布、使用状况，专用码头泊位数量、铁路专用线、散粮中转设施，仓库其他配套设施等情况，为提升仓储管理水平、优化储粮布局、合理安排粮食跨省移库发挥了积极作用。初步掌握了粮食流通基础设施建设项目、投资规模、区域分布、资金来源以及项目完成进度等基本情况，为加强粮食基础设施建设、增加仓储能力、加速粮食现代物流发展提供决策依据，也为国家政策性粮食收储网点的确定提供了参考依据。

四是基本掌握了粮食行业机构设置、从业人员总数、年龄结构、学历构成、专业技术人员数量等基本情况，为全面推动科技兴粮和人才兴粮、加强粮食行业管理、整体提升粮食行业水平提供了基础信息。

五 中央储备粮代储资格认定情况分析

2012年，国家粮食局按照《中央储备粮代储资格认定办法》及其实施细则（以下简称《细则》）相关规定，于5月和10月进行了两批中央储备粮代储资格认定工作、一次代储资格延续工作、两次代储资格变更工作，取消了两批代储资格到期企业。中央储备粮代储资格认定工作开展以来，认定标准成为粮油仓储行业提升设施设备水平、提高人员业务素质和强化仓储管理的重要标杆，促进了粮油仓储行业整体水平的不断提高，为确保政策性粮油储存安全发挥了重要作用，为保障国家粮食安全奠定了基础。

（一）2012年中央储备粮代储资格认定情况

2012年，共有412户企业申请中央储备粮代储资格，其中，粮食类企业369户，申请仓容1545.5万吨，通过审核企业200户，取得资格仓容818.7万吨；油脂类企业43户，申请罐容110.7万吨，通过审核企业19户，取得资格罐容40.6万吨。

（二）中央储备粮代储资格企业延续情况

2012年下半年，共有26户企业提出了延续申请，其中，粮食类企业24户，申请仓容92.8万吨，通过审核企业16户，延续资格仓容66.6万吨；油脂类企业2户，申请罐容5.6万吨，都通过了审核。

（三）中央储备粮代储资格企业变更情况

在已取得资格企业有效期内，共有96户资格企业申请代储资格变更。经审核，有92户企业通过审核，准予变更。值得注意的是，随着粮食流通体制改革的不断深入，因改制导致企业名称、所有制性质等变更的情况与日俱增，需进一步调查研究相关政策。

（四）中央储备粮代储资格企业分布情况

截至2012年底，全国共有1761户企业取得了粮食类代储资格，取得资格仓容9717.4万吨；有193户企业取得了油脂类代储资格，取得资格罐容332.0万吨。

1.粮食类资格企业情况

从地区分布情况看，主产区有1419户，占80.6%，仓容7381.7万吨，占76.0%；主销区有141户，占8.0%，仓容1220.1万吨，占12.6%；产销平衡区有201户，占11.4%，仓容1115.6万吨，占11.4%。

表6-1 取得资格企业分地区情况表（粮食类）

地区	企业数量（户）	占比（%）	资格仓容（万吨）	占比（%）
合 计	1761		9717.4	
主产区	1419	80.6	7381.7	76.0
主销区	141	8.0	1220.1	12.6
产销平衡区	201	11.4	1115.6	11.4

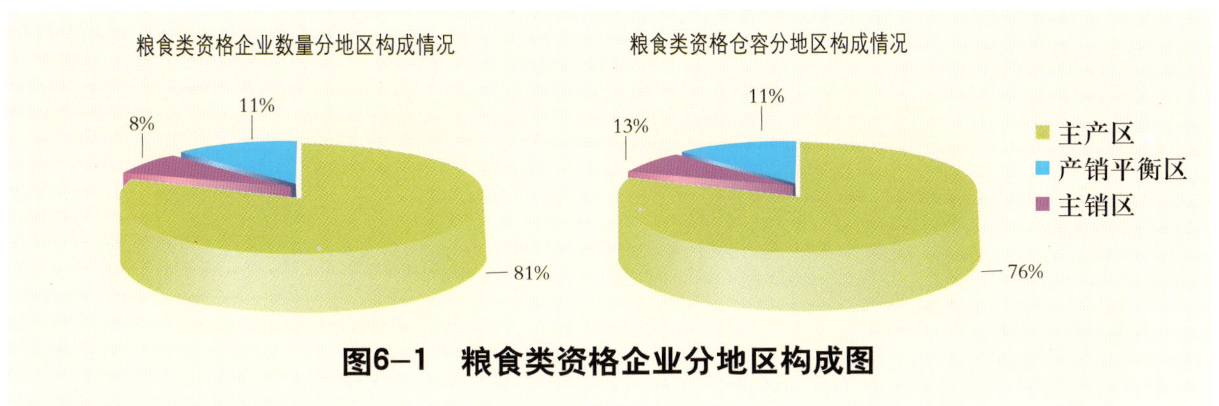

图6-1 粮食类资格企业分地区构成图

2.油脂类资格企业情况

从地区分布情况看，主产区有137户，占71.0%，罐容215.4万吨，占64.9%；主销区有22户，占11.4%，罐容80.5万吨，占24.2%；产销平衡区有34户，占17.6%，罐容36.0万吨，占10.8%。

表6-2 取得资格企业分地区情况表（油脂类）

地区	企业数量（户）	占比（%）	资格罐容（万吨）	占比（%）
合 计	193		332.0	
主产区	137	71.0	215.4	64.9
主销区	22	11.4	80.5	24.2
产销平衡区	34	17.6	36.0	10.8

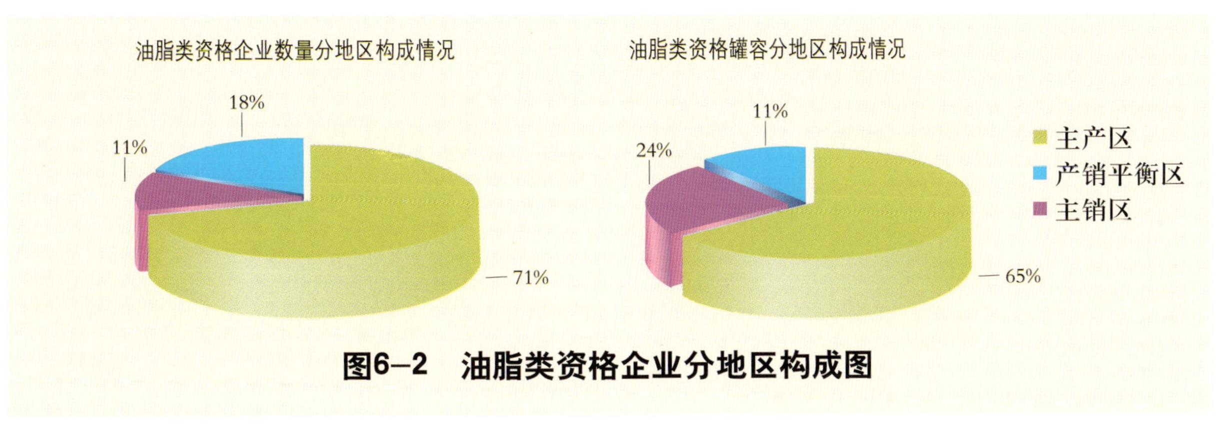

图6-2 油脂类资格企业分地区构成图

第七部分

粮食质量与标准

一 粮油标准化工作

2012年，粮油标准化工作稳步推进，完成67项国家和行业标准制修订工作，积极推进粮油标准化工作体系建设和标准基础研究，国际标准化工作参与程度进一步提高。

(一)扎实做好标准制修订工作

2012年，国家粮食局完成制修订及审定粮油国家标准和行业标准67项，报批国家标准3项，发布实施国家标准1项，行业标准29项。

年内国家粮食局抓好重点标准制修订工作。按照国务院食品安全办的要求，完成了《食品安全国家标准食用植物调和油》标准草案的起草，并上报卫生部；积极参与《食品安全国家标准食品添加剂使用管理标准》（GB2760）等食品安全标准的清理和制修订工作；配合商务部等部门做好进口大豆油溶剂残留限量标准工作，为争取国际贸易有利地位提供技术支持。

(二)积极推进标准化工作体系建设

国家粮食局启动了全国粮油标准化技术委员会的换届以及粮食与制品、贮藏与物流、油料与油脂和机械与仪器4个分技术委员会的筹建准备工作，以进一步发挥全国粮食系统的科研院所、大学和大型企业的作用，为更广泛地动员社会力量参与粮油标准化工作打下基础。

2012年，为进一步提高全国粮油标准化研究、制修订的能力和水平，按照《标准化法》的要求，启动了国家粮油标准研究验证测试体系建设工作。拟在全国粮食质检机构和相关科研院所、院校、大型企业中，选择具备条件的单位进行挂牌，形成国家粮油标准研究验证测试体系。此举将进一步整合粮油标准技术力量，促进粮油标准的科学性、合理性。

(三)积极开展标准基础研究

积极推进《我国中筋小麦及蒸煮食品品质评价标准的研究》、《粮食安全储存主要指标与标准研究》等国家级标准科研项目的研究工作。已完成6项国家标准和行业标准的标准草案和立项申请，发表论文11篇，并在国际和国内学术会议上做学术报告7次。

本年度，在国家标准委的统一领导下，国家粮食局完成了对4个第6批全国农业标准化示范区的考核验收工作，对标准化示范区取得的成果进行了认真总结，对示范过程中遇到的问题提出了解决意见，以推动标准实施。

（四）认真做好国际标准化工作

作为国际标准化组织谷物与豆类分技术委员会秘书处具体承担单位，2012年，国家粮食局标准质量中心踏踏实实做好分委员会的管理、组织和协调工作，稳步推进谷物与豆类国际标准化各项工作；作为谷物与豆类分委员会的P成员国对口负责单位，代表国家认真履行P成员国义务，积极推进我国所承担的国际标准制修订项目按期完成，组织国内专家参与国际标准制修订文本的修改和投票。

2012年，秘书处按照ISO导则时间框架要求，稳步推进国际标准的制修订工作。发布了ISO11746:2012大米—籽粒生物学特性的测定、ISO11747 米饭颗粒硬度测定、ISO5530-2:2012小麦粉—面团物理特性—第二部分：拉伸仪测定流变学性3项标准；ISO5526名词术语、ISO5527词汇、ISO5530-1布拉本德粉质仪测定面粉吸水率和面团流变学特性、ISO11715小麦粉—安培法测定损伤淀粉、ISO17718全麦粉和面粉—混合升温对流变学特性影响的测定、ISO20483 凯氏定氮法测定粗蛋白含量6项标准项目推进到FDIS阶段，ISO6647-1大米—直链淀粉含量测定—参比法和ISO6647-2大米—直链淀粉含量测定—常规法两项标准项目推进到DIS阶段。

作为国内对口单位投票人，认真履行P成员国的义务，组织国内专家按期完成正在制修订中的10个不同阶段的项目的投票工作；对ISO/TC34/SC4复审的7项标准组织专家进行了文本研究并提出复审意见。

2012年，秘书处积极引导更多国家参与谷物与豆类国际标准化工作。通过利用各种机会与有关国家联络，埃塞俄比亚、爱尔兰和德国已经从观察员（O成员）升级为正式成员（P成员）国，奥地利和黑山成为O成员，参与分委员会国际标准化工作的程度进一步得到提高。

国际标准化工作有完善的工作体系，国际标准化组织在运行国际标准化工作中，与时俱进，不断完善，国际标准化从业人员要不断更新自己的国际标准化工作知识和技能，以适应国际标准化工作的需要。ISO中央秘书处为缩短国际标准制修订周期，一些项目要求直接从国际标准草案进入国际标准发布程序，这一标准制修订过程的缩短，增加了国际标准化工作的难度，提高了项目管理的要求。目前从事粮油国际标准化工作的人员短缺，已成为制约我国承担粮油国际标准制修订工作的重要因素，必须尽快加强我国粮食国际标准制修订专家的培养，以适应粮油标准国际化的新形势。

二 收获粮食质量和品质状况

2012年，国家粮食局继续组织开展小麦、稻谷、玉米、大豆和油菜籽等主要粮食油料品种收获质量调查和品质测报工作。在粮食产量较大的省份，新粮收获后第一时间从农户采集样品进行集中会检。本年度会检工作共采集检验样品8095份，获得检验数据近9万个，涉及20个省200余个市的800余个县（区），及时掌握了新收获粮食的质量状况，并将结果通报相关地方粮食行政管理部门，为指导粮食收购发挥了重要作用。

14个省（区）的粮食行政管理部门组织开展了本区域粮食收获质量调查工作，共计采集检验样品1.6万份，扦样范围累计涉及这些省份的144个市726个县（区），获得检验数据18万个；12个省（区、市）的粮食行政管理部门组织开展了品质测报工作，共采集检验样品7917份，扦样范围累计涉及12个省124个市600个县（区），获得检验数据12.2万个。各级粮食行政管理部门积极争取，扩大质量品质信息发布形式和渠道，指导当地粮食收购和种植结构的调整，社会效益明显。

(一)主要粮食品种收获质量

早籼稻：2012年，安徽、江西、湖北、湖南、广东、广西6个早稻主产省（区）会检共采集检验早籼稻样品595份，样品采自这6省（区）的59个市167个县。会检结果表明，6省（区）早籼稻整体质量基本正常，安徽整体质量为近年来较好水平，江西、湖北、湖南、广西基本正常，广东整精米率略有下降。

6省全部样品检测结果为：出糙率平均值77.8%，一等至五等的比例分别为28%、41%、23%、6%、1%，等外品为1%，中等（三等，出糙率不低于75%）以上的占92%，较上年提高3个百分点。整精米率平均值57.3%，其中不低于50%（一等）的比例为91%，属正常年景。不完善粒平均值4.3%，为近年来最低。

浙江省调查结果显示：全省中等以上比例为96%，与上年基本持平；整精米率平均值为54.9%，较上年有所下降。

中晚籼稻：安徽、江西、河南、湖北、湖南、广东、广西、四川8个主产省（区）会检共采集检验样品1620份，样品采自这8个省（区）的92个市368个县。会检结果显示，8省（区）中晚籼稻总体质量较好，等级比例与往年基本持平，整精米率明显提高，不完善粒较少。其中，江西、四川籼稻整体质量为近年来最高水平，湖北、湖南、广东整体质量正常，安徽、河南、广西为近年来较低水平。

8省（区）全部样品检测结果为：出糙率平均值78.0%，一等至五等的比例分别为29%、48%、19%、3%、1%，中等以上的占96%。整精米率平均值63.3%，其中不低于50%的比例为95%，两项指标均为近年来最高。不完善粒平均值3.9%，为近年来较好水平。谷外糙米平均值0.3%，超标比例（大于2.0%）约为1%。

浙江、福建、贵州3省（区）调查结果显示：浙江中等以上的比例为99.8%，整精米率平均为59.8%，均较上年有所提高。福建中等以上的比例为96%，整精米率平均为57.9%，均与上年基本持平。贵州中等以上的比例为93%，整精米率平均为53.8%。

粳稻：辽宁、吉林、黑龙江、江苏、安徽5个主产省会检共采集检验样品876份，样品采自这5省48个市的135个县和农垦总局的6个分局。会检结果显示，在2011年总体质量呈现近年来最好水平的基础上，2012年又有所提高，中等以上的比例达到99%，一等品比例达到78%，较正常年景提高约35个百分点；平均整精米率首次超过70%，达到72.3%；不完善粒为近年来最少。其中，东北三省整体质量均为近年来最好，一等品比例较正常年景提高20～30个百分点，整精米率也高于往年，黑龙江谷外糙米达标比例也有所提高。江苏、安徽整体质量也为近年来较好水平，一等品比例均达到或超过九成，为近年来最高。江苏整精米率较上年略有下降，黑龙江、安徽仍有个别地区整精米率较低。

5省全部样品检测结果为：出糙率平均值82.2%，变幅73.8%～86.5%；一等至四等的比例分别为78%、18%、3%、1%，中等（三等，出糙率不低于77%）以上占99%。整精米率平均值72.3%，变幅28.3%～81.0%；不低于61%（一等）的比例为97%，不低于55%（三等）的比例为99%。不完善粒平均值2.7%，为近年来最少，变幅0.2%～10.3%，主要为未熟粒。平均谷外糙米1.1%，超标比例17%。

浙江、宁夏2省（区）调查结果显示：中等以上的比例，浙江为100%，宁夏为97%；平均整精米率浙江为68.5%，宁夏为56.1%，较上年下降7.6个百分点。浙江省整体质量与上年基本持平；宁夏等级良好但较上年略有下降，整精米率较上年大幅下降。

小麦：河北、山西、江苏、安徽、山东、河南、湖北、四川、陕西9个小麦主产省会检共采集检验样品1957份，样品采自9省的89个市416个县。会检结果表明，9省小麦容重平均值与上年基本持平，但千粒重下降明显，中等（三等）以上比例较上年下降6个百分点；不完善粒正常，生芽粒和生霉粒不高。河北整体质量正常，江苏、安徽、湖北、河南为近年来较低水平，山西、四川小麦整体质量为近年来较好水平，山东、陕西保持了较好的质量水平。

9省全部样品检测结果为：容重变幅642～835 g/L，平均值776 g/L，与上年基本持平，一等至五等的比例分别为33%、31%、23%、9%、3%，等外品占1%；中等（三等）以上的占87%，较上年下降6个百分点。千粒重变幅26.2g～57.0g，平均值39.1g，较上年下降约3g。硬度指数变幅29～79，平均值63。不完善粒平均值3.9%，符合中等要求（≤8%）的比例为94%，其中生芽粒和生霉粒较少。降落数值变幅60s～492s，平均值329s。

玉米：河北、山西、内蒙古、辽宁、吉林、黑龙江、山东、河南、陕西9个玉米主产省（区）会检共采集检验样品2441份，样品采自9（区）省100个市的474个县和农垦总局的8个分局。会检结果显示，2012年，9省（区）玉米总体质量为近年来最好，中等（容重不低于650 g/L）以上比例达到99%，其中一等品比例超过70%，较正常年景明显提高；不完善粒和生霉粒较少。其中，山西、河北、辽宁、吉林、山东、河南整体质量均为近年来最好，一等品比例明显提高；陕西也为近年来较好水平，黑龙江质量正常；内蒙古中等以上比例有所下降。

9省（区）全部样品检测结果为：百粒重平均值34.8g，变幅20.2g～51.8g。容重平均值为732g/L，较上年提高17g/L，为近年来最高，变幅593～801g/L；一等至四等的比例分别为72%、22%、5%、1%，中等以上的占99%，其中一等品比例较正常年景提高约20个百分点。不完善粒平均值2.9%，为近年来最低，主要为破碎粒和生霉粒，最大为25.4%，符合中等要求（不超过8.0%）的比例为95%，属于正常年景。霉变粒较少，基本没有超标（超过2.0%）样品。

黑龙江、吉林、内蒙古的局部地区，部分玉米出现色变粒（在自然条件下晾晒后，玉米籽粒表面色泽变为深褐色或紫黑色，但内在质量品质尚未发现发生明显变化）较多的现象。

大豆：吉林、黑龙江2省会检共采集样品216份，采自2省的16个市51个主产县（区）。会检结果显示，2012年，2省大豆整体质量为近年来较好水平，符合国标中等（三等，完整粒率不低于85%）以上的比例为79%，较上年提高8个百分点。黑龙江损伤粒率（主要是病斑粒的虫蚀粒）仍然较高。

2省全部样品检测结果为：完整粒率平均值为89.1%，为近年来最高，变幅60.9%～99.3%，一等至五等的比例分别为15%、37%、27%、12%、7%，等外品为2%，中等以上的占79%，较上两年有所提高；损伤粒率平均值为7.5%，变幅0.4%～29.2%，其中符合等内品要求（不大于8.0%）的比例为60%，与上年基本持平。

(二)优质（优良）和专用粮食品种品质状况

早籼稻：湖北、广东2省主要种植的优质（优良）中晚籼稻品种，全项目符合国家优质籼稻标准的比例为2.4%，较上年降低1.5个百分点；广东为8.4%，较上年提高6个百分点，除胶稠度外，其他各项指标达标率均明显提高。

中晚籼稻：浙江、福建、湖北、广东4省主要种植的优质（优良）中晚籼稻品种，全项目符合国家优质籼稻标准的比例，浙江为18.4%，较上年降低10.1个百分点，主要是因为垩白度明显增加；福建为10.8%，较上年提高3.8个百分点；湖北为6.6%，较上年降低5.2个百分点；广东为45.4%，较上年提高9.4个百分点，各项品质指标达标率较上年同期有所提升。

粳稻：辽宁、吉林、黑龙江、江苏、浙江、宁夏6省(区)主要种植的优质（优良）粳稻品种，全项目符合国家优质粳稻标准的比例，辽宁为69.5%，较上年大幅提高，垩白度和垩白粒率明显下降；吉林为44.1%，较上年提高13.6个百分点，除不完善粒外，其他各项主要指标达标率均超过90%；浙江为40.6%，较上年大幅提高16.6个百分点，垩白度、垩白粒率、不完善粒和直链淀粉含量达标率均明显提高；江苏为5.4%，较上年有所提高，胶稠度较低、垩白度较高是制约达标的主要因素；宁夏为28%，较上年提高8个百分点，胶稠度、垩白粒率达标率有所提高，整精米率达标率明显下降。垩白度和直链淀粉含量达标率虽较上年有所提高，但仍是限制优质稻谷达标率的主要因素。

小麦：各省主要种植的优质（优良）小麦品种，全项符合国家优质小麦标准的比例，江苏为1%，较上年明显下降，湿面筋含量较低是制约达标率的最主要因素；河南为25%，较上年增加14.7个百分点；湖北为17.6%，较上年提高12.2个百分点；陕西为3.5%，较上年下降4.8个百分点。

玉米：河北、山西、内蒙古、辽宁、吉林、黑龙江、山东、河南、陕西9省（区）会检样品淀粉含量平均值为72.8%，变幅68.3%～78.0%，符合淀粉发酵工业用玉米国家标准（GB/T 8613−1999）中等（不低于72%）以上要求的比例为59%；粗蛋白质含量平均值为9.3%，变幅

6.5%~12.8%；粗脂肪含量平均值为4.2%，变幅3.0%~6.5%。

大豆：吉林、黑龙江2个大豆主产省会检样品粗脂肪、粗蛋白平均含量分别为18.7%（干基，下同）和38.5%，均与上年持平，符合高油大豆三等标准（粗脂肪含量≥20%）和高蛋白大豆三等标准（粗蛋白含量≥40%）的比例分别为5%和7%，均为近年来最低。

三 粮食质量安全监管体系建设

2012年，按照“机构成网络、监测全覆盖、监管无盲区、系统无风险”的工作目标和《2012年粮食质量安全重点工作》的部署，粮食行政管理部门积极开展粮食质量安全监测和库存粮油质量安全检查，建立健全粮食质量安全监管长效机制，着力推进粮食质量检验监测体系建设，妥善处理突发性粮食质量安全事件，为保障国家粮食质量安全，促进社会和谐稳定做出了积极贡献。

(一)落实粮食质量安全监管责任制，推进监管重心下移

各地粮食行政管理部门全面加强对粮食质量安全监管工作的组织领导，所有省级粮食行政管理部门全部明确了粮食质量安全监管机构和职责，逐步推进粮食质量安全地方负责制，粮食质量安全监管责任得到进一步落实，初步形成了上下对应、一级抓一级、层层抓落实的粮食质量安全监管协调机制，为推进和落实粮食安全省长负责制奠定了良好的工作基础。

(二)积极探索实践，建立启动全国粮食质量监管工作评估考核机制

1.制定《粮食质量监管工作评估考核暂行办法》

按照国务院关于加强食品安全工作评估考核和适时开展督促检查的要求，国家粮食局为强化监管责任，进一步推进粮食质量安全监管工作，于2012年制定出台了《粮食质量监管工作评估考核暂行办法》，自当年起对省级粮食行政管理部门履行粮食质量安全监管职责等情况进行考核，考核内容和要求根据每年的质量工作年度计划确定。

2.组织开展了对2011年质量监管工作的考核

根据《粮食质量监管工作评估考核暂行办法》，国家粮食局对各省（区、市）粮食行政管理部门落实《国家粮食局关于做好2011年粮食质量安全重点工作的通知》的有关情况进行了考评，考评采取各省（区、市）的自查并报送自查报告和国家粮食局派员现场抽查的方式进行。考评结束后，国家粮食局根据综合成绩对被评为“2011年度全国粮食质量监管工作先进单位”的辽宁、陕西、湖北、

福建、安徽、湖南、浙江、上海、山东、北京、山西、广东、青海、黑龙江、宁夏等16个省（区、市）粮食行政管理部门进行了全国通报。

(三)加强制度建设，推动粮食质量安全规范化管理

2012年，根据当前粮食质量安全监管新形势和国务院关于加强食品安全监管的决策要求，完善监管制度，加强应急管理是进一步提升科学化综合监管能力的重要保障。各地粮食行政管理部门结合当地实际情况，制定出台了一批地方法规和制度性文件，为依法开展粮食质量安全监管、规范粮食经营活动、维护粮食流通正常秩序提供了规章、制度保障。内蒙古自治区修订了《军供粮源统筹管理暂行办法》；湖北随州制定了《粮食质量经营规范实施细则》，湖北蕲春制定了《粮食收购质量安全承诺制度》；湖南长沙推进实施粮油食品安全工作月报、季报、半年报、年度报送制度，湖南岳阳与多家粮油经营者签订质量安全责任状，切实落实企业质量安全主体责任；广东制定了军粮质量管理暂行办法和规范粮食行政管理部门行政处罚自由裁量权的适用规则；陕西、宁夏等省（区）制定了《粮食质量管理工作评估考核暂行办法》；贵州出台了《粮食质量监管实施细则》等。

(四)认真组织开展粮食质量安全监测抽查，切实履行监管职责

1.防患未然，积极开展粮食行业“潜规则”治理

2012年，针对当前食品行业妨碍食品安全的带有行业共性的潜在规则与隐性行为等问题突出、安全隐患凸显的现象，国家粮食局要求地方各级粮食行政管理部门进一步增强风险管理意识，坚持预防为主、防患于未然的原则，将隐患排查与日常监管、风险监测和专项抽查等工作相结合，全面梳理粮食质量安全隐患和监管薄弱环节，组织对粮食收购、储存、运输、加工和销售等环节可能存在的“潜规则”问题进行全面深入排查，认真梳理现阶段的防范措施。在粮食扦样、送样、检验、结果报送等环节积极构建粮食行业防范和治理“潜规则”等问题的长效机制。同时加强对检验机构和检验人员的管理，确保检验数据的公平、公正和准确有效。通过加强督促和管理，坚决消除质量监管工作中的“潜规则”与隐性行为，确保不发生系统性粮食质量安全事件。

2.开展收获粮食质量安全监测

近年来，受种植环境污染和异常气候等因素影响，一些地方粮食质量安全隐患日益突出。为了加强监测预警，指导粮食收购，国家层面加大对新收获粮食的质量安全监测力度。2012年，国家级监测计划部署在全国31个省（区、市）采集和检验新收获小麦、稻谷、玉米样品，对粮食中主要食品安全项目进行监测。同时要求各省级粮食行政管理部门结合本地实际和近年来的监测结果，按照国家级监测计划扩大2～3倍采样量，组织开展省级收获粮食质量安全监测工作，切实起到预警和指导收购的前瞻性作用。2012年全国共采集样品近5200份，获得检验数据5.2万个，较好地防范了质量不安全粮食进入流通环节。

3.督促做好新收获小麦质量安全把关工作

部分省区由于遭遇复杂多变气候，特别是小

麦抽穗扬花或收获期间遭遇连续阴雨大气等原因，导致少数新收获的小麦存在不同程度的生霉和真菌毒素超标现象。为确保流通领域粮食质量安全，国家粮食局紧急下发了《关于做好2012年新收获小麦质量安全把关工作的通知》，要求各地粮食部门切实加强组织领导，严格落实工作责任。相关省级粮食行政管理部门积极开展处置工作，指导有关地区一手抓好定向收储，一手抓好粮源管控，既帮助农民实现减损增收，又不让病害小麦流入口粮和饲料市场。另外，为帮助农民减少损失，合理利用粮食资源，有关省份粮食行政管理部门对小麦赤霉病发生较重的地区，专门派出技术人员，积极为售粮农民提供技术服务与帮助。指导农民通过风扬、过筛、整晒等措施，对赤霉病小麦进行处理，尽量降低赤霉病粒含量，提高小麦质量等级和卫生合格率，最大限度地减少损失，在2012年夏收、秋收中，相应加强了对执行标准和验质定等工作的调研和监督检查。由于工作部署早，相关省份动作快，措施得力，2012年粮食收购质量安全工作得以顺利完成，基本实现了“积好粮”的工作目标。

4.开展库存粮油质量和卫生安全专项检查

2012年粮食库存专项检查中，从全国31个省（区、市）的584个库点共扦取样品1183份，代表粮食数量224.3万吨，对样品进行跨省交叉检验或就近集中检验，取得检验数据2.37万个。抽查结果显示：库存粮食质量总体良好，质量达标率为94.7%，宜存率为98.3%；但个别库点存在水分、杂质、不完善粒较高等储粮安全隐患问题。相关省份粮食行政管理部门针对问题粮食及时妥善处置，加强全程监控，严防不符合食品安全标准的粮食流入口粮市场。另外，对部分省份的政策性油脂进行了质量检查，共从27个企业抽检样品130份，代表数量28.4万吨，质量合格率为98.5%。

（五）加强能力建设，推进完善粮食质量检验监测体系

2012年，各级粮食行政管理部门抢抓机遇，按照《全国粮食质量安全监测能力“十二五”建设规划（2011－2015年》的要求，上下互动、多措并举，着力推进粮食质量安全检验监测体系建设，为粮食质量安全监管提供了坚强有力的技术支撑和保障。

1.全面加强体系建设

2012年，各地粮食部门重点推进了粮食主产地区及薄弱地区和不平衡地区的体系建设工作。截至2012年底，全国粮食检验机构共有742个，其中省级32个，地市级279个，县级431个，通过计量认证的机构共计422个。2012年，全国有39个粮食检验机构转为财政全额拨款单位，9个机构由自收自支转为财政差额拨款单位。目前，粮食检验机构在职人员5000余名，中级职称及以上的2000余名，占总人数的近一半；大专及以上学历的近4000名，占总人数的近80%。各级检验机构全年检测样品近30万份，为确保国家粮食质量安全、维护粮食流通秩序起到了重要作用。在此基础上，国家粮食局继续推进监测薄弱地区的国家粮食质量监测机构建设，2012年有29个检验机构通过考核被纳入了国家粮食质量监测体系。

2.大力加强粮食检验能力建设

按照国务院关于加强食品安全监测能力建设

的要求，各级粮食行政管理部门积极争取财政资金，加强监测机构的仪器设备投入和基础设施建设。2012年国家发展改革委下达粮食质量安全检验监测能力建设项目中央预算内投资3亿元，地方配套3亿元。当年新增检验检测仪器设备6418台（套），截至2012年底，全国粮食检验机构办公场所和实验室总面积达34万平方米，现有单价2000元以上检验仪器设备2万余台（套），仪器设备总原值近8亿元。粮食检验监测机构布局和检验检测技术资源配置得到进一步优化，各级监测机构充分发挥粮食质量安全技术服务和前哨作用，积极开展检验监测、社会公共服务和基础研究等工作，成为加强粮食质量安全监管的重要基础性技术力量。

3.进一步提升检验队伍技术水平

2012年，国家粮食局扩大了培训范围，重点组织260个国家粮食质量监测机构的技术骨干489人，开展了粮食中重金属项目检验技术专项培训和国家粮食质量监测中心现场比对考核工作。参加考核的30个单位中有22个单位获得“优秀”成绩，6个单位获得“良好”成绩。通过现场检验比对考核，及时发现了检验操作中存在的问题，机构间检验结果的一致性有了显著的提高。各省（区、市）加强对区域内各级粮食检验机构的技术管理和培训考核，据统计，2012年各地共培训质检人员近6000人次，粮食质检从业人员的技术水平和执业素质得到显著提升。

（六）加强科普宣传，扎实开展食品安全宣传周活动

2012年，国家粮食局继续加强粮食质量安全宣传工作，根据国务院食品安全办的部署要求，与国务院有关食品安全监管部门共同配合开展食品安全宣传周活动，并认真组织粮食局主题宣传日活动，通过开展“放心粮油”主题活动、粮油科普讲座、粮油科普展示、夏粮收购调研等活动，宣传普及粮食质量安全政策法规和科普知识，努力营造人人关心粮食质量安全的社会氛围，对粮食质量安全监管工作起到了积极的推动和促进作用。

第八部分

粮食流通与科技发展

一 粮食流通基础设施和物流体系建设

2012年是落实“十二五”规划承上启下的关键之年，也是“粮安工程”前期筹划和准备之年，各级粮食部门扎实推进粮食流通基础设施建设工作，取得了显著成效。

据统计，2012年度全国粮食流通基础设施建设项目总投资834亿元，其中中央财政资金51亿元，地方财政资金117亿元，企业自有资金406亿元。年度完成投资263亿元，其中中央财政资金24亿元，地方财政资金38亿元，企业自有资金141亿元。与上年度相比，建设项目年度完成投资增加54.7亿元，增幅为26.2%。按投资来源分，各项都比上年有所增加，其中银行贷款和利用外资增幅在50%以上，中央财政和地方财政增幅都在10%以上。年度完成投资大幅增长，有力地推动了粮食流通基础设施和物流体系建设的迅速发展。

表8-1 按投资来源分年度完成投资情况对比表

单位：亿元

类别	2011年度完成投资	2012年度完成投资	增量	增幅（%）
合计	208.6	263.3	54.7	26.2
一、财政性资金	53.8	62.3	8.5	15.7
其中：中央财政	20.1	24.4	4.3	21.5
地方财政	33.8	37.8	4.0	11.9
二、银行贷款	31.8	47.7	15.9	50.1
三、利用外资	2.8	4.7	1.9	66.4
四、自有资金	113.2	140.7	27.5	24.3
其中：退城进郊置换资金	9.7	10.4	0.7	7.4
五、其他投资	6.9	7.9	1.0	14.1

(一)加快推进粮食现代物流发展

2012年度全国粮食物流项目年度完成投资98亿元，长江通道投资所占比重最大，其次是东北流出通道，最小的为京津通道。新建粮食专用码头泊位54个，运输能力1421万吨；新建铁路专用线36千米，其中有效长度22千米；新建罩棚87万平方米，其中铁路罩棚33万平方米；新增散粮接收能力2.5万吨/小时，发放能力2万吨/小时；新增散粮汽车570辆，散粮火车皮140节，散粮船舶4艘。其中，国家安排中央补助投资6.78亿元，用于支持八大跨省粮食物流通道98个粮食现代物流项目的建设。

表8-2 粮食物流项目各通道年度完成投资情况表

单位：亿元，%

通道	投资	比重
合计	97.7	100.0
东北流出通道	14.8	15.2
黄淮海流出通道	10.4	10.6
长江流出通道	40.8	41.7
华东沿海流入通道	5.4	5.5
华南沿海流入通道	10.6	10.9
京津流入通道	0.9	1.0
西南流入通道	8.5	8.7
西北流入通道	6.3	6.4

为推进粮食现代物流体系建设，加快推进散粮火车入关运营，打通“北粮南运”主通道，国家粮食局会同有关省市和中央企业，加强调研论证，积极协调和配合有关部门开通“吉林白城——安徽蚌埠”和“吉林松原——湖南岳阳”散粮火车运输线路，以及“辽宁开原——四川青白江”铁路集装箱散粮运输试点。为推动国家级粮食现代物流示范单位规范化建设，加强对示范单位管理，国家粮食局制定了《国家级粮食现代物流示范单位管理暂行办法》，并启动示范单位申报遴选工作。

(二)加强粮食仓储设施建设

2012年度全国粮油储备库项目年度完成投资96亿元，新建仓容2150万吨，包括平房仓1692万吨，立筒仓207吨（其中钢板筒仓61万吨），浅圆仓98万吨，其他仓型153万吨。上述仓容中成品粮应急储备仓97万吨；新建油罐142万吨；维修改造仓容2651万吨（其中大修仓容925万吨）；新增烘干能力7004吨/小时；新建地坪526万平方米，新建办公、业务用房83万平方米。其中，国家安排中央补助投资10亿元，用于184个项目建设粮食储备仓容和储备油罐。为解决我国粮食连续九年丰收后主产区收储烘干能力不足的矛盾，确保最低价收购政策和国家临时收储政策的执行，国家安排4亿元中央补助投资，用于河北等15个省区的粮食收储库点的仓房维修改造。国家粮食局积极推进成品粮应急低温储备库建设工作，开展了软课题《成品粮应急低温储备库相关问题研究》，印发了《成品粮应急储备库建设设计要点》，积极推动各地开展成品粮应急低温储备库建设试点工作。

(三)加强粮油质量检验监测能力建设

国家粮食局研究编制了《全国粮食质量安全检验监测能力“十二五”建设规划（2011-2015年）》（国粮展〔2012〕177号），规划期内拟安排396个国家粮食质量监测机构的粮食质量安全检验监测能力建设。其中，2012年度国家安排中央补助投资3亿元，为31个省（区、市）的检验机构配置粮食检验检测仪器设备，当年共完成投资2.8亿元，新增检化验设备6418台套，有效提升了全国粮食质量安全检验监测能力和水平。

（四）继续推进农户科学储粮专项建设

2012年，国家安排中央补助投资5亿元，为河北等22个省（区、市）的165.6万农户配置标准化小型粮仓。有关地方严格项目管理，加强质量监管，专项建设取得良好效果。初步测算，全部装具可存储粮食约300万吨，每年可减少储粮损失约18万吨，可为农户增收3.7亿元，减损增收效果十分显著。

（五）组织开展粮食系统对口援藏工作

为深入贯彻落实中央第五次西藏工作座谈会精神及新形势下中央对西藏工作的决策部署，推动西藏粮食流通工作跨越式发展，国家粮食局制定了《国家粮食局关于全国系统支持西藏粮食流通工作跨越式发展的实施意见》（国粮展〔2012〕86号），指明了对口支援西藏粮食流通工作的重要意义，明确了对口支援主要内容等，并成立全国粮食系统援藏工作领导小组。为切实做好粮食系统对口援藏工作，国家粮食局组织召开了全国粮食系统对口援藏工作会议，对具体工作进行了部署，广东、重庆、河北、陕西、辽宁等省粮食局与西藏自治区林芝、昌都、阿里、那曲4个受援地区粮食局签订了援助项目框架协议。国家粮食局、四川省粮食局和成都粮食储藏科学研究所共同向拉萨市林周县和达孜县赠送260套农户科学储粮仓，各地积极开展项目建设、产销合作、人才培训和挂职等多种形式的援助，全国粮食系统援藏工作取得阶段性成果。

二 粮油仓储行业管理进一步加强

2012年，粮食仓储管理取得重要进展。全国有24个省份开展了粮油仓储单位备案工作，粮油仓储信息化建设工作取得突破，粮油仓储规范化管理活动深入开展。

（一）粮油仓储单位备案制度基本落实

粮油仓储单位备案制度是部门规章《粮油仓储管理办法》规定的一项基本制度，建立这一制度有利于加强粮食行政管理部门与粮油仓储企业的联系。通过备案工作，粮食行政管理部门可以把好粮油仓储市场入口关，确保进入粮油仓储市场的企业具备基本的设施条件、专业人员和管理能力。2012年，北京等24个省（区、市）先后出台并实施了本地区《粮油仓储单位备案管理办法》，备案工作取得重要进展。初步统计，截至2012年底，北京、河北、内蒙古、辽宁、吉林、黑龙江、上海、江苏、浙江、安徽、福建、江西、山东、河南、湖南、广东、重庆、四川、贵州、西藏、陕西、青海、宁夏、新疆24个省（区、市）完成了对16102户企业的备案工作，备案仓容3亿吨、罐容1000万吨。2013年，将推动各地继续落实粮油仓储单位备案制度，一方面督促尚未出台备案管理办法的7个省（区、市）尽快出台，另一方面指导已经出台备案管理办法的省份扩大备案覆盖面，提高备案工作水平。

(二)粮油仓储信息化建设稳步推进

粮油仓储信息化是粮食流通产业信息化的重要组成部分。2012年，研究出台了《粮油仓储信息化建设指南》，组织召开了以粮油仓储信息化为主题的第四届“粮食储藏技术与管理学术交流会议”，启动了“国家粮食局粮油仓储地理信息系统”项目开发工作。

1.出台《粮油仓储信息化建设指南》，规范粮油仓储信息化建设行为

为解决信息孤岛和低水平重复建设等问题，在总结江苏常州城北国家粮食储备库、无锡粮食科技物流中心等仓储企业信息化建设经验的基础上，研究编制了《粮油仓储信息化建设指南》。指南确定了粮油仓储企业信息化的“定义与功能”、“建设目标”、“建设原则”、“基本要求”以及“各管理系统主要功能、技术要求、保障措施”等。指南将粮油仓储企业信息管理系统统一规划为“远程监管系统、业务管理系统、自动化作业系统、智能仓储系统、办公自动化系统”5大模块，并分别给出每个模块的整体网络构架和技术标准。

2.召开粮油仓储信息化专题学术会议，交流粮油仓储信息化建设经验

2012年9月13日，在四川省成都市组织召开了“第四届粮食储藏技术与管理学术交流会议”，会议主题为“信息化——开创粮油仓储管理新纪元”。来自大专院校、软件开发企业、粮食行政管理部门、粮食企业的16位专家做了大会演讲，全面总结了近年来粮油仓储信息化建设经验，探讨了“云计算”等信息新技术在粮食行业的应用前景，分析了实现粮油仓储企业信息化的最佳途径，分享了粮油仓储企业信息化建设成功案例的经验。同时，就粮油仓储信息化建设中的顶层设计、标准规范、安全保密、人员培训等问题进行了学术交流研讨。来自全国各地的500多位代表参加了会议。

3.开展粮油仓储信息化建设实践，提高粮油仓储管理水平

调查显示，一些省份和中央粮食企业加大了粮油仓储信息化建设力度，并取得成效。北京、天津、山西、江苏、浙江、山东、广东、海南、陕西、宁夏、新疆11个省（区、市）和中国储备粮管理总公司已经开通了储备粮管理信息系统，实现了对储备粮的在线监管，显著提升了储备粮的仓储管理水平和应急管理能力。河北、辽宁、安徽、江西、河南、湖北、湖南、广西、四川等省（区、市）正在或准备开发相应管理软件。同时，结合地方储备粮管理信息系统，山东、江苏等省（区、市）还在软件内增加行政管理方面的功能，可以实现网上仓储单位备案、仓储设施统计数据上报汇编、行政信息传送和共享等功能。另外，国家粮食局启动了“粮油仓储地理信息系统”开发工作。

(三)粮油仓储规范化管理持续深化

2009年，国家粮食局发布了《粮油仓储企业规范化管理水平评价暂行办法》，在全国范围内开展了“粮油仓储规范化管理年活动”，共表

彰了326户粮油仓储规范化管理先进企业。在此基础上，各地区、各单位持续、深入开展规范化管理活动，不断丰富活动内容，拓展活动范围，提升活动水平。北京、辽宁、吉林、黑龙江、浙江、山东、云南、四川、甘肃、新疆、青海等省（区、市）定期开展规范化管理企业创建活动，不断夯实储粮安全工作基础。天津、山西、江西、湖北、河南、贵州等地坚持春、夏、秋三季储粮安全大检查活动或“一符四无”活动，强化企业仓储日常管理工作。江苏、安徽开展了粮油仓储规范化管理三年提升行动，就全面提高企业管理水平做出总体安排。

三 粮食行业信息化

（一）印发《大力推进粮食行业信息化发展的指导意见》具有重大意义

根据党的十八大有关促进工业化、信息化、城镇化、农业现代化同步发展的战略部署，国务院关于大力推进信息化发展和切实保障信息安全的若干意见，国家发展改革委“十二五”国家政务信息化工程建设规划，国家发展改革委、国家粮食局关于《粮食行业“十二五”发展规划纲要》的通知要求，为进一步明确粮食行业信息化发展的目标、原则、主要建设任务，使粮食行业信息化发展健康有序，国家粮食局制定并发布了《大力推进粮食行业信息化发展的指导意见》（国粮展〔2012〕241号，以下简称《指导意见》）。这个粮食行业信息化发展首个重要指导性文件的发布实施，对于推动用信息化改造提升传统粮食行业发展，实现粮食流通数据平台的互联互通，提高粮食信息资源共享和有效利用水平，避免低水平重复性建设，引导粮食行业信息化发展和建设高质量有序进行都具有重要意义。

（二）《指导意见》的目标、指导思想、主要任务和措施

《指导意见》提出的总体目标是：到2015年，粮食行业信息化基础设施基本完善，建成覆盖地市级以上的国家粮食电子政务网络，建成全国粮食动态信息系统；粮食行业信息资源开发利用、信息系统集成、信息共享服务和业务协同能力进一步提高；物联网、云计算应用取得示范性效果，信息化自主创新能力明显增强，建成一批粮食行业信息化示范单位；信息化标准体系和安全保障能力进一步增强，行业信息化应用水平全面提高。

《指导意见》提出的指导思想是：以粮食流通科学发展为主题，以提高粮食宏观调控及监管能力、提升应急保障水平、确保粮食数量与质量安全为目标，以粮油仓储企业信息化建设为基础，以深化粮食信息资源开发利用和共享服务为主线，以粮食购销存动态管理信息系统建设为重点，加强顶层设计、坚持需求主导，加强信息基础设施和网络信息安全保障能力建设，强化信息

共享、业务协同和互联互通，有效提高公共服务水平，加快建成先进适用、安全可靠、布局合理、便捷高效的粮食行业信息化体系，全面提升粮食行业信息化水平。

针对粮食行业发展存在的主要制约因素，《指导意见》提出了十二项重点任务，即粮食电子政务；粮油市场监测信息体系；粮食仓储信息体系；粮食现代物流信息体系；粮油加工业信息体系；粮食财务会计及企业发展改革信息体系；粮食市场信息体系；粮食行政监督检查及质量监管信息体系；军粮供应服务信息体系；粮食公共信息服务体系；信息化标准与安全保障体系；重大科研课题和建设项目。

为保证《指导意见》的目标和主要任务的完成，提出了落实组织领导，加强制度建设，争取政策资金保障，加强人才队伍建设，建立考核评价机制等保障措施。

(三)信息化发展步伐明显加快

《指导意见》印发后，国家粮食局启动建设全国粮食动态信息系统项目（中央本级建设部分），总投资3623万元，主要建设粮食行业综合信息大型数据处理中心，粮食地理信息系统平台、粮食动态信息业务系统和粮食应急综合管理系统，以及相关安全保障系统和运行环境建设，并制定相应信息化标准。目前北京、天津、上海、江苏、浙江、安徽、新疆、海南8个省（区、市）粮食局和中粮集团已经编制了“十二五”信息化发展规划或提出了落实《指导意见》的工作安排，累计争取各级、各类建设资金1.35亿元，为行业信息化的发展和建设奠定了坚实的基础。

一是重视利用电子政务信息系统提升办公效率。江苏省正规划建设粮食流通管理数据中心，重点建设粮食品种属性类，粮食行政机构类，粮食企业类，粮食企业信用类，粮食购、销、加、存、储等一批粮食信息资源基础库。江苏、河北等省粮食局建设的粮食电子政务网络平台，逐步实现了办公自动化，覆盖全省各市县粮食行政管理部门，行政效率显著提高。四川省依托四川党政内网建设全省粮食流通监管网络，一期规划建设覆盖全省粮食行政管理部门的电子政务系统。陕西省依托“金农工程项目”，正在建设省级粮食流通数据中心。

二是加强粮情监测信息系统建设。陕西、广东、江苏、河北、湖北、北京、黑龙江、宁夏等15个省（区、市）已建、正在建设或规划建设粮情监测信息系统。

三是粮油仓储管理信息体系起步快。国家粮食局印发了《粮油仓储信息化建设指南》，从顶层设计明确了粮油仓储企业信息化建设的功能、目标和技术要求。各地和有关单位仓储管理信息系统建设起步早、基础好。中央储备库粮情检测系统已经实现了全覆盖，80%的省级储备库建有粮情检测系统，部分承储库建有自动通风、自动环流熏蒸控制系统和粮库业务管理信息系统。江苏省启动建设省级储备粮可视化管理系统，并建设16个基层数字粮库试点；宁夏和河北建设了省级储备粮信息化管理系统，实现了省级储备粮计划管理、仓储管理、统计管理等各项任务的信息化；湖北和安徽制订了粮食仓储信息化系统建设方案。

四是粮食现代物流信息体系、粮食监督检查信息体系、粮油加工业信息系统、军粮供应服务信息体系建设逐步得到各地重视。江苏省、北京市规划建设粮食现代物流信息体系平台。江苏省、新疆自治区规划建设移动行政执法系统和粮食监督检查远程执法系统投入运行。黑龙江重点将军粮供应服务信息平台建设纳入规划。

五是信息化标准与安全保障体系基础性工作得到加强。江苏省制定了《数字粮库信息化技术规范》省级标准，并研究制定《粮食流通信息化标准体系》、《粮食流通信息化术语》和《粮食流通信息基础数据元规范》。陕西省制定了《陕西省粮库信息化管理系统建设技术标准》。

四 粮油加工业发展

2012年，国家积极应对全球粮食减产和价格剧烈波动的冲击，综合利用政策性粮食竞价销售、储备粮油轮换等手段，保证了大米、小麦粉、食用植物油和饲料加工等企业原粮供应，有效抑制了粮油产品价格的大起大落，保障了城乡居民基本粮油产品消费需求。粮油加工业继续保持了平稳较快发展，主食产业化进程加快，面制主食产量逐步提高，龙头企业产业化水平进一步提高。

（一）落实促进产业结构调整政策，加大产业化龙头企业支持

国务院印发了《关于支持农业产业化龙头企业发展的意见》、《关于深化流通体制改革加快流通产业发展的意见》、《关于促进企业技术改造的指导意见》，为支持粮油加工业产业化龙头企业和引导粮油加工业产业结构调整明确了政策方向。国家继续通过技术改造专项资金扶持粮油加工业企业，分别在东北等老工业基地调整改造、中小企业和技术改造专项中安排中央补助资金3.2亿元，扶持粮油加工业项目148个，带动投资34.9亿元。

国家粮食局印发了《粮油加工业“十二五”发展规划》，落实对粮油加工业的支持政策。向国务院上报了关于外资进入粮食收购市场及有关措施的报告，有关建议得到采纳并实施。商务部会同有关部门加强了外资企业股权收购管理，2012年审核了3起外资并购国内粮食企业。

继续加强全社会粮油加工业产能监测工作，全面完成粮油加工业年报表和重点企业半年报统计，开展了2012年上半年玉米深加工和主食产业化专项调查，摸清了基本情况。继续修订完善粮油加工业统计制度和指标体系，1.9万个加工企业纳入统计范围。

表8-3 2012年国家出台的粮油加工政策

序号	文件名	产业类别	主要内容政策
1	《国务院关于支持农业产业化龙头企业发展的意见》(国发〔2012〕10号)	粮油加工业	培育壮大龙头型企业；引导向优势产区集中，形成企业集群；强化农产品质量安全管理，培育知名品牌；加强产业链建设，构建优势产业体系；强化龙头企业社会责任，提升辐射带动能力和区域经济发展实力；大力发展农产品加工，促进产业优化升级；改善加工设施装备条件；统筹协调发展农产品加工。发展农业循环经济
2	《国务院关于深化流通体制改革加快流通产业发展的意见》（国发〔2012〕39号）	粮食流通产业	建立起统一开放、竞争有序、安全高效、城乡一体的现代流通体系，流通产业现代化水平大幅提升
3	《国务院关于促进企业技术改造的指导意见》（国发〔2012〕44号）	工业	推进技术创新和科技成果产业化。提高装备水平。促进绿色发展。优化产品结构。提升产业集聚水平，加强公共服务平台建设
4	《国务院办公厅关于印发国家食品安全监管体系“十二五”规划的通知》（国办发〔2012〕36号）	食品工业	着力推进建立完善食品安全监管法规标准、监测评估、检验检测、过程控制、进出口食品安全监管、应急管理、综合协调、科技支撑、食品安全诚信和宣教培训等10个体系
5	《粮油加工业“十二五”发展规划》（国粮展〔2012〕5号）	粮油加工业	明确了提高供给保障能力、加快产业结构调整和产品结构调整、健全安全保障体系、推动科技进步与创新、促进产业集聚发展、完善应急加工供应体系6项重点任务；规划了加工园区建设、技术改造升级、粮油食品安全检测、主食品工业化示范、粮油应急加工与供应5大工程
6	《国家粮食局关于推进主食产业化增强口粮供给保障能力的指导意见》（国粮展〔2012〕164号）	主食产业	明确了推进主食产业化9项措施：加快开发主食新产品，推进产业升级；实施主食产业化工程；培育主食产业化企业，推进集聚发展；创新流通方式，完善主食供应体系；加强科技创新，提高核心竞争力；加快企业技术进步和改造，提高装备水平；健全主食质量安全保障体系，确保消费安全；实施品牌带动战略，丰富主食文化内涵；完善应急供应体系，服务宏观调控
7	《国家粮食局 中国农业发展银行关于进一步加强合作推进国有粮食企业改革发展的意见》（国粮财〔2012〕205号）	粮油加工业	推动战略重组，做大做强国有粮食企业。发挥政策性金融支持作用，加大信贷支持力度。对从事粮食储运、调销、加工的国有粮食企业符合流动资金贷款条件和要求的，要积极给予流动资金贷款支持，促进其扩大经营
8	《财政部关于调整生物燃料乙醇财政补助政策的通知》	玉米加工业	2012年度以玉米为原料生产生物燃料乙醇的补助标准调整为500元/吨，调减幅度达60%
9	《财政部关于部分玉米深加工产品增值税税率问题的公告》（财政部公告2012年第11号）	粮油加工业	玉米胚芽纳入《农业产品征税范围注释》中初级农产品的范围，适用13%的增值税税率

(二)粮油加工业继续保持平稳较快发展态势，增速略有放缓

2012年，粮油加工业工业总产值2.2万亿元，工业增加值2981.3亿元，利润总额585.8亿元，分别比上年增长了18.9%、21.3%和19.8%，继续保持平稳较快增长，增速略有放缓，工业总产值、工业增加值分别比上年下降了5.7个、2.2个百分点。山东省粮油加工总产值2869.2亿元，继续列全国第一；江苏省工业总产值突破2000亿元。全国产值超千亿元的省份达8个。

表8-4 2012年粮油加工业工业总产值过千亿的省份

单位：亿元

序号	省份	2012年	上年同期	增幅（%）
1	山东省	2869.2	2442.0	17.5
2	江苏省	2097.2	1717.7	22.1
3	湖北省	1978.0	1412.7	4.1
4	河南省	1671.8	1527.8	9.4
5	广东省	1604.1	1308.8	22.6
6	安徽省	1603.4	1328.7	20.7
7	湖南省	1064.9	825.0	29.1
8	河北省	1006.7	1008.7	−0.2

粮油加工业销售收入利润率为2.6%，与上年基本持平。2012年由于农药、种子、化肥、地租、人工等综合成本不断提升，为切实保护种粮农民利益，国家继续提高稻谷和小麦的最低收购价，但大米、面粉价格增幅有限，“稻强米弱”、“麦强粉弱”现象进一步加剧，国内大米加工厂利润空间进一步压缩。同时进口大米数量激增，对国产大米加工厂形成一定冲击。食用植物油加工行业利润率为全行业最低，2012年由于国际市场大豆价格剧烈波动，大量国内压榨企业亏损严重，利润率下降。按行业分，稻谷加工业、小麦加工业、食用植物油加工业、玉米加工业、粮食食品加工业、杂粮加工业、饲料加工业和粮机设备制造业分别实现销售收入利润率2.0%、2.2%、1.6%、3.4%、6.0%、5.1%、2.5%和7.6%。

表8-5 2012年度粮油加工分行业产品销售收入、利润情况

项目类别	产品销售收入（亿元）	比上年增幅（%）	利润总额（亿元）	比上年增幅（%）	销售收入利润率（%）
粮油加工业	22638.8	18.0	585.8	19.8	2.6
一、稻谷加工业	4190.2	14.4	85.8	26.9	2.0
二、小麦粉加工业	3117.4	18.1	67.4	21.7	2.2
三、食用油加工业	5972.2	15.8	97.0	24.2	1.6
四、玉米加工业	2391.5	10.5	82.1	−29.3	3.4
五、粮食食品加工业	1800.5	48.0	108.4	86.6	6.0

续表

项目类别	产品销售收入（亿元）	比上年增幅（%）	利润总额（亿元）	比上年增幅（%）	销售收入利润率（%）
六、杂粮薯类加工业	277.4	22.1	14.1	7.6	5.1
七、饲料加工业	4725.7	18.3	118.5	30.1	2.5
八、粮机设备制造业	163.9	26.2	12.5	28.9	7.6

(三)粮油加工业结构调整初见成效，规模化、集约化水平不断提高

一是规模以上企业的产品产能、产量占比有所提高，规模化集约化水平提高。其中，食用植物油加工业、玉米加工业、饲料加工业产业集中度相对较高，日处理原料400吨以上企业的产能、产量占比均在60%以上。传统分散的稻谷、小麦加工业规模效应不断显现，产能400吨以上大型企业的产能占比分别为23.0%、53.9%，分别提高了2.8个、4.3个百分点，产量占比分别为33.3%、63.4%，分别提高了3.7个、2.3个百分点。

表8-6　日处理原料400吨以上企业产能、产量占比变化

行业＼项目	日处理原料400吨以上企业产能占比（%）		比上年提高百分点（%）	日处理原料400吨以上企业产量占比（%）		比上年提高百分点（%）
	2012年	2011年		2012年	2011年	
一、稻谷加工业	23.0	20.2	2.8	33.3	29.6	3.7
二、小麦加工业	53.9	49.6	4.3	63.4	61.1	2.3
三、食用植物油加工业	—	—		78.6	80.6	−2.0
（一）油料处理	76.0	74.9	1.1			
（二）油脂精炼	60.2	59.2	1.0			
四、玉米加工业	87.2	86.1	1.1	89.9	88.4	1.5
五、饲料加工业	63.4	63.9	−0.5	64.9	65.7	−0.8

二是中央涉粮企业销售收入保持平稳增速，但增速放缓。中粮集团有限公司、中纺集团有限公司、中国储备粮管理总公司粮油加工业销售收入同比增幅分别为10.5%、25.7%、41.5%。

表8-7　2012年三大央企粮油加工业销售收入情况

序号	集团公司	产品销售收入（亿元）		
		2012年	2011年	同比增幅（%）
1	中粮集团有限公司	849.9	769.1	10.5
2	中国中纺集团公司	196.6	156.4	25.7
3	中国储备粮管理总公司	182.8	129.2	41.5

（四）行业产能利用率均不同程度下降，产能过剩的问题依然突出

稻谷加工业平均产能利用率为44.5%，比上年降低了0.4个百分点，小麦加工业平均产能利用率为64.0%，比上年下降了0.7个百分点；食用植物油加工企业油料处理产能利用率为52.8%，比上年降低了4.5个百分点；油脂精炼能力利用率为52.6%，比上年下降了8.3个百分点。稻谷、小麦加工企业产能长期性、结构性过剩问题依然突出，2012年大米加工、小麦加工业新增生产能力分别为2374万吨、2519万吨，当年停产企业生产能力分别为2338万吨、854万吨，淘汰落后产能任务依然艰巨，产业结构调整有较大提升空间。

表8-8 米、面、油加工业企业产能利用率情况

单位：%

项目 / 行业	产能利用率		
	2012年	2011年	比上年变化
一、稻谷加工业	44.5	44.9	-0.4
二、小麦粉加工业	64.0	64.7	-0.7
三、食用油加工业	—	—	—
（一）油料处理	52.8	57.3	-4.5
（二）油脂精炼	52.6	60.9	-8.3

五 推进主食产业化

（一）召开“全国粮油加工业暨主食产业化工作会议”并印发《推进主食产业化提高口粮供应保障能力的指导意见》

近年来，我国主食产业化经历了工业化起步、规模化扩张、产业化提速发展等阶段，初步形成了主体多元化、原料产品规模化、主食产品多样化、产供销一体化、工艺科技化、品牌特色化的发展新格局。2012年2月，国家粮食局会同河南省人民政府主办了“中国（郑州）主食产业化峰会”。2012年5月，国家粮食局在郑州召开了“全国粮油加工业暨主食产业化工作会议”，会议研究部署了推进主食产业化等各项工作，任正晓局长在会上做的《进一步推进主食产业化，全面提升口粮供应保障水平》重要讲话指出：主食产业化是在构建从田间到餐桌的粮食全产业链过程中形成的，以粮食生产基地化、主食加工工业化、营销供应社会化为主要特征，是具有中国膳食特色的新型主食产业发展方式。主食产业化是适应城乡居民消费升级需求、保障粮油食品安全、提高农业比较效益的民生工程，是推动产业结构调整升级的重要举措，是增强口粮供应保障

能力的重要途径。近年来，各地粮食部门在深化粮食流通体制改革和国有粮食企业改革的进程中，全方位、多元化地推进粮油加工业发展，通过大力开展“放心粮油”进农村进社区和“主食厨房”工程等活动，积极推进主食加工工业化、主食经济产业化，取得了显著成效。

2012年上半年，国家粮食局开展了“2012年上半年主食产业化专项调查”，摸清了行业现状和生产运行特点，总结了各地发展经验。2012年8月，国家粮食局印发了《推进主食产业化提高口粮供应保障能力的指导意见》，提出主食产业化的发展思路是：坚持市场导向、政府引导、企业运作的原则；坚持机制创新、主体多元、互利共赢的原则；坚持优质营养、健康美味、经济便捷的原则；坚持科技支撑、质量安全、装备先进的原则；坚持因地制宜、突出特色、稳步推进的原则。发展目标是：到2015年，面制、米制主食品工业化的比例分别提高到30%、20%左右；培育大型主食产业化龙头企业，形成主食产业化集聚示范区。发展任务是：加快开发主食新产品，推进产业升级；实施主食产业化工程，发挥示范作用；培育主食产业化企业，推进集聚发展；创新流通方式，完善主食供应体系；加强科技创新，提高核心竞争力；加快企业技术进步和改造，提高装备水平；健全主食质量安全保障体系，确保消费安全；实施品牌带动战略，丰富主食文化内涵，完善应急供应体系，服务宏观调控。国家粮食局侧重在产业发展方向、行业规划、技改升级、质量标准、科技创新等方面加强引导，发挥企业主体作用。落实《指导意见》的精神，在全国形成关注、支持和发展主食产业化的浓厚氛围，确保了主食产业化工作的良好开局。

(二)各地推进主食产业化工作成效明显

一是积极动员，明确政策支持。河南、安徽、山东、江西、湖南等8省积极申请纳入主食产业化试点省，提交了试点方案。河南省政府率先推进主食产业化，启动并壮大主食龙头企业，相继出台了《河南省人民政府关于大力推进主食产业化和粮油深加工的指导意见》（豫政〔2012〕33号）及《河南省人民政府办公厅关于印发2012～2020年河南省主食产业化发展规划的通知》（豫政办〔2012〕70号）。

表8–9 2012年申请纳入主食产业化试点省份情况

序号	省份	企业数量（个）	工业化主食年产能（万吨）	年产量（万吨）	工业总产值（亿元）	利税（亿元）	利润（亿元）
1	河南	101	474	389	221.6	15.5	12.2
2	安徽	113	331	263	207.1	18.4	12.5
3	山东	98	207	123	77.2	7.8	5.7
4	湖南	99	242	179	86.6	10.8	7.5
5	江西	50	65	39	33.5	1.1	0.6
6	天津	22	32	33	77.1	11.3	6.8
7	陕西	22	40	18	13.9	1.0	0.7
8	山西	23	19	6	8.0	0.9	0.5

二是加大资金扶持。2012年，河南省财政安排2亿多元专项补助，引导资金63亿元，支持主食产业化发展，启动新建和技术改造项目134个，总投资120亿元；申请贷款贴息资金1.51亿元，支持主食产业化和粮油深加工企业88个。山西省要求每个地市扶持1个企业并作为年度考核指标。山东省财政厅专项补助5000万元支持“放心粮油”工程，用于放心粮油配送中心、主食产业化，建设并配置放心快餐食品加工配送中心、社区快餐亭、物流配送车等。

三是天津、西安、安徽等地通过龙头企业带动主食产业化发展，涌现了一批主食产业化示范企业，供应体系逐步健全。天津粮食集团利达主食厨房打造“放心馒头”工程，投资1.06亿元建设三期主食加工工程，截至2012年底，已实现日产200万个馒头，建成200余个“放心粮油”及主食品销售点。西安爱菊粮油工业集团投资2300万元建立“放心馒头”工程，投资1.95亿元建立“放心豆制品”工程计划，形成放心粮油工程、放心馒头工程和放心豆制品工程三者相辅相成、相互依托的发展格局。

四是企业品牌意识明显增强，涌现了一批获得中国名牌产品、中国驰名商标及AAA级信用的企业。河南的三全食品、兴泰食品、思念食品、白象食品，湖南的金健米业，上海的良友食品，安徽的同福食品等都得到了社会的广泛认可。

五是企业创新能力不断增强。河南兴泰科技公司在结合传统手工工艺特点和谷物化学研究成果的基础上，自主研发成功了“智能化仿生馒头生产线”，突破了馒头商品化、工业化过程中的装备“瓶颈”。设计开发了“主食产销数据采集及反馈系统”，并进行市场化推广，采取合作企业建立主食加工示范项目的模式，实现整体优势快速复制，带动产业升级。西安爱菊粮油工业集团自主创新大型智能化馒头生产线，满机单线运转每天可以生产馒头48万个，极大地提高了生产效率。天津粮食集团通过技术改造升级，建成了二期9条自动化生产线，日产馒头达到100万个。

（三）产业化发展迅速且产品产量增幅达30%以上

粮油加工工作会议之后，全国主食品产业化发展迅速并初具规模，主食产品的增值效益明显。面制主食发展迅速，产量占比在80%以上，其中馒头、挂面的产量分别为21万吨、506万吨。主食产业布局不断优化，继续向主产区和重要物流节点集中。2012年粮食食品加工企业实现工业总产值1787亿元，占全国粮油加工业总产值的8.1%，占比较上年提高了2个百分点；同比增幅59.3%，是粮油加工业工业总产值平均增幅的3.1倍；粮食食品加工业的平均销售收入利润率为6.0%，是大米、小麦粉加工业销售利润的3倍、2.7倍。粮食主食品产量1967万吨，同比增幅达32.8%。总体来看，河南、湖北、安徽、湖南、山东、广东、河北省主食产业发展较快，7省产量合计1481万吨，占比75.3%。

但粮食食品加工业依然存在一些问题，一是发展不均衡，市场占有率不高。从产品结构看，面制品工业化程度相对较高，米制品工业化程度相对较低；从区域布局看，粮食主产省和经济发达地区主食产业化发展较快，其他地区相对发展滞后；从企业规模看，主食加工小型企业、手工作坊依然占据较大的市场份额。二是主食产品供应配送体系不完善，销售网点覆盖面有限，新建销售网点成本较高，产品销售存在进店费较高等“进场难”问题。三是随着生产成本的增加及对馒头等主食产品征收17%的较高销项税，企业的利润被不断压缩。四是主食产品标准不健全，食品质量安全存在隐患。对此，主食产业化发展需要进一步加大财税支持力度，引导技术改造项目投资，鼓励科技创新和技术装备升级，创新流通方式，完善市场供应体系，提高质量安全保障能力。

六 粮油科技与创新发展

2012年7月，党中央、国务院召开全国科技创新大会，强调了充分认识深化科技体制改革、加快国家科技创新体系建设的重要性和紧迫性，明确了坚持创新驱动、服务发展，坚持以企业为主体、协同发展，坚持政府支持、市场导向，坚持统筹协调、遵循规律的原则。粮食行业以国家粮食安全和市场需求为导向，以支撑粮食流通产业可持续发展、实现粮食流通产业现代化为重点，推进粮油科技发展。

(一)落实科技大会精神，增强粮食科技创新能力

党中央、国务院提出《关于深化科技体制改革加快国家创新体系建设的意见》，强调要加快推进创新型国家建设。国家粮食局号召全行业充分认识加快建设创新型国家对行业发展的新要求，进一步明确新时期粮食行业科技发展的重要任务，深刻理解发展依靠创新驱动、提高自主创新能力、深化科技体制改革、完善人才发展机制、优化创新环境和扩大科技开放合作的重要意义。要以科技创新支撑粮食产业发展升级，以科技支撑行业发展方式，推动粮食产业升级，加大行业应用基础研究、突破“瓶颈”技术、掌握核心关键技术，促进新一代信息技术、生物技术、节能减排技术和高端装备在改造传统粮食产业中的作用。同时，鼓励公益性科研机构承担行业基础性、前瞻性、战略性研究项目，优化粮食行业创新布局，形成良好的人才环境和机制，促进粮食行业科技创新能力持续提升。

(二)发布“十二五”粮食科技规划

“十二五”是国民经济发展的重要时期，城镇化、工业化、信息化、农业现代化的同步推进，必将带动粮食产业技术向绿色、智能、环保方向深入发展，融入粮食产业的各个领域。

为科学指导粮食行业科技创新工作，经全面调研和深入研究，国家粮食局编制印发了《粮食科技“十二五”发展规划》，提出以坚持“自主

创新、重点跨越、支撑发展、引领未来”为指导方针，以保障国家粮食安全为中心，以促进粮食流通现代化为重点，以产业发展的需求为导向，以关键技术创新为突破，支撑粮食行业发展方式的转变和推动粮食产业结构升级，走可持续发展道路的指导思想。到2015年，实现粮食科技自主创新能力进一步增强，科技创新体系建设进一步完善，粮食产业科技水平显著提高，形成一批具有自主知识产权的创新性成果的“十二五”科技发展目标。实现以信息、生物、新材料技术等高新技术成果提升传统产业，以节能低碳技术、先进装备技术改造传统产业，在高新技术产业化应用方面取得一批突破性技术成果，粮食科技支撑流通产业发展的能力明显提高。将一批先进成熟技术在产业化应用上先行先试，实现一批企业技术创新的集成示范，培育若干新兴产业骨干企业的示范工程。

（三）印发《粮食科技“十一五”成果报告》

经调研和分析评估形成的报告，展示了“十一五”粮食科技发展的全貌。与“十五”相比，“十一五”期间粮食科技投入明显增加，投入的范围、领域不断拓展；粮食科技总体水平明显提升，关键技术有所突破，取得了一批重要成果，经济效益、社会效益和环境效益显著提高；粮食流通产业高新技术应用方兴未艾，电子、信息技术以及部分装备技术和工程化能力已初步具备；节能减排、生物技术展现出广阔的应用前景。粮食行业建设了一批国家级工程实验室，局级工程技术研究中心、重点实验室，农村科学储粮服务平台，构建了多层次的粮食科技创新平台。综合利用各类资源，有效地促进了粮食行业的技术交流，逐步形成了开放的社会化粮食科技创新体系。

（四）以物联网建设为核心，开展北粮南运示范工程建设

为进一步拓展物联网应用，2012年国家发展改革委、财政部同意将包括粮食储运监管物联网示范工程在内的7个领域列为国家物联网重大应用示范工程。粮食领域主要围绕“北粮南运”，以黑龙江省、江苏省、上海市、深圳市及中国储备粮管理总公司为主，开展储运监管物联网应用示范工程建设，面向国家粮食宏观调控需求，利用自主物联网技术，构建覆盖“北粮南运”主要通道国家三级储备粮库的智能监控系统，实现对储备粮收购、仓储、物流、加工、交易等关键环节的精细化控制，全面提高国家粮食保障与供应能力。示范工程将通过利用射频、传感器、数字虚拟等物联网技术，建设智能粮库管理系统、智能应急成品粮库系统、智能粮食流通监管系统，构建粮食储运物联网感知体系，加强储备粮质量、数量、保管状态、环境等监测，探索网络化监管新机制，完善粮食储运物联网技术应用标准体系。通过示范工程，探索完善物联网技术应用模式，建立健全技术应用标准体系。

（五）加强物联网技术应用，促进传感器等高新技术产业化

在“十五”、“十一五”科技创新基础上，粮食行业开展了重量传感器、害虫传感器、网关硬

件等物联网技术研究，并形成了新技术成果的产业化能力。国家有关部门批准了“基于物联网的国家粮食仓储数量检测系统研发及产业化项目”、“多种粮食专用智能感知设备研发与产业化”、“储粮害虫检测智能终端及远程监控关键技术研发及产业化项目”、“电化学式气体探测智能终端关键技术研发及产业化”4个物联网技术研发及产业化项目。这些项目源于粮食行业科技计划成果，通过技术升级创新，粮仓数量传感器能够实时监控仓内粮食数量，实现粮仓害虫的仓外准确检测，并能实现粮仓内气体检测的实时监测，利用网关设备能够将多种传感器的信息进行集成，并将信息进行综合汇总。这些项目符合国家产业扶持政策，具备产业化前期条件，能够推动粮食物联网技术拓展，可为粮食行业扩大物联网技术应用奠定基础。

(六)国家粮食工程实验室等平台建设

1.粮食产后领域国家工程实验室

粮食储运国家工程实验室、小麦玉米加工国家工程实验室、稻谷加工国家工程实验室、粮食机械装备国家工程实验室、粮食资源综合利用国家工程实验室5个粮食流通与加工领域国家工程实验室以“提高粮食生产效益和综合利用”为重点，围绕“粮食主要组分高效分离技术、主食工业化及功能性食品开发、副产物增值转化、粮食质量检测与控制以及节能降耗减排”开展多项国家科技计划研究，获得国家科技支持。在创新平台建设中，各建设单位充分发挥了产学研联合的作用，加强与相关院校的合作创新，形成了人才培养的基地，为行业输送专业人才。粮食领域国家工程实验室将加快培育和扶持企业的技术创新和技术转移能力，加快粮食科技成果产品化、工程化、集成化应用的进程，形成“产学研结合、上下游协同”的粮食科技成果创新与应用机制，保障工程实验室科技成果尽快转化为生产力，为持续提高粮食生产能力提供强有力的支撑。

2.国家粮食局重点实验室

2012年国家粮食局重点实验室的组建工作开始启动，全国粮食行业科研院所及企业提出了“粮油质量安全”、“粮油生物技术”、“粮食储藏”、“粮食信息感知与处理”、“粮食生物技术”、“粮食加工技术及装备”、“粮油加工与品质控制”、“油料加工”、“粮食加工”、“粮油食品环境与健康”、“粮食质量安全稻米品质检测”等重点实验室建设方案，力求从粮食储藏、检测、加工、信息技术等方面构建粮食行业科技创新、技术创新的平台，提升粮食行业科技创新能力。在对重点实验室候选项目进行综合考评的基础上，2012年批复了“国家粮食局粮食储藏重点实验室”、“国家粮食局粮油生物技术重点实验室”、“国家粮食局粮油质量安全重点实验室”3个粮食产后领域重点实验室，作为粮食创新平台体系的试点开始组建工作。

(七)开展公益性行业科研专项启动工作

按照财政部要求，国家粮食局在完成公益性行业科研专项实施方案的基础上，提出公益性行业科研专项实施规划。邀请粮食行业内外，包括科研院所、知名专家及相关业务单位行政领导组成公益性粮食行业科研专项管理咨询委员会，负责粮食科技发展规划、审议粮食公益性行业科研专项经费及项目建议，提出粮食公益专项经费项目承担单位选择方式，并对项目实施全过程提供咨询和评议。为提升粮食科技支撑发展的能力，加强和规范粮食公益性行业科研专项经费的管理，提高资金使用效率，根据财政部、科技部《公益性行业科研专项经费管理试行办法》（财教〔2006〕219号），制定了《粮食公益性行业科研专项经费管理暂行办法》，管理咨询委员会的成立和管理办法的制定为做好粮食公益性行业科研专项发挥了重要作用。

（八）做好项目管理政策体系建设，完善管理制度

2012年，国家粮食局制定了《粮食科技项目管理实施细则》，该细则通过项目管理引导、优化科技经费使用，规范项目实施的管理，既促进了科技创新研究，优化科技创新资源配置，又保证了国家科技经费和计划管理的严肃性。该细则涉及组织实施的各类国家及粮食行业科研计划项目，规定了粮食行业科技项目管理职责，明确了项目承担单位的资格、责任和义务，细化了粮食行业科技计划项目备选、评审、推荐、立项、实施、验收、登记、评奖、后评价等全过程管理要求，并结合不同类型的粮食科技计划项目，细化了具体项目立项、实施过程、项目安排的要求，在关注项目管理的基础上，该细则着重强调了粮食科技经费管理的要求，保证粮食科技项目、粮食科技创新平台、产业技术成果能够更好地支撑粮食行业科技发展，实现粮食科技创新能力的显著提升。该细则的制定对规范粮食科技项目实施和管理起到了重要作用。

（九）成功举办粮食科技活动周，宣传小麦粉营养健康知识

为加大科技宣传和科普宣传力度，突出“科技与文化融合、科技与生活同行”的活动特色，根据科技部、中宣部和中国科学技术协会《关于举办2012年科技活动周的通知》要求，国家粮食局于5月19日至25日成功举办了以“小麦粉的营养与健康”为主题的2012年粮食科技活动周，编写了《小麦粉的营养与健康》手册通过宣传画、图片、材料、手册、网上宣传、举行百姓科普答疑等多种形式开展宣传活动，使广大群众了解了小麦粉营养与健康方面的相关知识，取得了很好的科普宣传效果。本次粮食科技活动周以“保障粮食安全、传承粮食文化、关注大众健康”为主要内容，重点宣传小麦粉营养、健康和食品安全生活常识、主食工业化的现状、发展趋势及文化内涵。为了加强宣传效果，国家粮食局举办了主题为“转基因技术与粮食安全”的第十一次专题科普讲座；参加了科技列车青海行活动，其间向种粮农户赠送了200套农户科学储粮仓，开展减少粮食产后损耗的科技示范活动，成功举办了4场粮食科技讲座，并为青海经济发展建言献策；南京财经大学、国家粮食局科学研究院在“粮食科技周宣传日”开展了实验室开放活动。全国31个省（区、市）粮食行政管理部门根据本地特点，开展了多种形式的科技周宣传活动。部分省市粮食局大力开展“放心粮油”宣传、咨询、展示活动，宣传粮油质量安全和粮油科技，普及粮油知识，关注大众健康，宣传《中华人民共和国食品安全法》，增强粮食经营者的质量安全责任意识，指导消费者正确选购粮油产品，进一步提

高消费者粮食食用安全意识和自我鉴别、自我保护能力，让消费者买得称心、吃得放心。在各省（区、市）做好粮食科技活动周的同时，当地新闻媒体也给予了高度的关注和详尽的报道，扩大了活动的影响。

（十）开展国家重点计划项目研究，加强粮食行业共性技术研究开发

2012年共受理行业科技项目申报25项，当年批复立项9项。

表8–10 2012年度国家粮食局国家科技计划项目

科研院所技术开发专项	农业科技成果转化资金项目	软科学计划项目	火炬计划项目	合计
2	5	1	1	9

1.“十二五”国家支撑计划项目研究进展顺利

（1）“粮食丰产科技工程（产后）”课题。该课题主要开发了适合农户储粮以及百亩连片的“粮丰工程”超高产示范田产量使用的新型粮食干燥设备；通过材质的研究和比选、储粮通风技术研究以及不同储粮生态区域对安全储粮的影响，研制与农村粮食物流相衔接的标准化粮仓，研制农户规模化储粮的新仓型及配套设备；研究适合农户储粮使用的无公害虫霉防治技术在不同区域的应用技术以及示范；研究不同农户需求的鼠害防治技术应用模式以及示范；集成农户粮仓、清埋十燥设备、防霉和防虫技术并进行示范。

（2）“节能增效绿色储粮关键技术研究与示范 ”项目实施顺利。 该项目主要研究储粮长期储藏温度水分调节控制技术，多杀菌素系列化合物的开发，真菌毒素生物降解剂的研发，储粮害虫生长调节剂的应用技术；进行干燥样机试验，建立试验仓和示范线，进行软件编制，完成能耗在线监控软件开发。

（3）开展“数字化粮食物流关键技术研究与集成”申报。该项目针对流通领域的每一个环节进行监控、跟踪和集成管理，以求减少流通领域的粮食损失，保证粮食质量安全的技术需求，构建食品安全风险评估、精准溯源与预警、食品质量安全标准体系。通过本项目的实施，可以使粮食行业的信息化程度得到提高，在信息采集与管理、信息共享等方面实现跨越式发展，尤其是粮食数据标准、粮食品质检测、粮食储藏信息采集与粮库管理等方面，打破现有粮食行业和粮食系统信息化程度较低的局面。

2.农业科技成果转化工作

国家粮食局组织的“固态发酵制备高效、安全菜籽蛋白肽生产技术中试”等5个农业科技成果转化资金项目批复立项。项目主要侧重于粮油加工设备和工艺技术成果的转化与应用，对支撑产业技术升级有促进作用。

3.院所技术开发专项资金项目开始实施

（1）农户远红外对流粮食干燥技术开发及装备研制。该项目开展适合中小型粮食干燥机的远红外能量转换技术研究，开发稻壳、秸秆为燃料的全自动的热风炉，并配备新型粮食水分自动检测和控制技术与系统，摸索中小型粮食干燥机干燥过程水分迁移的规律，优选粮食水分在线检测方法，开发组合快装式小型远红外对流粮食干燥机，推广相关技术，并研究开发粮食干燥智能预测技术及检控系统，保证干燥后谷物的水分均匀和安全。

（2）4000t/d大豆脱皮膨化系统关键技术与装备国产化。该项目针对油料预处理工段规模化装备较少的现状，对4000t/d大豆脱皮膨化系统的轧坯技术、脱皮技术、膨化技术、液压轧坯机、脱皮装置及脱皮膨化智能化系统进行研究，提高大豆脱皮率、压坯质量和膨化效果，降低皮中含仁率，满足生产需要，提高生产线的寿命，实现整条生产线智能化控制。

4.软科学项目立项

“粮食金融化趋势下我国粮食安全的量化研究”立项为国家软科学计划项目，主要对粮食金融化产生的原因、特征和可能产生的主要风险进行分析，研究全球化背景下国际粮食金融化形势发展的特征和趋势，为指导我国粮食安全工作实践和长远发展提供可行之策。

5.火炬计划面上项目立项

“新型混合溶剂菜籽油浸出产业化项目”获得科技部批复立项。主要研究内容为：利用新型混合溶剂提高油脂浸出效率，优化浸出工艺，为减少残留提出新的工艺路线。

（十一）“十一五”国家科技计划项目完成验收，取得一批科技成果

1.国家科技支撑计划项目验收

“十一五”国家科技支撑计划项目“储备粮减损新技术研究与示范”项目经过三年的实施，完成了各项研究任务，达到了考核标准，通过了科技部组织专家验收。

2.农业科技成果转化资金项目验收

国家粮食局组织实施了7个2010年度农业科技成果转化资金项目，经过2年的开发转化，各项目均完成了《合同书》中规定的转化任务，各项技术指标均达到了预计要求，并取得了良好的社会经济效益，引导了粮食行业科技成果为产业服务，促进了成果向市场化过渡，提高了科技成果转化率，经科技部确认，7个项目全部通过验收。

表8-11 经科技部确认通过验收的2010年度农业科技成果转化资金项目汇总表

序号	项目名称	承担单位
1	高杂粮豆含量营养健康挂面加工技术中试研究	国家粮食局科学研究院
2	菜籽油酶法精炼技术转化	西安油脂科学研究设计院
3	便携式储粮真菌危害早期检测仪转化与示范	国家粮食局科学研究院
4	农用小型移动式秸秆造粒设备技术改造及推广	国贸工程设计院
5	油茶籽脱壳冷榨生产纯天然油茶籽油成套技术装备	武汉粮食科学研究设计院
6	葡萄籽综合利用技术集成与中试	无锡粮食科学研究设计院
7	稻谷整精米率测定仪的中试生产	成都粮食储藏科学研究所

3.软科学研究计划项目验收

（1）2010年软科学研究计划“粮食加工业发展若干重大问题研究”项目进行了验收。该项目全面研究分析了粮食加工领域的重大经济技术问题，指出了目前粮食产业结构调整缓慢，发展方式粗放，自主创新能力弱，装备水平有待提高，产业布局不合理，产业安全问题突出，财政金融支持较弱，加工发展滞后等问题。强调了将粮食加工业定位为关系国计民生的基础性、战略性产业，同时保证粮食质量安全和产业安全，优化企业结构、产品结构、区域结构，提升粮食加工业自主创新能力、装备研制能力、资源利用能力和加工调控能力。提出了完善宏观调控体系，加大财税支持力度，增加科技研发投入，加强资源综合利用，推进园区建设和加强利用外资监管六项建议。该项目的研究为制定“粮食加工‘十二五’规划”、“食品工业‘十二五’发展规划”等直接采用，对促进粮食加工业的健康发展起到了积极作用。在国内权威期刊发表相关研究成果。

（2）各项目已经完成了任务书规定的各项考核指标。“中部地区战略性产业机构布局研究”、“应用生物技术提升我国粮食储藏安全水平的对策研究”、“粮食物流现代化的市场运行体系及宏观监控战略研究”、“稳定粮食供需平衡，国家粮食安全调控机制的研究”、“促进我国粮食流通产业现代化的技术政策研究”等面上项目已经完成了任务书规定的各项考核指标，能够通过验收。

4.科技成果登记管理

2012年度国家粮食局科技成果统计工作涵盖粮食行业3所高校、3家科研院所（其中2家是转制院所）、4家企业，登记项目18项，涉及319名（次）成果完成人。

七 “粮安工程”前期筹划

(一)启动实施“粮安工程”具有重大意义

在国家一系列强农惠农富农政策的强力支持下，我国粮食生产实现“九连增”，为保障国家粮食安全奠定了坚实的物质基础，也为粮食流通保障供给、稳定市场和价格提供了可靠的物质条件。但是，从我国粮食生产的一般规律来看，粮食生产在连续9年丰收后继续增产的可能性越来越小，出现滑坡拐点的可能性越来越大，减产甚至连续减产的几率越来越高。而粮食流通领域基础设施条件较差，粮食物流不畅，仓储设施不足，基层粮食收储网点严重萎缩。据专项调查显示，全国尚有8970万吨的仓容属“危仓老库”，不但影响粮食储存安全，更直接威胁着售粮农民以及粮库职工的人身安全。近年来，已发生过多起因粮仓坍塌致售粮群众死伤的事故。粮食应急供应体系薄弱，粮食质量安全存在巨大隐患，粮食产后损失浪费巨大等问题突出，一旦出现粮食大幅减产、连续减产，或是遭遇严重自然灾害，我国粮食供需紧平衡的格局将会被打破，粮食品种、区域不平衡的矛盾将进一步加剧，粮食流通抗风险能力差的问题将骤然凸显，难以应对突如其来的市场变化和自然挑战。

粮食安全是社会和谐、政治稳定、经济发展的重要基础。粮食流通是保障粮食安全的关键环节，居安思危，未雨绸缪，尽快启动实施“粮安工程”，是增强粮食收储及保供能力的需要，是增强粮食市场调控能力的需要，是加强粮食质量安全监管的需要，是保障粮食产业安全的需要，对加快发展现代粮食流通产业，增强国家粮食安全保障能力，推动“新四化”协调发展等具有重大意义。

(二)“粮安工程”的主要内容和目标

为贯彻党的十八大明确的“确保国家粮食安全和重要农产品有效供给”重大部署，落实习近平总书记在中央经济工作会议上强调的“要把保障粮食供应能力牢靠地建立在我们自己身上、要把饭碗牢牢端在我们自己手中”的重要指示精神，根据国家“十二五”规划纲要和专项规划，2012年下半年以来国家粮食局经过认真深入研究后提出，从2013年起至2017年，全面启动实施“粮食收储供应安全保障工程”(即“粮安工程”)的战略。

实施“粮安工程”的主要内容是“打通粮食物流通道、修复粮食仓储设施、完善应急供应体系、保证粮油质量安全、强化粮情监测预警、促进粮食节约减损”六个方面，实施时间计划为5年（2013～2017年）左右。愿景目标是收购便利、储存安全，供给稳定、价格平稳，质量可靠、调控有力。底线目标是种粮卖得出，防止出现农民卖粮难；吃粮买得到，防止发生粮食供应脱销断档。有效提升粮食收储和供应保障能力，切实做到敞开收购农民余粮，保障严重自然灾害和紧急状态下的粮食正常供应，保障国家粮食安全和有效供给。

“粮安工程”是粮食流通工作的“守底线”工程。国家粮食局按照国务院领导同志关于全面实施“粮安工程”的重要批示精神，在与有关部门沟通协调、赴各地调研和组织有关单位研究测算的基础上，编制了《“粮安工程”总体实施建议方案》，将在国家发展改革委、财政部等有关部门和地方各级政府的大力支持下，拟从2013年起尽早全力推进实施“粮安工程”这一重要的民生保障工程。

实施“粮安工程”是中央、地方以及国有粮食企业的共同责任，应充分发挥中央、地方以及企业三个积极性，周密策划，密切配合。国家粮食局会同国家发展改革委加大对粮食流通基础设施建设等项目的投入，会同财政部加大对“危仓老库”等项目维修改造资金投入，多措并举，力争用5年左右的时间，使粮食流通基础设施水平显著提高。

通过实施“粮安工程”，将有效减少粮食产后损失，明显降低粮食流通成本，提升粮食收储供应保障能力，增加粮食产业综合效益，促进农民增收、企业增效、粮食经济和地方经济平稳较快增长，确保国家粮食安全和粮食有效供给。

(三)加大经费保障力度，推进“粮安工程”顺利实施

2012年，国家粮食局积极争取有关部门支持，协调落实粮食物流通道建设和修复“危仓老库”资金，争取与完善应急供应体系、保证粮油质量安全、强化粮情预警监测和促进粮食节约减损等工作相关的项目经费。为规范和加强经费管理，充分发挥资金使用效益，确保资金运行安全，积极参与起草修复“危仓老库”资金管理办法，并起草有关项目资金管理办法。

第九部分
粮食行业发展与交流

一 粮食行业人才队伍发展

(一)粮食行业单位继续减少，地市级以下行政机构进一步萎缩

截至2012年底，全国粮食行业单位总数为43185个，同比减少3.85%。其中，行政管理部门2761个，同比减少2.3%；事业单位2843个，同比减少3.1%；粮食经营企业37581个，同比减少4.02%（国有及国有控股企业14017个，同比减少7.48%；非国有企业23564个，同比减少1.84%）。按层次划分，中央单位694个，同比增加16.84%；省级单位704个，同比减少2.36%；市级单位4160个，同比减少9.21%；县级及以下单位37627个，同比减少3.57%。从中可以看出，地市级以下单位减少明显，特别是地市级以下行政管理部门减少了68个，基层粮食部门呈现弱化趋势。

从近五年的情况来看，粮食行业单位数量逐年递减，减少幅度较大的前5个省（区）是陕西、山西、辽宁、内蒙古、江苏。主要原因：一是受机构改革、事业单位清理规范、国有企业改革等影响，机构萎缩；二是部分国有企业以做大做强为目标进行兼并重组资源整合；三是一些小企业在市场竞争中被淘汰。

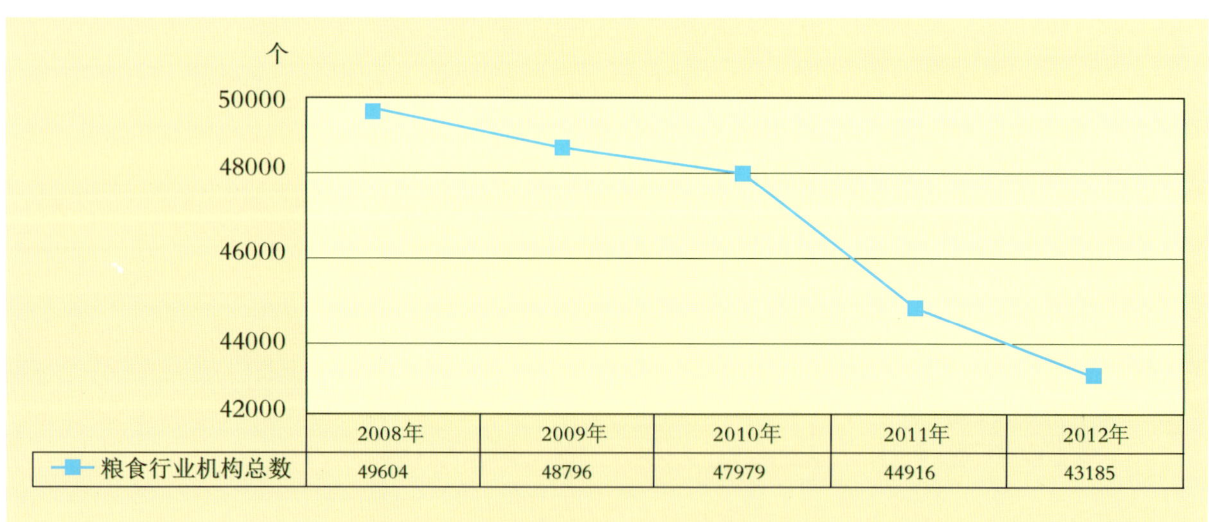

	2008年	2009年	2010年	2011年	2012年
粮食行业机构总数	49604	48796	47979	44916	43185

图9-1 粮食行业机构总数对比情况

(二)人才总量增加，但结构性矛盾仍较突出

1.人才总量有所增加

2012年底，全国粮食行业从业人员为1079218人，同比增加6.17%。其中，行政管理部门45105人，占总人数4.18%，同比减少5.78%；事业单位

36909人，占3.42%，同比减少0.30%；粮食经营企业997204人，占92.40%，同比增加7.04%（国有及国有控股企业459049人，同比减少1.13%；非国有企业538155人，同比增加15.14%）。从中可以看出，国有单位人数在减少，非国有企业人数在增加。其中，国有企业人数减幅较大的前5个省（区）是辽宁、山东、山西、湖北、江西；而非国有企业人数增长较快，增幅较大的前5个省（区）是安徽、黑龙江、福建、河南、四川。

从业人员逾10万的有安徽、黑龙江两个省，5万至10万的有河南、山东、江西、吉林、江苏5个省；2万至5万的有广东、中粮、辽宁、山西、四川、福建、湖北、内蒙古、湖南、河北、中储粮、上海12个省（区、市，单位）；5千至2万的有天津、甘肃、陕西、贵州、浙江、宁夏、北京、重庆、广西、新疆、云南、华粮12个省（区、市，单位）；不足5千的有海南、新疆生产建设兵团、青海、西藏4个省（区，单位）。

从近5年的情况来看，人才总量逐年增加，其中增幅前5名的省（单位）是安徽、黑龙江、中粮、吉林、广东。一方面因粮食行业人事人才统计力度进一步加大，越来越多的非国有粮食企业被纳入了统计范围，导致了统计人数的增加；另一方面，随着粮食流通产业的不断发展，粮食行业提供了更多的就业岗位，吸纳了更多的从业人员。

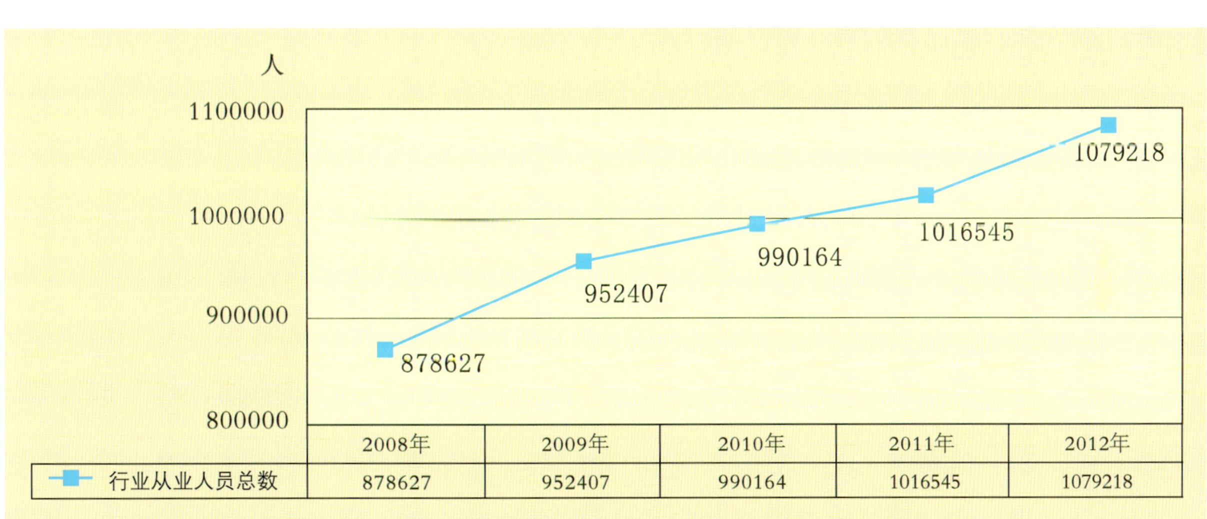

	2008年	2009年	2010年	2011年	2012年
行业从业人员总数	878627	952407	990164	1016545	1079218

图9–2　近五年粮食行业从业人员总数对比情况

2. 专业技术人才和技能人才队伍逐步壮大，但有从国有企业向非国有企业流动的趋势

至2012年底，全行业党政人才54405人，占从业人员总数的5%；企业经营管理人才137294人，占13.24%；专业技术人才122271人，占11.79%，同比增加3.66%；技能人才178786人，占17.24%，同比增加6.69%。专业技术人才、技能人才人数较多的是安徽、黑龙江、河南、江苏4省。

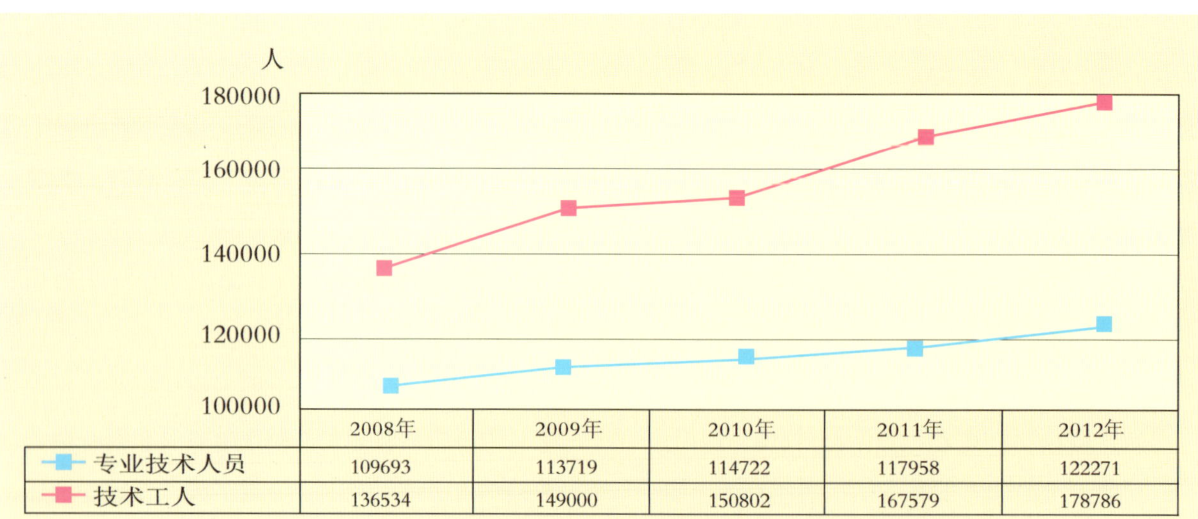

图9-3 粮食行业专业技术人才、技能人才队伍建设情况

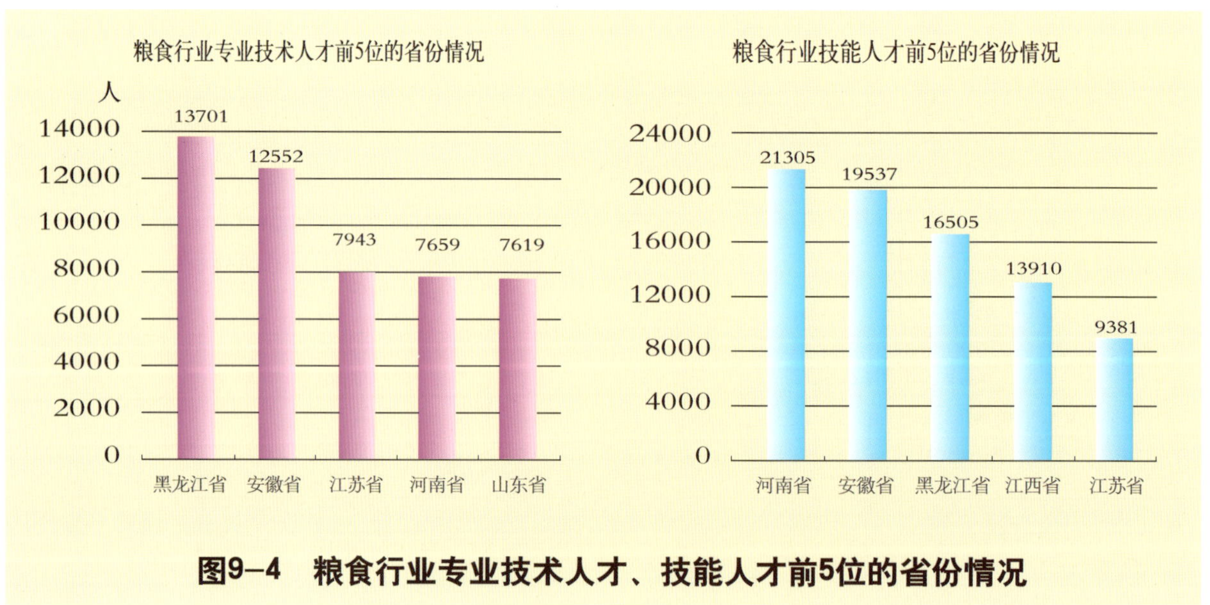

图9-4 粮食行业专业技术人才、技能人才前5位的省份情况

近5年来，专业技术人才队伍从109693人增加到122271人，增长11.47%，增长较快的前5个省（单位）是安徽、黑龙江、中粮、吉林、福建；技能人才队伍从136534人增加到178786人，增长30.95%，增长较快的前5位是安徽、黑龙江、江苏、福建、河南。这反映出，人才队伍建设得到行业的广泛重视，人才规划目标正逐步落实。总的来说，近5年来尽管行业专业技术人才、技能人才队伍不断壮大，但从数据上看，非国有企业这两类人才在增加，而国有企业这两类人才在减少。其原因除了非国有企业纳入统计导致人数增加外，国有企业机制不灵活、工资待遇偏低等因素，是导致这两类人才从国有企业向非国有企业流动的重要原因。

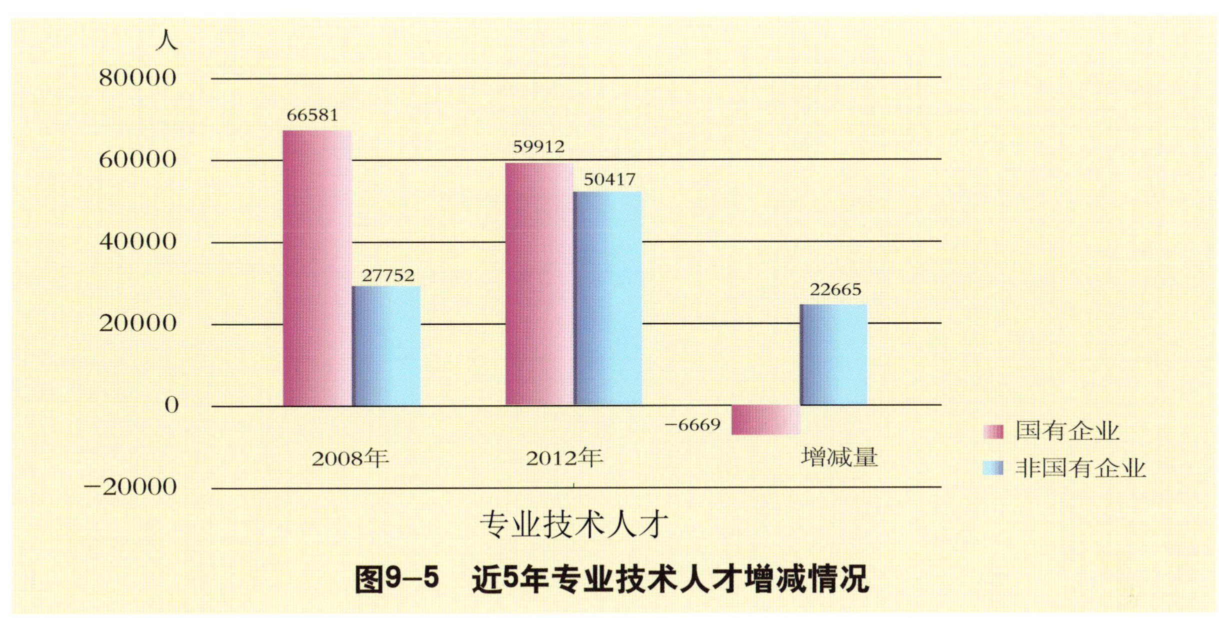

图9–5　近5年专业技术人才增减情况

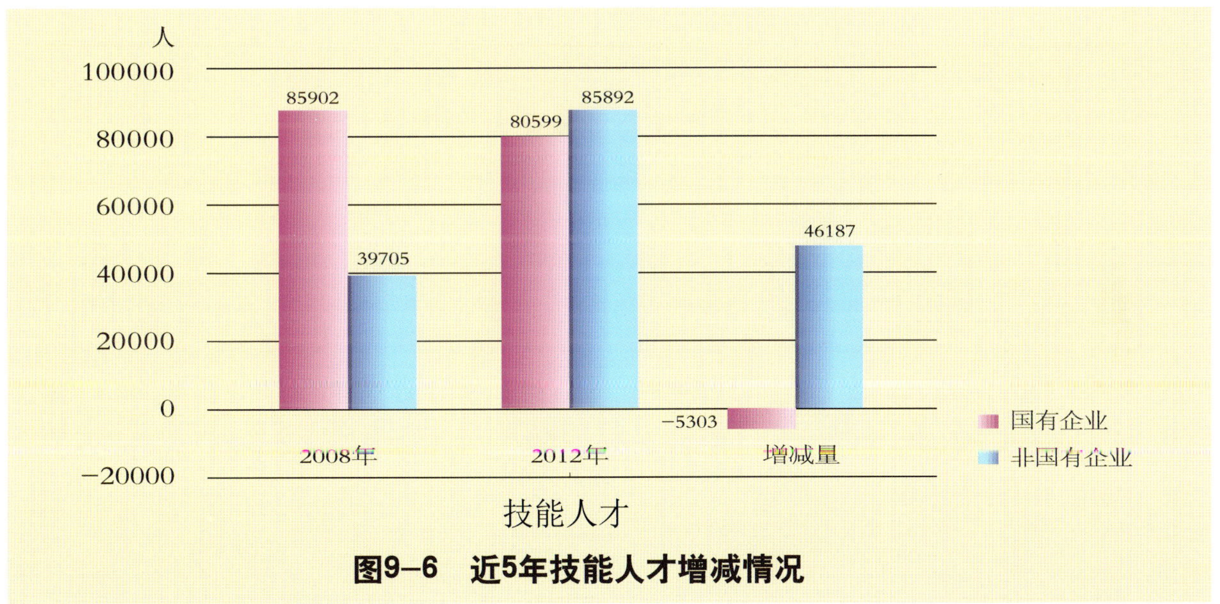

图9–6　近5年技能人才增减情况

3.学历层次小幅提升，但学历总体偏低的局面并未扭转

2012年底，全行业研究生7182人，占总人数的0.67%；大学本科95585人，占8.86%；大学专科193304人，占17.91%；中专185290人，占17.17%；高中330924人，占30.66%；初中及以下266933人，占24.73%。

与人才规划实施之初的2010年相比，大专及以上学历人员增长了2.11个百分点，高中及以下学历人员降低2.1个百分点。高学历人员上升比例与低学历人员下降比例大体相当，说明行业人才队伍建设取得了一定的成绩。一方面，部分粮食行业职工通过在职教育，学历层次得到了提高；另一方面，在低学历人员退休离职后，新进人员学历层次均较高。

但我们也应看到，行业大专以上学历人员仅占27.43%，2/3以上的职工学历仍然较低，行业发展急需加大人才培养和引进力度，提高人才素质。

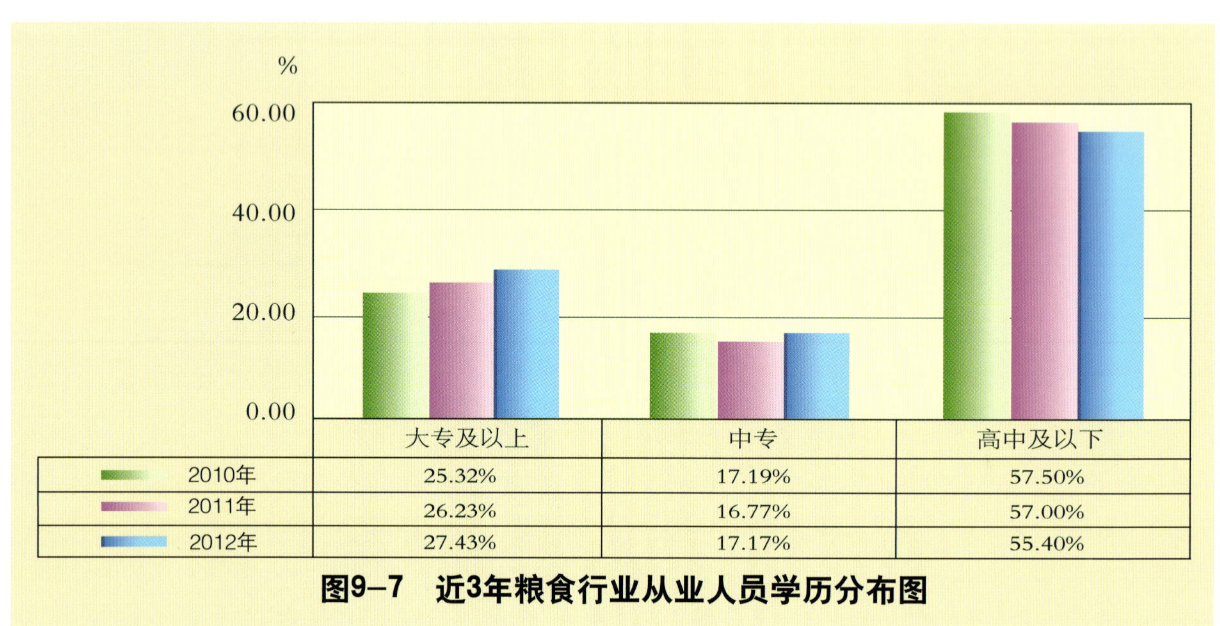

	大专及以上	中专	高中及以下
2010年	25.32%	17.19%	57.50%
2011年	26.23%	16.77%	57.00%
2012年	27.43%	17.17%	55.40%

图9–7　近3年粮食行业从业人员学历分布图

4.行业从业人员年龄老中青比例相对合理，但国有企业人员队伍老龄化严重

截至2012年底，45岁以下人员占从业人员总数的68.31%，与上年同期相比变化不大；55岁及以上人员占从业人员总数的6.62%，较上年增长0.26%。国有企业中45岁以下中青年从业人员数呈现负增长，35岁及以下人员减少4.05%，36～45岁人员减少1.78%，46～54岁人员减少0.09%，55岁及以上人员增长11.02%。特别是国有粮食企业人员老龄化趋势显现，中青年梯队力量薄弱。

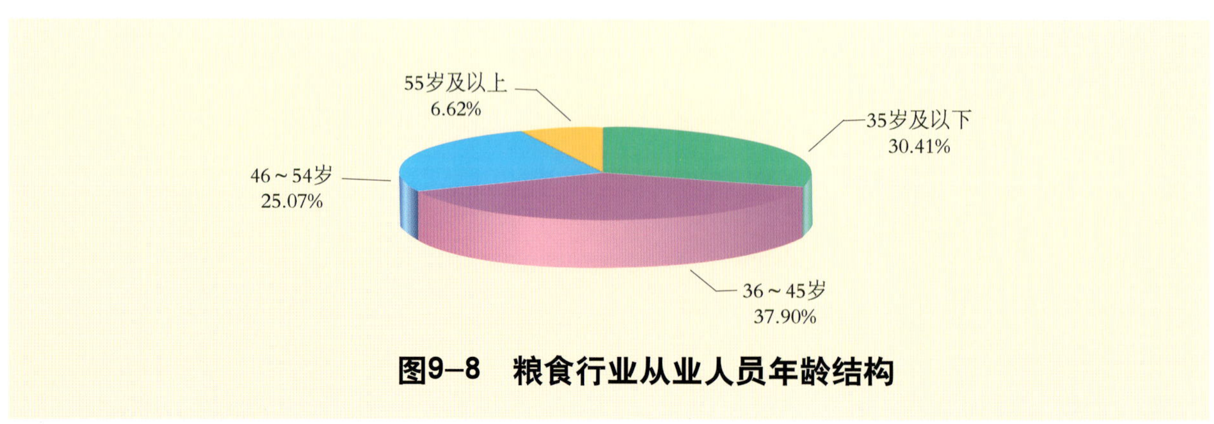

图9–8　粮食行业从业人员年龄结构

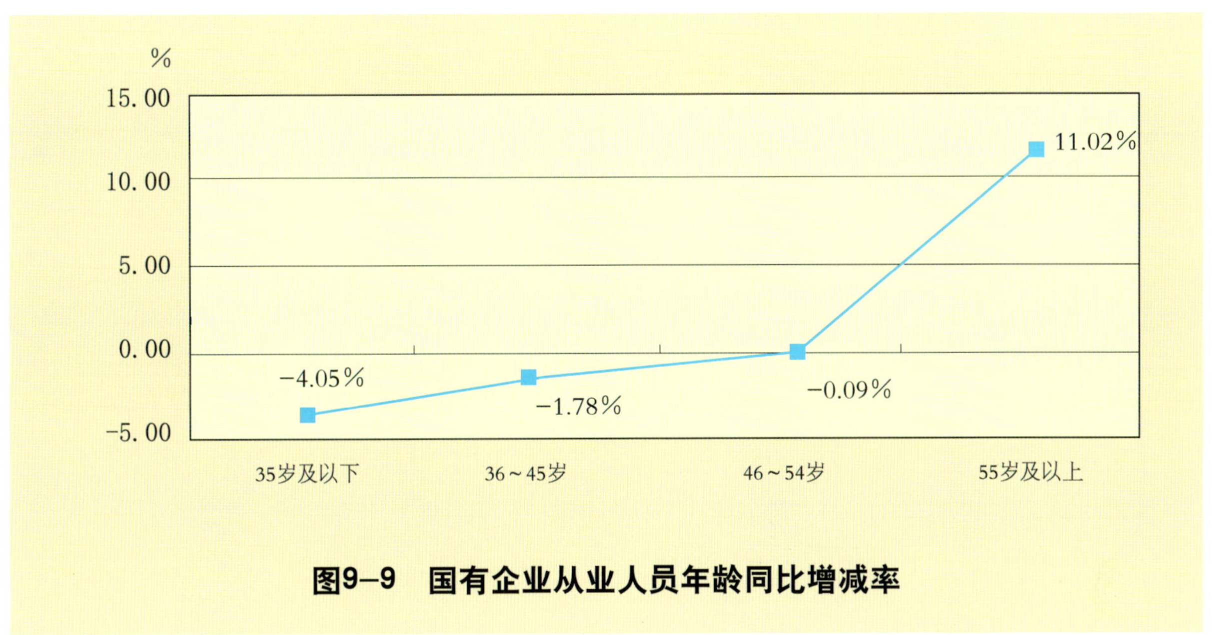

图9–9　国有企业从业人员年龄同比增减率

(三)粮食系统人才总量减少，但人才素质有所提高

1.系统人才总量有所减少，但高级专业技术人才、高层次技能人才比重有所增加

2012年全国粮食系统职工总人数616413人，同比减少3.8%。其中，在岗职工521819人（长期职工502199人，临时工19620人），同比减少1.82%；离开本单位仍保留劳动关系的职工94594人，同比减少13.44%。尽管职工总人数在减少，但是从统计数据可以看出，减少的主要是离开本单位仍保留劳动关系的职工，企业包袱有所减轻。公务员37786人，同比减少4.46%；企事业管理人员101261人，同比减少0.81%；专业技术人员71854人，同比减少4.51%；工人291298人，同比减少2.22%（技术工人92894人，同比增加0.22%）。

从近3年的情况来看，粮食系统四支人才队伍总量在减少，存在人才流失的问题，从一些省份反映的情况看，这些人才一部分流向了非国有企业，一部分流向了其他行业。

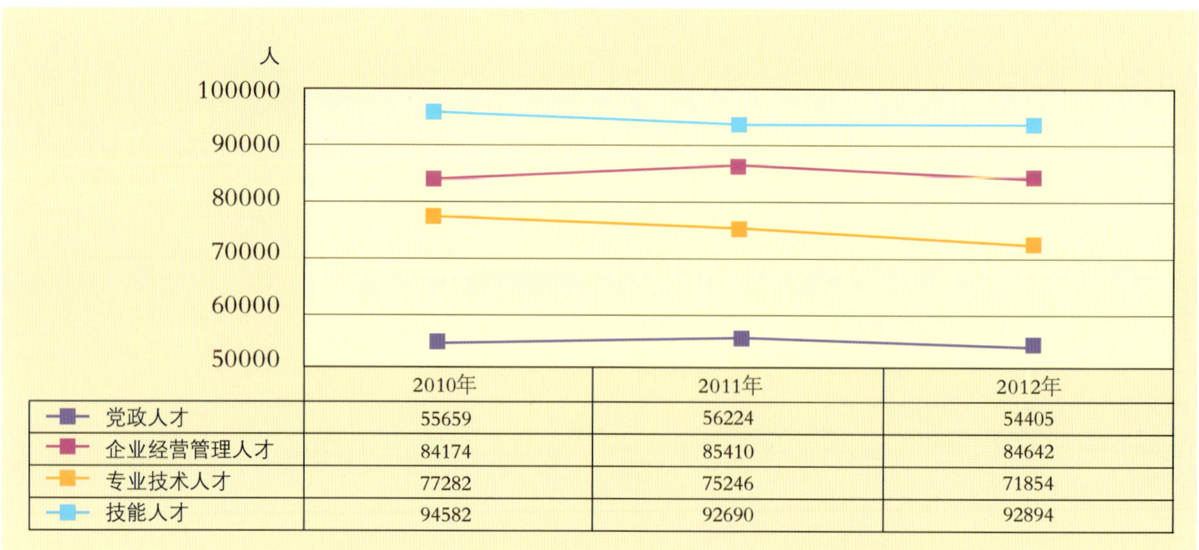

图9-10 近3年粮食系统四支人才队伍情况

在粮食系统人才总量减少的情况下，高层次专业技术人才反而有所增加。高级专业技术人才从2010年的3055人增加到2012年的3153人，增幅3.21%，其中黑龙江、江西、华粮、北京、青海5个省（中央企业）高级专业技术人才增长较快。这说明从2010年实施人才规划以来，粮食系统采取的以高级专业人才研讨班、中青年专业技术人才培训班等为代表的高端人才培养措施取得了一定成效。但同时还应看到，高级专业技术人才仅占专业技术人员的4.39%，粮食行业高端人才培养任务任重道远。

表9-1 专业技术人员结构

类　别	总数	高级职称	中级职称	初级及以下
人　数	71854	3153	19580	49121
占专业技术人员总数比例	–	4.39%	27.25%	68.36%

2. 系统职工学历整体提高，高于行业整体水平

2012年底，粮食系统有研究生5154人，占总人数的0.84%；大学本科58731人，占总人数的9.53%；大学专科125390人，占总人数的20.34%；中专107551人，占总人数的17.45%；高中190720人，占总人数的30.94%；初中及以下128867人，占总人数的20.91%。

粮食系统职工大学以上高学历人才63885人，占职工总数的10.37%，比2008年增长3.94个百分点，系统内四支人才队伍大学以上高学历人才比重也逐年提高。

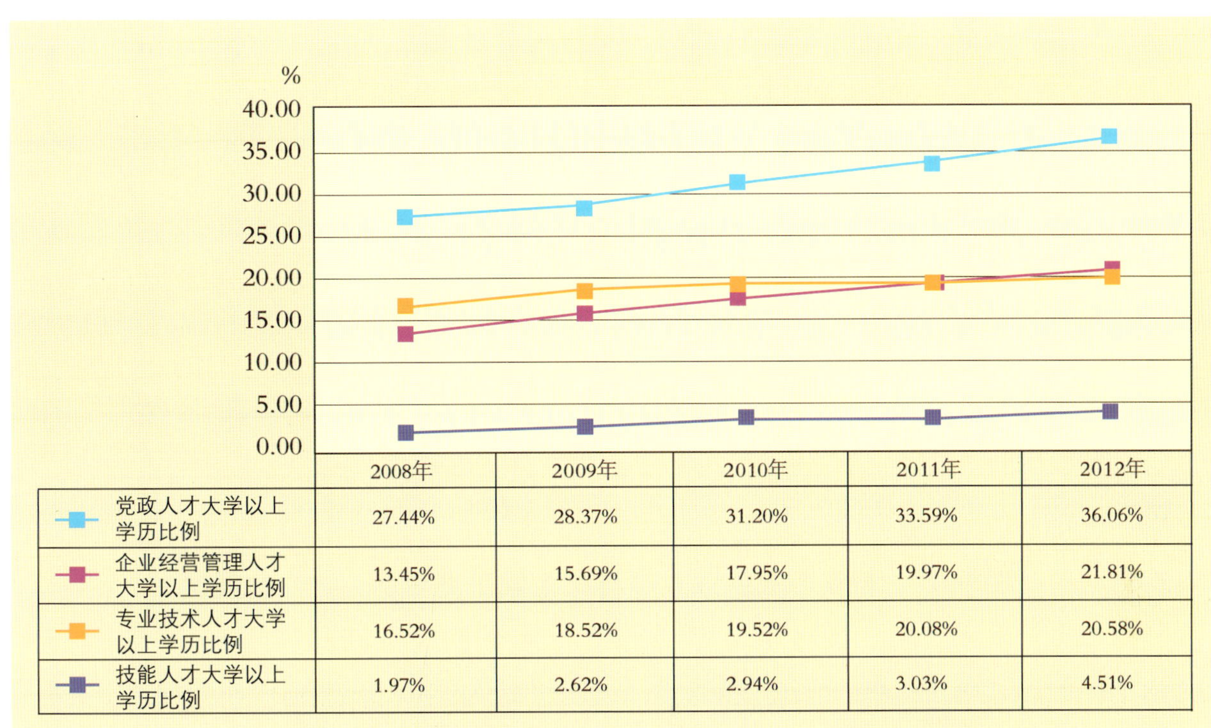

	2008年	2009年	2010年	2011年	2012年
党政人才大学以上学历比例	27.44%	28.37%	31.20%	33.59%	36.06%
企业经营管理人才大学以上学历比例	13.45%	15.69%	17.95%	19.97%	21.81%
专业技术人才大学以上学历比例	16.52%	18.52%	19.52%	20.08%	20.58%
技能人才大学以上学历比例	1.97%	2.62%	2.94%	3.03%	4.51%

图9-11 系统四支人才队伍大学以上人员比例情况

在学历层次普遍偏低的技能人才队伍中，大学以上学历人员比重从2008年的1.97%提高到2012年的4.51%，增长2.54个百分点。

在普通工人中，大专以上学历人员比例增加了3.11个百分点，初中及以下学历比例减少了2.9个百分点。

表9-2 系统普通工人学历情况

项目	2010年		2011年		2012年	
	人数	比例（%）	人数	比例（%）	人数	比例（%）
大专及以上学历	21826	10.02	24021	11.84	25818	13.13
中专及高中学历	122779	56.34	114003	56.17	110381	56.12
初中及以下学历	73325	33.65	64922	31.99	60476	30.75
普通工人总数	217930		202946		196675	

系统内职工学历整体高于全行业学历水平。

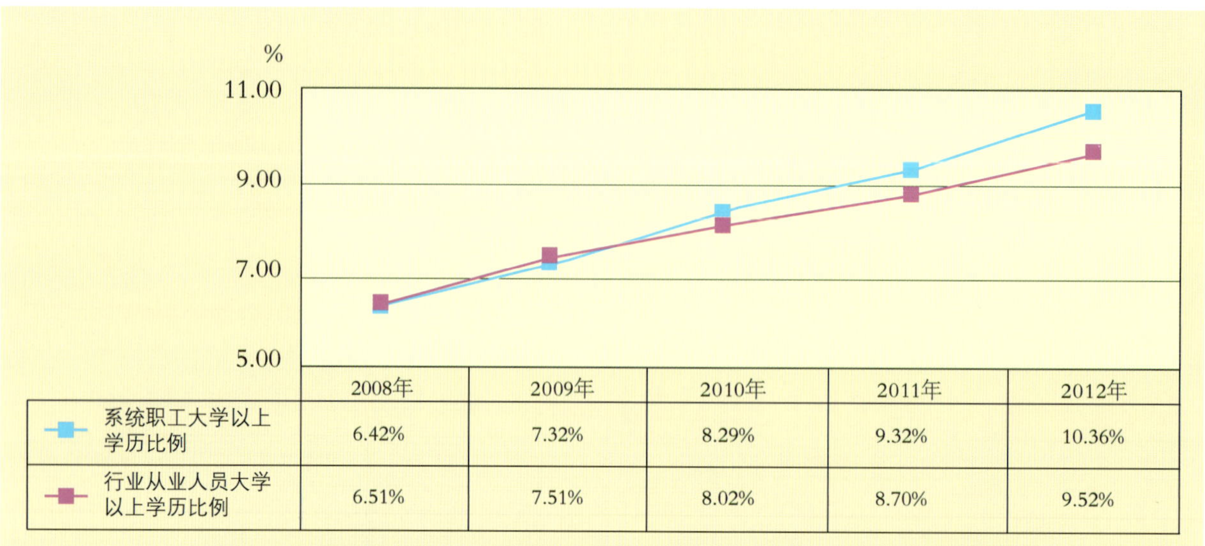

	2008年	2009年	2010年	2011年	2012年
系统职工大学以上学历比例	6.42%	7.32%	8.29%	9.32%	10.36%
行业从业人员大学以上学历比例	6.51%	7.51%	8.02%	8.70%	9.52%

图9-12 粮食行业从业人员与系统职工高学历人才变化情况

以上数据表明，各级粮食部门越来越重视职工教育培训工作，广大职工积极学习，尊重知识、尊重人才的良好氛围正在系统内逐步形成。

3.中青年人才流失严重

从近5年的情况来看，粮食系统四支人才队伍中，45岁以下中青年职工呈减少趋势，与此同时，46岁以上人数有所增加。除年龄自然增长因素外，一是粮食系统发展现状与人才成长发展的预期不相匹配，国有企业分配机制不活、工资待遇偏低，留不住人才，导致人才流失，特别是中青年人才流失严重；二是系统进人渠道不畅，后备力量得不到及时补充。

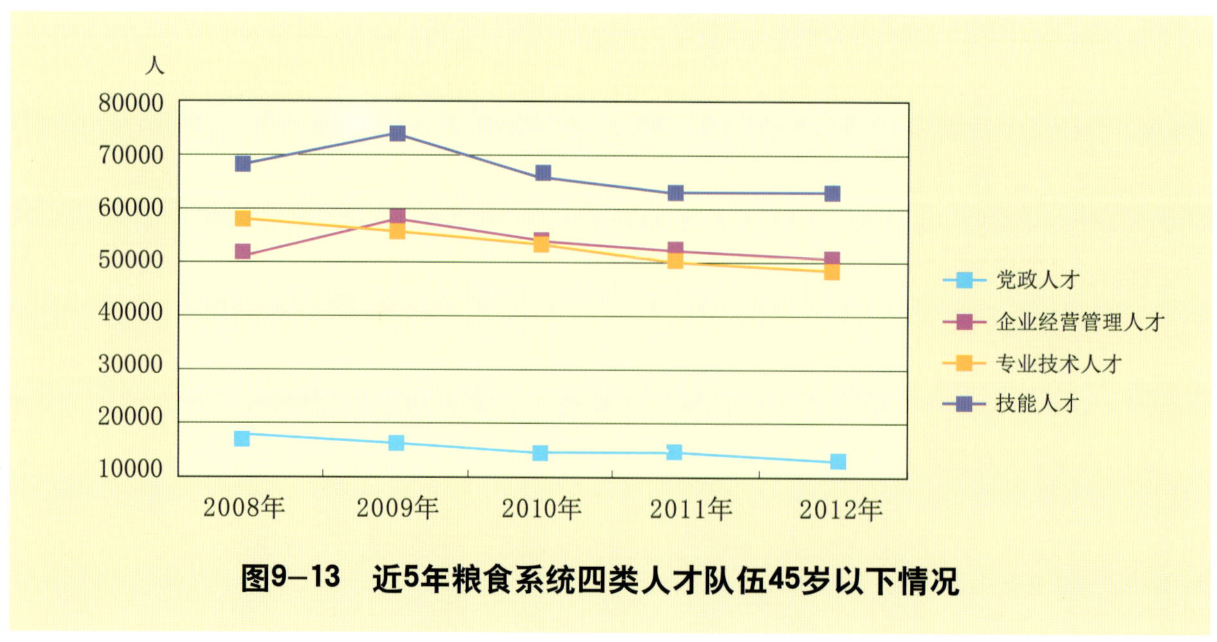

图9-13 近5年粮食系统四类人才队伍45岁以下情况

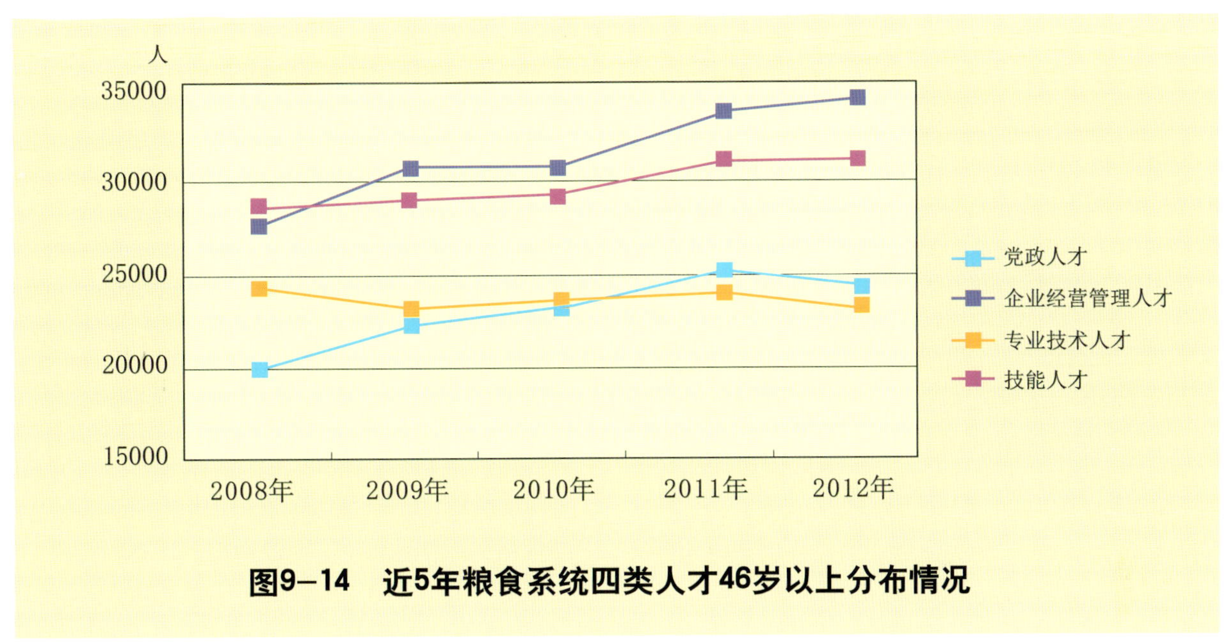

图9-14　近5年粮食系统四类人才46岁以上分布情况

4.培训力度加大，特别是加大了基层一线工人的培训

2012年，粮食系统大力开展职工培训工作，系统职工参加职业技能、学历教育、各类政治理论和业务培训共258330人次，参训人次同比增加3.86%。

特别是近3年来，粮食系统还着重加大了对基层一线普通工人的培训力度，普通工参训率增加了11.24个百分点，为基层培养技能人才增强了储备。

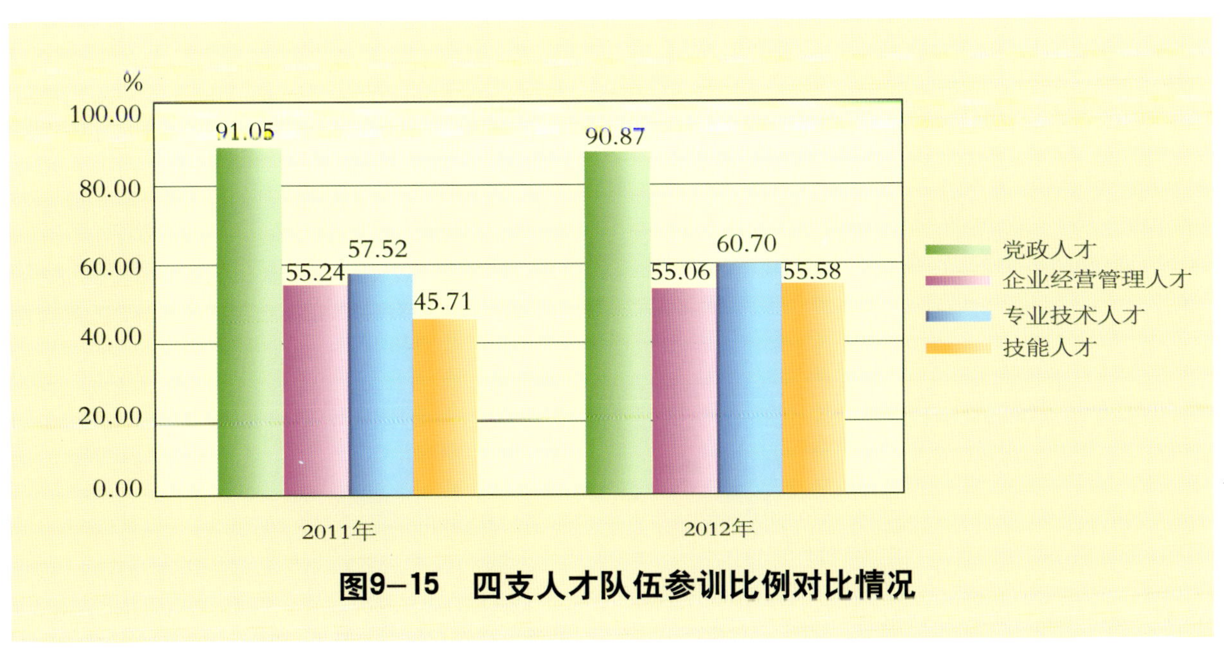

图9-15　四支人才队伍参训比例对比情况

表9-3 粮食系统普通工人参训情况

项目	2010年	2011年	2012年
系统普通工人参训人次	47715	65813	66897
系统普通工人总数（人）	209590	202946	196675
参训比例（%）	22.77	32.43	34.01

从培训内容来看，2012年系统职工参加职业技能培训的人次有所增加，其中参加粮油保管员、粮油质量检验员、粮油竞价交易员、制米工、制粉工、制油工等职业（工种）技能培训的有79121人次，相比2011年的76160人次增加3.89%。另外，公务员全年参加培训共34338人次，参训率为90.87%；企事业管理人员全年参与培训共55810人次，参训率为55.11%；专业技术人员全年参与培训共43615人次，参训率为60.70%；工人全年参与培训共118937人次，参训率为40.83%。

从培训机构来看，粮食系统职工参加党校、行政学院培训26994人次，参加粮食系统教育培训机构培训118785人次，参加高校科研机构培训4703人次，参加其他培训机构培训107848人次。

从举办各类培训班情况来看，2012年全国各级粮食部门共举办培训班16889期，同比增加1.20%；培训429687人次，同比增加16.84%。

二 国际交流与合作

2012年，国家粮食局围绕粮食行业中心任务，积极开展粮食领域的对外交流与合作，全年共接待国外来访团组近40个，来访外宾近300人次；举办国际研讨会3个；签订双边合作协议3个。

(一)促进粮食行业的对外交流与合作

2012年，国家粮食局继续将外事工作的重点放在促进粮食科技对外交流与合作方面，并取得了成效。2010年国家粮食局科学研究院与阿根廷国家农牧业技术研究院签订了《合作谅解备忘录》，两个研究院在粮油科技研发、技术交流和人员培训等方面开展了交流与合作。为进一步促进我国与阿根廷在粮食领域的全面交流，经国家粮食局外事司与阿根廷驻华使馆农业处多次协商，拟订了《中国国家粮食局与阿根廷共和国农牧渔业部合作谅解备忘录》草稿，经征求有关单位意见，并报国家发展改革委和外交部批准。2012年6月下旬，温家宝总理访问阿根廷期间，在温总理和阿根廷总统的见证下，国家粮食局任正晓局长与阿根廷农牧渔业部亚务哈尔部长共同签署了上述《合作谅解备忘录》。此备忘录的签订，有利于加强中阿两国在粮油质检、粮油科技、粮油信息等方面的交流与合作。

为加快粮食科技研发和新技术应用，11月12日，国家粮食局粮食科学研究院与瑞士布勒公司签订了《粮食科技合作框架协议》。该协议的签订将进一步加强双方在粮油科技研发、新技术推广和科技人员培训等方面的合作。在签订仪式前，布勒公司总裁葛瑞德先生一行还参观了粮食科学研究院有关实验室。

经过一年多的筹备，8月7日，中国粮油学会在北京成功承办了“国际谷物科技协会第十四届谷物科技与面包大会暨国际油料与油脂科技发展论坛”。该大会是第一次在亚洲和中国举办。会议分设谷物储藏、谷物加工、食品质量与安全等七个专题和分会场，500多位国内外专家参加了此次论坛。

为促进棕榈油的生产、加工和贸易，11月29日，国家粮食局和马来西亚种植及原产业部在重庆共同主办了“2012中国——马来西亚国际棕榈油贸易交流会”，马来西亚种植及原产业部部长专程参会并致辞，来自9个国家的300多位中外代表参加了此次棕榈油贸易交流会。

国家粮食局除邀请国外粮油专家来华参加会议与合作研究外，还派人赴新加坡参加东盟和中日韩大米储备工作会议；赴肯尼亚参加国际标准化组织食品技术委员会工作会议；赴加拿大参加国际真菌毒素削减北美会议；赴澳大利亚参加粮食科学协会谷物化学年会；赴荷兰参加第六届国际食品污染物法典委员会会议、赴土耳其参加第九届国际储藏物熏蒸和气调大会；赴日本参加中日稻谷储运加工与信息化技术研讨会；赴泰国参加亚太地区食品联合会第32次执委会；赴瑞士参加世界贸易组织农业委员会例会等。我国的粮油专家和科技人员不仅及时地了解国际粮食市场供求形势、粮油科技发展最新动向和趋势等有关信息，还在会上介绍了我国的粮食生产、储藏、流通、质检、科技等情况，阐述了对世界粮食有关问题的看法和建议，扩大了我国在世界粮食领域的影响。

(二)热情接待国外来访团组

2012年来国家粮食局访问的外国政府和跨国企业高级代表团较多，国家粮食局的领导分别会见和接待了阿根廷农牧渔业部长、马来西亚种植和原产业部长、巴基斯坦总理特别助理、加拿大农业部国际合作局副局长、国际谷物科技协会主席、联合国粮农组织总干事高级顾问、联合国粮农组织驻华总代表等政府和国际组织高级代表团，以及美国谷物协会理事长、美国大豆协会会长、美国大豆基金会主席、瑞士布勒公司总裁、新加坡丰益集团董事长、新加坡益海嘉里董事长、美国ADM公司副总裁、瑞典波通公司执行董事、美国嘉吉公司大中华区总裁、法国路易达孚集团亚洲首席运营官、法国粮食出口协会主席等率领的农粮高级代表团。通过接待和交流，使来宾对我国粮食生产、消费、贸易、储藏、质检和科技等最新情况，以及深化粮食流通体制改革的情况等有了较深入的了解，进一步加强了国家粮食局与国外粮食主管部门、协会和企业的合作。国家粮食局有关司及直属单位的领导还分别会见了国外其他来访的团组，认真回答外宾们所关心的问题，与他们探讨进一步加强在粮油领域交流与合作的方式及途径。特别是向来自巴基斯坦、东帝汶、柬埔寨、吉尔吉斯斯坦、缅甸、尼泊尔、文莱、伊拉克、也门、埃及、加纳、肯尼亚、卢旺达、马拉维、南苏丹、巴布亚新几内亚、牙买加17个发展中国家的30位农业和粮食官员及专家介绍了我国粮食流通、储藏设施、技术与管理等情况，并希望今后加强与这些国家在粮食流通、储藏、物流技术等方面的交流与合作。

（三）积极借鉴国外粮食科学技术和管理经验

2012年，为提高我国粮食质量和标准化工作水平、解决粮食综合加工利用有关技术、油脂技术开发、粮食储藏先进技术等方面的问题，国家粮食局组织局标准质量中心、粮食科学院、中粮营养健康研究院向国家外国专家局申请引进国外智力项目。国家外专局批准以上单位引进国外技术、管理人才项目7项，合计可聘请外国专家36人，资助项目经费75万元。在多方努力下，有6个项目已执行完成，有1个项目因多种原因没有执行。实际共聘请外国专家38人次，使用资助经费68万元。

粮科院的“营养健康功能油脂加工技术研究”项目，分别邀请英国人类营养研究所、德国吉森应用技术大学、美国农业部的3位专家来粮科院指导油脂营养加工和营养使用的研究，以防止我国油脂过度精炼减少有益健康的成分，而产生不利油脂质量安全的有害因子；同时减少油脂过度精炼所增加的油料损耗和能耗。通过外国专家的指导和与外国专家的交流与合作研究，使粮科院有关科技人员及时了解国外在油脂科研和加工方面最新成果，对拓展学术视野、丰富研究方法、提高研究水平都有所帮助。通过此次引智项目，还使粮科院与国外有关单位在油脂加工、油脂营养等领域建立起长期合作关系，为我国居民食用油脂产品健康消费模式基础研究、油脂油料合理加工模式及其评价、油料综合利用以及高新生物技术在油脂加工中的应用推广等方面的研究奠定了合作基础。

中粮营养健康研究院的“粮油食品安全体系建设”项目，先后引进了6位国际知名专家对食品安全生产标准和检测检验技术进行指导、研讨和培训。通过海外专家的技术指导和学术研讨，中粮集团建立了集团新产品质量安全管理制度和新产品上市过程中的监督审核机制；举办了“食品安全应急机制建设高级研修班”，对70位各级食品安全管理人员和高级技术人员进行了培训，及时了解国际食品安全管理体系的先进做法、前沿技术和成功经验；初步建立和实施了部分食品质量与安全保障制度，有效地促进了研发、生产、市场等部门对每个环节食品安全的重视，并落实在各自的实际工作中。

中粮营养健康研究院的“万吨级农业废弃物木质纤维素生物糖化关键技术”项目，利用国家外专局的资助，分别邀请美国可再生能源实验室、美国华盛顿州立大学、德国汉堡工业大学和丹麦BIOGASOL生物公司的6位专家来华，分别就木质纤维素原料连续处理技术、纤维素乙醇原料预处理和高温发酵技术、纤维素乙醇生产副产物综合利用、C5糖转化技术以及生物能源及生物基化学品技术创新等进行技术指导与合作研究。在外国专家和中粮研究院有关专家及技术人员的共同努力下，取得了新的研究成果，解决了纤维素乙醇技术研发和产业化示范中的一些重大问题。

在实施引智项目的过程中，有关项目单位严格执行国家外专局的有关规定，缜密策划，精心组织，实施好这些项目，取得了较好的成效。通过这些引智项目的执行，项目单位与国外粮油科研机构建立起了良好的合作关系，及时了解和掌握国外最新的粮油科技成果与动态，有效地解决了当前我国粮油产业和科研中面临的一些问题，有力地促进了我国粮油科技水平的提高。

（四）认真组织好出国考察及培训

为了深化我国的粮食流通体制改革，借鉴国外在粮食管理、流通、储存、加工等方面的经验和技术，2012年国家粮食局的领导分别率团赴阿根廷和秘鲁，赴印度、印度尼西亚和柬埔寨，赴美国和墨西哥，赴匈牙利和波兰等国考察粮食流通体制和粮食管理政策，以及粮食储藏、检测和加工等情况，并取得了较好的考察成果。

2012年，国家外专局批准国家粮食局出国（境）培训项目3个，如财务司的赴澳大利亚“粮食产业化发展及支持政策培训”项目，发展司的赴美国“粮食流通信息化管理培训”项目，行业协会的赴瑞士“小麦粉深加工技术与管理培训”项目，以及中粮集团的赴美国“食品安全与谷物加工技术”项目。参加赴国外培训共计80多人次。各组团培训单位严格遵守国家有关出国（境）培训的规定，认真研究和设计培训内容，合理安排培训计划，严格选拔培训人员。通过赴国外培训，使地方粮食行政管理部门和企业的干部职工及技术人员，了解了国外的先进技术和经验，开阔了眼界，增长了知识，为提高粮食管理与储粮技术水平起到了积极的促进作用。

国家粮食局外事司与美国ADM公司合作，在美国首次举办“粮食流通管理和粮食安全高级研讨班”，组织十多个省粮食局负责人参加。研讨班的内容涉及美国农业和农村发展政策及财政支持、粮食市场与价格风险管理、粮食供应链管理、粮食产后减损等。通过专家讲课、座谈交流、参观访问和实地考察等方式，比较系统地了解了美国农业和农村发展政策和粮食供应链管理等情况。参加研讨班的同志都感到收获较大，开阔了视野，启发了思路。

三 会展业发展

据不完全统计，2012年全国各级粮食行政管理部门和社团组织主办、承办或者参与的展(博)览会，经销洽谈会及各类专业会议、论坛共31个，其中国际性会展活动4个，全国性会展活动16个，省际会展活动4个，省内会展活动7个。

(一)2012年粮食行业会展取得的主要成绩

1.服务贸易类展会规模进一步扩大

2012年，旨在促进粮油产品及设备技术贸易交流的第12届中国国际粮油产品及设备技术展览会、全国粮油产销企业订货会暨全国粮油经销商联谊会、黑龙江金秋粮食交易洽谈会、第8届七省粮食产销协作福建洽谈会、第14届湖北粮油精品展示交易会、第6届安徽粮油精品展示展销会暨第2届中国（芜湖）国际米业博览会等服务贸易类展会，规模均较上年度有所扩大，全年服务贸易类展（博）览会总展出面积近15万平方米，参展企业总数近10000家；以购销经贸为主要组织形式的洽谈会共达成粮食购销协议2948.25万吨（含意向性合同），成交金额710余亿元；430余个粮油产业项目通过展览会、洽谈会吸引到了投资，达成了协议。其中唯一由国家粮食局主办的行业展览会——第12届中国国际粮油产品及设备技术展览会，展览总面积达26000平方米，比上届增加了30%，参展企业总数1068家，成交总金额63.52亿元。

2.公益性会展活动进一步增多

全国爱粮节粮宣传周、全国粮食科技活动周、粮油和食品安全宣传周、世界粮食日宣传纪念等公益性会展活动进一步增多；中国粮食论坛、全国小麦和面粉产业年会、全国粳米大会等行业论坛、会议的影响力进一步扩大。本年度适值中国共产党召开第十八次全国代表大会，国家粮食局及地方粮食主管部门以此为契机，组织了主题书画、摄影展览，取得了良好的宣传效果。

3.专业性会展数量较上年度有所增加

本年度组织的会展活动，主题相对集中，有利于更好地组织专业观众，提高会展效果。以大米、面粉、饲料、食用油以及杂粮为主要展览对象的专题会议、论坛和展览与2011年相比，数量有所增加，特别是以杂粮为主要参展品种的展会，有中国(西安)杂粮精品暨设备展示交易会、第五届全国杂粮产业大会、山西粮食（小杂粮）交易合作洽谈会等3个，为历年数量之最。

4.国际性会展活动数量及档次较上年有所提升

2012年，行业内组织的国际性会展活动较上年有所增加，像具有国际谷物科技界“奥林匹克大会”之称的第十四届国际谷物科技与面包大会暨国际油料与油脂科技发展论坛，以促进国际棕榈油科技贸易交流为主要目的的2012中国——马来西亚棕榈油贸易交流会等高端国际会展活动，均取得了良好的效果，受到了业界的普遍好评。

(二)2012年粮食行业会展存在的主要问题

1.粮食行业会展活动总体数量偏多，规模偏小，品牌会展少

受缺乏统一规划、多头组织等因素的影响，加之近几年“以会带展”现象比较普遍，2012年粮食行业会展活动呈现出总体数量偏多，但高质量品牌会展偏少的现象。会展活动组织过于频繁，导致企业疲于参展，负担较重，影响了企业参展的实际收益和参展积极性。会展活动主题雷同，模式相近，同质竞争现象比较严重，大量小规模会展分流了部分展商及观众资源，不利于品牌会展活动的进一步做大做强。2012年展出面积达到20000平方米以上的仅有第十二届中国国际粮油产品及设备技术展览会等为数不多的几个展会，真正称得上行业内品牌的展会相对较少。

2.会展专业化建设相对滞后，展会宣传推广手段单一

和国内外知名会展活动相比，目前粮食行业会展活动在专业性服务方面还有很大差距。重招商轻服务的现象在一定范围内存在，市场细分程度较差，特别是对展商的展后服务明显滞后，对企业参会参展后的合同履约、技术消化等问题缺乏后续跟踪服务；展会宣传方式相对滞后，宣传重点主要集中于会展开幕当天，与国内外不少会展活动借助网络手段，提出的“永不落幕”的办展（会）目标，尚存明显差距。

3.参展高科技产品少，专业观众数量不足，行业会展发展遭遇瓶颈制约

一方面，大量由政府和行业协会“拉郎配”参展的低端粮油产品充斥各类展会，参展产品科技含量低，附加值不高，造成专业观众参观收益不高；另一方面，专业观众数量不足，又使希望借助展会推广产品的参展企业难以达到预期目的。长此以往，展会质量难以得到有效提高，办展效率不高，难以起到沟通产业上下游的作用。

表9-4 2012年粮食行业主办、承办、参与的主要会展活动

名称	主办单位	地点	时间
第十二届中国国际粮油产品及设备技术展览会	国家粮食局、山东省政府	济南	2012年10月16～18日
2012中国—马来西亚国际棕榈油贸易交流会	国家粮食局、马来西亚种植与原产部	重庆	2012年11月29日
世界粮食日纪念活动	国家粮食局、农业部、联合国粮农组织	济南	2012年10月16日
第十四届国际谷物科技与面包大会暨国际油料与油脂科技发展论坛	中国粮油学会和国际谷物科技协会	北京	2012年8月7～9日
2012黑龙江金秋粮食交易洽谈会	黑龙江省粮食局、黑龙江省农垦总局、黑龙江省粮食行业协会和北京、天津、上海、江苏、浙江、福建、云南等省（市）粮食局	哈尔滨	2012年9月11～12日
第八届七省粮食产销协作福建洽谈会	福建、山东、江西、吉林、安徽、河南、黑龙江七省粮食局	厦门	2012年7月16～17日
第十四届湖北粮油精品展示交易会	湖北省粮食局	武汉	2012年11月9～11日
第六届安徽粮油精品展示展销会暨第二届中国（芜湖）国际米业博览会	安徽省粮食局、芜湖市人民政府	芜湖	2012年12月8～10日
第十五届中国粮食论坛	中国粮食行业协会等主办	北京	2012年4月19日
全国粮油产销企业订货会暨全国粮油经销商联谊会	中国粮油学会、山东省粮食局、德州市人民政府	德州	2012年2月24日

续表

名称	主办单位	地点	时间
2012中国优质稻米（盘锦）交易会；2012全国稻米市场形势分析会	中国粮食行业协会、黑龙江省农垦总局、黑龙江省粮食行业协会	盘锦	2012年9月19～20日
第十一届全国粳稻米产业大会	全国粳稻米联盟、中国农业科技东北创新中心、吉林省农特产品加工协会	北京	2012年3月29日
2012年中国小麦和面粉产业年会；全国小麦和面粉产业年会设备产品展示会	中国粮食行业协会	开封	2012年3月31日～4月1日
2012中国（西安）杂粮精品暨设备展示交易会	中国粮食行业协会和陕西省粮食局、西安市人民政府、陕西省粮食行业协会	西安	2012年8月18～19日
第五届全国杂粮产业大会	国家杂粮工程技术研究中心、全国杂粮产业联盟、中国农业科学技术东北创新中心、中国市场学会和吉林省农特产品加工协会	北京	2012年3月29日
山西粮食（小杂粮）交易合作洽谈会	山西省粮食局、晋城市人民政府	晋城	2012年8月9日
中国·公主岭玉米产业博览会2012美食文化节暨“中国油豆角之乡”授牌仪式开幕式	中国粮食行业协会、中国蔬菜流通协会、吉林省商务厅、吉林省粮食局、中共四平市委、四平市人民政府	公主岭	2012年9月23日
2012饲料科技论坛暨学术年会	中国粮油学会饲料分会	徐州	2012年12月6～8日
中国粮油学会油脂分会第21届学术年会暨中国(马鞍山)食用油产业发展论坛	中国粮油学会油脂分会、马鞍山市人民政府	马鞍山	2012年9月20日
中国粮食行业协会四届四次理事会暨四届七次常务理事会和中国粮食经济学会六届四次理事会暨六届五次常务理事会	中国粮食行业协会	北京	2012年4月19日
首届安徽名优农产品、绿色食品（北京）交易会	安徽省人民政府	北京	2012年1月6日
福建第十一届省内产销区粮食购销协作洽谈会	福建省粮食局	泉州	2012年5月4日
云南省省级动态储备合作洽谈会	滇、湘、苏三省粮食局	昆明	2012年5月10日
全国爱粮节粮宣传周活动	国家粮食局	全国各省	2012年10月14～20日
全国粮食科技周活动	国家粮食局	全国各省	2012年5月19～25日

续表

名称	主办单位	地点	时间
粮油和食品安全宣传周粮油质量安全科普宣传日	国家粮食局	北京	2012年6月18日
国家粮食局第三届书画展暨中国粮食书法家协会和中国粮食美术家协会成立大会	国家粮食局书画摄影协会	北京	2012年1月6日
陕西省粮食系统喜迎十八大书画展	陕西省粮食局	西安	2012年10月30日
安徽省粮食系统喜迎党的十八大老同志书画展	安徽省粮食局	合肥	2012年8月6日
2012年全国农产品加工业投资贸易洽谈会	农业部主办，粮食行业参与	驻马店	2012年9月6日
长春国际农业食品博览会	国家农业部、吉林省人民政府、长春市人民政府共同主办；国家粮食局参与	长春	2012年8月12日

四 爱粮节粮宣传活动

2012年，各级粮食行政管理部门及广大粮油企事业单位认真贯彻落实《国务院办公厅关于进一步加强节约粮食反对浪费工作的通知》（国办发〔2010〕7号）精神，按照《国家粮食局关于进一步加强节约粮食反对浪费工作的实施意见》（国粮调〔2010〕41号）的相关要求，组织开展了“全国爱粮节粮宣传周主会场、分会场宣传”、“全国部分城镇及乡村粮油消费环节损失浪费情况调查”、“中小学生爱粮节粮征文”等活动。一系列内容充实、形式新颖的宣传活动，进一步增强了社会各界的爱粮节粮意识。

和往年相比，2012年爱粮节粮宣传呈现出以下一些明显特点：

（一）社会各界对爱粮节粮宣传工作更加重视，爱粮节粮宣传的群众和组织基础更加扎实

2012年直接和间接参与爱粮节粮宣传的人数达到了近千万，其中直接或间接参与爱粮节粮宣传周主会场、分会场活动的人数达到了近300万，参与爱粮节粮征文的中小学生、学生家长及老师近400万。除了各级粮食行政管理部门和众多粮油企事业单位外，本年度的宣传活动还得到了各级教育部门、食品药品监督管理部门以及许多社会公益组织的大力支持和配合，大大提升了宣传效果。

(二)宣传内容更加务实，宣传形式更加新颖

2012年，国家粮食局继续以主会场、分会场分别组织活动的形式开展“全国爱粮节粮宣传周”活动，主会场设在山东济南，全国近30个省会城市、地县级城市组织了各种形式的分会场活动。

除宣传周期间的集中宣传外，主办单位还组织开展了一系列不同以往的创新宣传活动。一是与教育部门紧密配合，在山东省内中小学校、校外教育网所属少年宫中举办了爱粮节粮征文活动，经过层层评比，近300篇作文在活动中获奖。二是在河北、江苏、四川、广东4省继续开展针对粮油消费环节损失浪费情况的专题调查。经过科学抽样，调查团队对220家餐厅、食堂和400户居民家庭(其中城镇居民250户，农村居民150户)中每餐浪费的米、面、油进行了为期一周的现场分类称重，初步掌握了粮油消费环节损失浪费的基本情况，为相关部门进行节粮决策提供了基础数据，在行业内外产生了广泛影响。

(三)宣传针对性进一步增强，媒体宣传力度进一步加大

近40家新闻媒体参与了本年度的爱粮节粮宣传，这其中既有中央电视台、人民日报、新华社、经济日报等国内权威媒体，又有山东电视台、齐鲁电视台、大众日报等地方主流媒体；既有粮油市场报、中华粮油商务等传统的报纸杂志，又有新华网、中国政府网、农业部、国家粮食局政府网站以及新浪、搜狐等门户网站这些新兴传播媒体的参与。除常规的新闻稿外，中央电视台、粮油市场报还策划了专题深度报道。特别是微博等新兴媒体的参与，为宣传提供了更广泛的渠道，大量网民的跟帖讨论，进一步扩大了爱粮节粮宣传周在网民中的知名度。

五 世界粮食日宣传纪念活动

联合国粮农组织确定的2012年世界粮食日宣传纪念活动的主题为“办好农业合作社，粮食安全添保障”。

2012年10月16日，由农业部、国家粮食局、联合国粮农组织共同主办的中国“世界粮食日”宣传纪念活动以主会场、分会场分别组织活动的形式在全国范围内开展，近300万人口参加了宣传活动。

主会场设在山东济南，来自活动主办单位的领导和济南市的300余名粮食行业代表、中小学生代表以及志愿者代表参加了烛光守夜、中小学生爱粮节粮征文颁奖、24小时饥饿体验活动，参观了主办单位组织的饥饿图片展览，活动现场主办方还免费向周围群众发送了近1000份《世界粮

食日和爱粮节粮宣传周手册》。

2012年的世界粮食日宣传活动和往年相比，具有以下几个特点：

（一）宣传内容得到了进一步充实，群众参与性更强

和往年相比，2012年的主会场除了继续组织烛光守夜、中小学生爱粮节粮征文颁奖等活动外，主办单位还首次在粮食行业广大干部职工中间倡导发起了自愿参加“24小时饥饿体验”活动。

（二）参与爱粮节粮宣传的志愿力量不断增强

2012年，中国校外教育网、嘉吉投资（中国）有限公司、益海嘉里集团公司、联合国粮食计划署以及乐施会、中华全国义工中心等单位和组织均为本年度参与宣传的新生力量。校外教育网利用其快捷、便利的网络优势，全程参与了“节粮在我身边”主题征文活动；嘉吉投资（中国）有限公司、益海嘉里集团公司和联合国粮食计划署，利用其已有公益资源，参与爱粮节粮宣传；乐施会以及中华全国义工中心组织志愿者参与主会场、分会场宣传活动，形成了工作合力，提高了宣传效果。

（三）活动知名度不断提高，媒体关注度逐年增强

连续多年的宣传，世界粮食日活动的知名度不断提高，媒体的关注度也得到了逐年增强。2012年10月16日，中央电视台1套晚间新闻节目在黄金时间对主会场活动给予了报道；10月17日，中央电视台2套经济信息联播节目策划播出了专题报道。新华社、人民网、香港文汇报、香港人公报、山东电视台、济南电视台、新浪网、搜狐网、农业部、教育部、国家粮食局网站以及粮油市场报等媒体对相关活动进行了转载报道。媒体规格以及宣传频次较上年有明显提升。

专栏

一 2012/2013年度国际粮油市场回顾

2012/2013年度全球谷物产量降低，消费略增，供应相对偏紧。根据联合国粮农组织数据，预计2012/2013年度全球谷物产量为23.06亿吨，同比减少4570万吨，减幅为1.94%；全球谷物消费量为23.30亿吨，同比增加380万吨，增幅为0.17%；全球谷物库存为4.99亿吨，同比减少1400万吨，减幅为2.73%。另据美国农业部数据，2012/2013年度全球谷物产量为22.47亿吨，同比减少6804万吨，减幅为2.94%；消费量为22.88亿吨，同比增加964万吨，增幅为0.42%；库存量为4.39亿吨，同比减少3027万吨，减幅为6.45%。2012/2013年度全球油料产量为4.69亿吨，同比增加2674万吨，增幅为6.05%；消费量为4.61亿吨，同比增加71万吨，增幅为0.15%；库存量为7000万吨，同比增加509万吨，增幅为7.84%。

(一)小麦

全球小麦产量比上年降低。根据美国农业部数据，2012/2013年度全球小麦产量为6.55亿吨，比上年减少4151万吨，减幅为5.96%。主产国中除了美国增产以外，其他多数国家均有不同幅度减产。预计2012/2013年度美国小麦产量为6176万吨，同比增加734万吨，增幅为13.49%。由于阿根廷大麦种植挤占了小麦种植面积，小麦产量为1100万吨，同比减少450万吨，减幅为29.03%；澳大利亚小麦产量为2200万吨，同比减少792万吨，减幅为26.47%。大范围的干旱是黑海地区和欧洲地区小麦产量下降的主要原因。原独联体国家产量减幅更为明显。其中：俄罗斯小麦产量为3772万吨，同比减少1852万吨，减幅为32.93%；乌克兰小麦产量为1576万吨，同比减少656万吨，减幅为29.39%。

全球小麦消费量同比减少。预计2012/2013年度全球小麦消费量为6.79亿吨，同比减少859万吨，减幅为1.25%，主要原因是饲用消费量下降。2012/2013年度全球小麦饲用量为1.29亿吨，同比减少1621万吨，减幅为11.16%。食用消费量随着人口的增加仍显现小幅上升态势，食用消费量为5.49亿吨，同比增加762万吨，增幅为1.41%。

全球小麦贸易量同比降低。预计2012/2013年度全球小麦进口量为1.42亿吨，同比减少641万吨，减幅为4.32%；小麦出口量为1.36亿吨，同比减少2174万吨，减幅为13.78%。阿根廷小麦减产导致其出口供应能力下降是小麦出口量减少的主要影响因素。本年度阿根廷小麦出口量500万吨，同比减少790万吨，减幅为61.24%。俄罗斯小麦减产较多，出口量也随之大幅度下滑，本年度出口量1070万吨，同比减少1093万吨，减幅为50.53%。

全球小麦库存量同比降低。预计2012/2013年度库存量为1.82亿吨，同比减少1713万吨，减幅为8.60%。各主产国均出现不同程度下降。2012/2013年度澳大利亚库存量为476万吨，同比减少220万吨，减幅为31.82%；欧盟库存量为

1004万吨，同比减少349万吨，减幅为25.27%；俄罗斯库存量为542万吨，同比减少548万吨，减幅为50.28%。

2012年全球小麦价格呈显著的阶段性特点。由于2011年小麦供应充足，市场价格一直处于低位，2012年上半年全球小麦价格延续了上年的走势，持续低位整理。6、7月，天气状况对于小麦产量的影响逐渐明晰。减产预期使得市场对于全球小麦供应前景担忧。特别是黑海地区，通常占到全球小麦出口总量的1/4，该地区小麦减产意味着出口量下滑。在经历一轮快速上涨行情之后，小麦价格开始高位震荡。随着天气状况的好转以及需求降低，小麦价格在年底小幅震荡下滑。截至12月31日，芝加哥期货交易市场小麦最近交割期期货合约价格为778美分/蒲式耳，比年初上涨121美分/蒲式耳，涨幅为18.42%。

（二）大米

全球大米产量创纪录。根据美国农业部数据，2012/2013年度全球大米产量为4.68亿吨，同比增加179万吨，增幅为0.38%。大米产量近年来持续小幅稳定增加。但2012/2013年度主要大米出口国产量却有小幅下滑。预计2012/2013年度印度产量为1.01亿吨，比上年降低431万吨，减幅为4.09%；巴基斯坦产量为600万吨，同比减少20万吨，降幅为3.23%；泰国产量为2020万吨，同比减少26万吨，减幅为1.27%。

全球大米消费量同比增加。大米作为主食消费商品，人口的增加带动其消费量近年来持续缓慢增加。预计2012/2013年度全球大米消费量为4.66亿吨，同比增加1018万吨，增幅为2.23%。巴基斯坦在本年度的消费量提高幅度相对较大，从上年度的250万吨提高到260万吨，增幅为4%。

全球大米贸易量下降，贸易格局发生变化。预计2012/2013年度全球大米进口量为3458万吨，同比减少142万吨，减幅为3.94%；全球大米出口量为3779万吨，同比减少128万吨，减幅为3.28%。泰国受国内收购政策影响，出口量低于印度，印度成为全球第一大米出口国。中国在2012年进口237万吨大米，成为全球进口大国。

全球大米库存量小幅降低。预计2012/2013年度全球库存量为1.04亿吨，同比减少170万吨，减幅为1.61%。

作为全球大米的主要生产和贸易区，亚洲大米价格在2012年全年的平均价格低于上年。除泰国大米由于国内收购政策价格相对高企以外，其他国家均较上年有所下降，且均与曾经的全球头号出口大国——泰国的价差拉大。监测显示，截至2012年底，同样为5%破碎率大米出口报价，泰国约为584美元/吨，高于年初的533美元/吨；越南为405美元/吨，低于年初的455美元/吨；巴基斯坦为425美元/吨，低于年初的445美元/吨。总体来看，大米出口国价格变动基本在10%左右，远低于2008年大米价格波动幅度（当时的年度波动幅度一般在150%～200%）。

（三）玉米

全球玉米产量从上年的历史高点下滑。根据美国农业部数据，2012/2013年度全球玉米产量为8.54亿吨，同比减少2658万吨，减幅3.01%，主要是美国产量大幅降低所致。美国玉米产量占全球玉米产量的1/3以上。2012年，美国产区遭遇干旱天气，产量从上年度的3.14亿吨下降到2.74亿吨，同比减少4012万吨，减幅为12.78%。阿根廷产量为2650万吨，同比增加550万吨，增幅为26.19%；南非产量为1250万吨，同比增加8万吨，增幅为0.64%。

全球玉米贸易量降低。2012/2013年度，全球玉米进口量为9548万吨，同比减少384万吨，减幅为3.87%；出口量为8795万吨，同比减少2858万吨，减幅为24.53%。美国出口量下降是玉米贸易量特别是出口量大幅降低的主要原因。

全球玉米消费量略有增加。预计2012/2013年度全球玉米消费量为8.70亿吨，同比增加844万吨，增幅为0.98%。饲用消费量增加导致全球消费量小幅增加。预计本年度全球玉米饲用消费量为5.18亿吨，同比增加1254万吨，增幅为2.48%。但由于美国大幅减产，本国饲料消费从上年度的1.64亿吨下降到1.51亿吨，同比减少1276万吨，减幅为7.78%。玉米食用与工业消费小幅降低，预计本年度消费量为3.53亿吨，同比减少410万吨，减幅为1.15%。

全球玉米库存量减少。预计2012/2013年度全球库存为1.25亿吨，同比减少659万吨，减幅为5.00%。美国玉米库存下降明显，预计本年度库存量为1924万吨，同比减少589万吨，减幅为23.43%。阿根廷库存量为90.4万吨，同比减少9万吨，减幅为9.05%。南非玉米库存量为338万吨，同比减少27.5万吨，减幅为7.53%。

全球玉米价格在2012年波动幅度较大。由于美国大幅减产，全球供给低于预期，刺激原本供求偏紧的国际市场做出激烈反应。在上半年，由于市场普遍预计播种形势较好，对于美国的玉米单产预计较为乐观，因此玉米价格处于震荡下行的行情之中；但是到了6～7月，美国发生了56年来最严重干旱。这次大旱范围覆盖美国玉米、大豆、棉花主产区，市场价格在天气因素的影响下开始大幅攀升。芝加哥玉米最近交割期期货合约价格从6月初的551美分/蒲式耳快速飙升至800美分/蒲式耳以上。随着市场逐步消化干旱的影响，以及飙升后的价格导致美国燃料乙醇消耗玉米数量减少，饲料玉米消费增幅放慢，玉米消费得到一定抑制，价格逐渐震荡回落。截至12月31日，芝加哥期货市场最近交割期玉米期货价格为698.25美分/蒲式耳，比年初上涨39.75美分/蒲式耳，涨幅为6.04%。

(四)大豆

全球大豆产量大幅增加。根据美国农业部数据，预计2012/2013年度全球大豆产量为2.70亿吨，同比增加2986万吨，增幅为12.43%。阿根廷、巴西播种面积扩大以及单产提高共同促使大豆产量大幅度增加。预计本年度阿根廷产量为5150万吨，同比增加1140万吨，增幅为28.43%；巴西产量为8350万吨，同比增加1700万吨，增幅为25.56%。美国受天气因素影响，产量小幅下滑，预计产量为8206万吨，同比减少214万吨，减幅为2.54%。

全球大豆消费量同比增加。预计2012/2013年度为2.60亿吨，同比增加372万吨，增幅为1.45%。压榨消费和食用消费增加共同推动了消费量提高。压榨消费量为2.30亿吨，同比增加362万吨，增幅为1.55%；食用消费量为1563万吨，同比增加24万吨，增幅为1.56%。

全球大豆贸易量同比增加。预计2012/2013年度全球大豆进口量为9548万吨，同比增加226万吨，增幅为2.43%；大豆出口量为9786万吨，同比增加592万吨，增幅为6.44%。美国受供应减少的影响，出口量从上年度的3706万吨下降至本年度的3675万吨，减幅为0.84%。因供应能力增强，阿根廷出口量较上年有较大恢复，预计本年度出口量为1035万吨，同比增加298万吨，增幅为40.43%。

全球大豆库存量较上年度有所恢复。预计2012/2013年度全球库存量为6263万吨，同比增加750万吨，增幅为13.60%。南美两大主产国库存量提高幅度较大。阿根廷同比增幅为23.76%，巴西同比增幅为63.69%。美国较上年减少26.40%。

2012年全球大豆价格总体呈现先扬后抑的走势。9月之前，受上年度南美大豆大幅减产、本年度美国大豆减产的影响，全球大豆价格呈持续震荡上扬格局。截至8月底9月初，芝加哥期货交易所大豆最近交割期价格上涨至1770美分/蒲式耳左右，比年初上涨30%以上。但随着9月美国新豆收获上市，市场供应改善，再加上由于价格上涨幅度较大，促使南美大豆播种面积增加，增产前景逐渐明朗，大豆价格开始回调。截至12月31日，芝加哥期货交易所大豆最近交割期价格为1418.75美分/蒲式耳，比年初上涨16.46%。

二 联合国粮农组织（FAO）2013年全球粮食形势展望

联合国粮农组织（以下简称“FAO”）于2013年6月发布了最新粮食展望报告。FAO预计，在经历上年粮食供求相对偏紧、供给不足和价格高企的情况后，2013/2014年度全球粮食供需将相对宽松，良好的生产前景和恢复的库存将使全球粮食市场趋于稳定，为粮价回落铺平了道路。

2013年全球谷物产量预计将达到创纪录的24.6亿吨（稻米以大米计），比上年增长6.5%，主要由于小麦产量增加以及美国玉米产量大幅恢复（上年因干旱减产）。预计2013年稻米产量也将增加，尽管市场担忧稻米价格降低会抑制其增产。2013/2014年度，预计全球谷物消费量将达到24.02亿吨，较2012/2013年度增加3%。消费增长的主要原因是美国玉米的饲料消费和工业消费数量增加。发展中国家的粗粮消费预计将连续第二年超过发达国家。全球范围内，小麦和稻米的消费增长与人口增长趋势一致，人均年谷物消费量稳定在153公斤左右。

基于目前的供应和需求前景，2013/2014年度末，全球谷物库存可能会达到5.69亿吨，较上年增长11%，为近12年的最高水平。所有谷物品种库存均增长，其中粗粮增幅最大。世界谷物库存恢复将使2014年谷物库存消费比保持较高水平，特别是玉米库存恢复较大。

2013/2014年度世界谷物贸易量预计将达到3.06亿吨，与2012/2013年度相当，预计小麦贸易量的减少将被玉米贸易量反弹抵消，大米贸易量变化不大。

表1 全球谷物供需概况

	2011/2012年度	2012/2013年度估计值	2013/2014年度预测值	2013/2014年度与2012/2013年度的变化率（%）
		（百万吨）		
全球情况：				
生产	2354.2	2309.8	2460.5	6.5
贸易	317.2	306.1	306.2	0.0
总消费	2328.3	2333.2	2402.0	2.9
食用	1066.4	1082.7	1097.9	1.4
饲用	794.1	795.5	833.0	4.7
其他用途	467.7	455.0	471.1	3.5
期末库存	521.5	510.9	568.8	11.3
供需指标				
人均食用消费：				

续表

	2011/2012年度	2012/2013年度估计值	2013/2014年度预测值	2013/2014年度与2012/2013年度的变化率（%）
		（百万吨）		
全球（公斤/年）	152.1	152.5	153.3	0.5
低收入缺粮国家（公斤/年）	157.5	159.0	160.9	1.2
全球库存消费比（%）	22.4	21.3	23.3	
主要出口国库存消耗比（%）	18.0	16.3	18.9	
FAO谷物价格指数：	2011	2012	2013年1~5月	2013年1~5月较2012年1~5月变化率（%）
	247	241	242	8.0

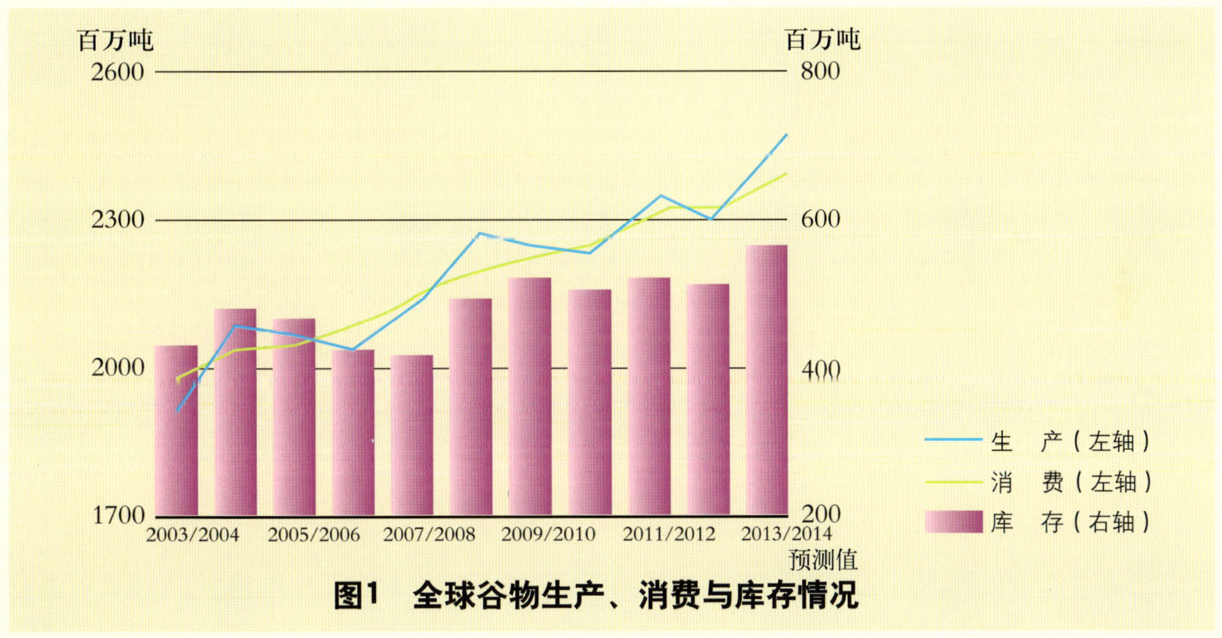

图1　全球谷物生产、消费与库存情况

(一)小麦

FAO预测2013年全球小麦产量将达到一个新的创纪录水平，为7.02亿吨，较上年增加6.5%。小麦增产的主要原因是，一些小麦主产国在2012年歉收基础上恢复产量，特别是欧洲和黑海地区国家。小麦产量恢复是令人期待的，尤其2012/2013年度减产导致全球小麦库存降至2009年以来的最低水平。基于目前的预测，到2013/2014年度末，小麦库存消费比将恢复到一个比较高的水平。预测中国小麦产量将再创新高，同时欧盟和俄罗斯也将增产。小麦消费量在2012/2013年度有所下降，2013/2014年度将再度增长，主要表现为食用消费增长；小麦饲料消费在经历2011/2012年度大幅上升（当年由于粗粮供应紧张而价格高涨）后，2013/2014年度将维持上年的水平。FAO预测2013/2014年度世界小麦贸易量将减少2.5%，主要反映了一些国家预计2013/2014年度供给改善，如俄罗斯和乌克兰等传统出口大国将减少小麦进口。因此，除非发生特殊情况影响小麦生产，2013/2014年度全球小麦市场将相对稳定，小麦价格有望从2012/2013年度的高位回落。

表2 全球小麦供需概况

	2011/2012年度	2012/2013年度估计值	2013/2014年度预测值	2013/2014年度与2012/2013年度的变化率（%）
	（百万吨）			
全球情况：				
生产	701.5	659.1	702.0	6.5
贸易	146.8	139.5	136.0	-2.5
总消费	697.2	686.2	693.8	1.1
食用	471.2	474.6	480.3	1.2
饲用	146.5	132.9	133.7	0.6
其他用途	79.4	78.7	79.7	1.3
期末库存	183.1	164.2	173.1	5.4
供需指标				
人均食用消费：				
全球（公斤/年）	67.2	66.9	67.1	0.3
低收入缺粮国家（公斤/年）	47.8	47.7	48.4	1.5
全球库存消费比（%）	26.7	23.7	24.5	
主要出口国库存消耗比（%）	18.4	14.2	15.5	
FAO小麦价格指数：（2002-2004=100）	2011	2012	2013年1~5月	2013年1~5月较2012年1~5月变化率（%）
	222	210	212	10.3

1.小麦生产

FAO预测2013年全球小麦产量将创下新的历史纪录，达到7.02亿吨，较上年增长6.5%。2013年小麦播种面积由于小麦价格坚挺而增加，上年一些受干旱影响地区的小麦产量将恢复，多数专家均看好小麦的生产前景。

在北美洲，最新迹象表明2013年美国小麦产量可能大幅减少，尽管2013年美国冬小麦播种面积较上年同期略微增加，但由于受干旱影响，冬小麦收获面积与2012年相比，预计将下降4%左右，持续干旱地区的小麦单产预计也将低于往年平均水平。FAO预计，美国2013年小麦总产量为5600万吨，较上年下降9%。

在欧洲，欧盟小麦播种总面积预计比去年同期高出约2%，假设单产保持为平均水平，预计产量为1.39亿吨，较上年增长约6%。在俄罗斯，假设未来天气条件恢复正常，预计俄罗斯小麦总产量将大幅回升，达到5500万吨。乌克兰冬小麦生长条件良好，春播进展顺利，预计2013年小麦产量将恢复至2000万吨。

在亚洲，中国预测小麦产量将达到1.218亿吨，较上年增长1%，创下新的历史纪录。印度2013年小麦产量的官方预测为9360万吨，虽然较上年高点下降了1.4%，依然算是一个好收成。2013年巴基斯坦小麦产量可能创下新的纪录，官方预计为2630万吨，增产约10%。

在北非，天气条件保持良好。埃及官方预计2013年小麦产量将达到创纪录水平，为940万吨。

在南半球，澳大利亚冬小麦播种面积将增加约4%。如果小麦单产维持平均水平，澳大利亚小麦产量会达到2400万吨。阿根廷初步预计小麦产量将增加至1100万吨。巴西预计小麦产量将达到550万吨，较上年增长25%，低于往年平均水平。

2.小麦消费

继2012/2013年度小幅下降后，2013/2014年度全球小麦消费量预计将增长到6.94亿吨，比2012/2013年度高出1个百分点，但仍较10年的趋势值低1%。

2013/2014年度全球小麦食用消费预计将达到4.8亿吨，较上年增长1.2%。人均小麦食用消费将稳定在每年67公斤。发展中国家人均年小麦消费预计为60公斤，发达国家为96公斤。

2011/2012年度，由于玉米和大麦价格高企，因小麦具有替代作用，小麦饲料消费剧增，使当年小麦消费量升至创纪录的6.97亿吨。虽然2012/2013年度粗粮供应情况并未改善，但由于受整体宏观经济形势影响，2012/2013年度小麦饲料消费不会达到2011/2012年度那样的增长幅度。

预计2013/2014年度小麦饲料消费为1.34亿吨，远低于2011/2012年度的1.47亿吨，略高于2012/2013年度水平。与2012/2013年度情况不同，欧盟作为饲料小麦的最大消费地区，预计将成为带动2013/14小麦饲料消费增加的主要力量。由于预期玉米生产大幅回升，美国小麦饲料消费预计从上年的历史高点大幅回落。

3.小麦库存

基于目前对2013年小麦产量和2013/2014年度小麦消费量的预测，FAO预计，在2014年结束的小麦作物年度末，全球小麦库存将达1.73亿吨左右，较期初水平增加840万吨，增长5%。主要原因是预计中国小麦库存增加390万吨，欧盟增加350万吨，俄罗斯增加320万吨，但埃及小麦库存预计减少60万吨，乌克兰减少80万吨，美国减少160万吨。在印度，由于小麦连续丰收，其库存数量将高于正常水平。

FAO预测，全球2013/2014年度小麦库存消耗比将达到24.6%，上年度为23.5%，远高于2007/2008年度的历史最低点19.9%。此外，主要小麦出口国2013/2014年度库存消耗比（消耗为国内消费量加上出口量）将从2012/2013年度的14.2%增加至15.5%，这个比率将比2007/2008年度高2.6个百分点。2007/2008年度由于担忧粮食供应，致使国际粮价大幅上涨。鉴于小麦作为主食谷物品种的重要性，这些比率的增加对全球粮食安全具有积极意义。

4.小麦贸易

FAO预测，2013/2014年度全球小麦贸易量为1.36亿吨，较2012/2013年度减少350万吨；较2011/2012年度历史最高纪录1.468亿吨减少1100万吨，降低7%。预期全球小麦贸易下降的主要原因是，亚欧一些国家因国内小麦产量提高而减少进口。

5.小麦价格

与2013年上半年相比，当前国际小麦价格普遍疲软。尽管阿根廷小麦歉收、美国冬小麦生长条件不佳，加上饲料小麦消费增长（由于玉米供给偏紧），为小麦价格提供了一定的支撑；然而，2013年由于小麦生产前景（尤其是黑海地区国家）乐观，小麦国际贸易放缓，非传统小麦出口国家如印度大量出售2012年生产的小麦等，小麦价格受到下行压力。基准美国2号硬红冬麦的5月海湾离岸价是每吨平均329美元，较年初下降约5%；但仍比上年同期高约18%。

（二）粗粮

联合国粮农组织（FAO）预测2013年全球粗粮产量为12.59亿吨，创历史新高，主要原因是美国玉米产量在2012年干旱减产后大幅回升。预计其他一些玉米主产国也将获得丰收，特别是中国，其玉米产量可能连续四年创下新的纪录。不出意外，全球粗粮库存将得到充分恢复，达到自2000年以来的最高水平。2013/2014年度全球粗粮库存消费比将从2012/2013年度的历史低点14.2%升至17.1%，全球粗粮供需平衡将得到改善。当然，这个预测的前提是美国玉米生产前景正常。美国粗粮产量恢复，也将使粗粮工业消费在2012/2013年度基础上有所增长。此外，无论发达国家还是发展中国家，由于粗粮供应充足、价格走低，预计2013/2014年度粗粮饲料消费增长强劲。由于出口供应量上升和全球需求增加，2013/2014年度全球粗粮贸易量预计将增长3%，其中玉米出口量将达到1.03亿吨，创下新的纪录。

表3 全球粗粮供需概况

	2011/2012年度	2012/2013年度估计值	2013/2014年度预测值	2013/2014年度与2012/2013年度的变化率（%）
	（百万吨）			
全球情况：				
生产	1167.5	1160.7	1259.3	8.5
贸易	131.8	129.0	133.0	3.1
总消费	1161.7	1168.6	1216.9	4.1
食用	199.8	205.2	208.2	1.5
饲用	634.7	649.2	685.6	5.6
其他用途	327.1	314.2	323.0	2.8
期末库存	176.7	173.0	213.7	23.5
供需指标				
人均食用消费：				
全球（公斤/年）	28.6	28.9	29.1	0.7
低收入缺粮国家（公斤/年）	39.5	40.4	40.7	0.7
全球库存消费比（%）	15.1	14.2	17.1	
主要出口国库存消耗比（%）	10.3	8.0	12.5	
FAO粗粮价格指数：（2002-2004=100）	2011	2012	2013年1~5月	2013年1~5月较2012年1~5月变化率（%）
	277	283	283	8.4

1.粗粮生产

FAO预测2013年全球粗粮产量为12.59亿吨，较上年增长8.5%，将创下新的历史纪录，远高于2011年创下的11.67亿吨的水平。其中全球最大的玉米生产国——美国增幅最大，预计其玉米播种面积急剧扩张；中国也将刷新玉米产量纪录，南美国家玉米收获情况良好。

2013年全球玉米产量预计将达到9.63亿吨左右，较2012年增长10%。美国玉米播种面积将达到自1936年以来的最高值，后期若无重大变故，美国2013年玉米产量将在上年干旱减产的基础上大幅回升，有望达到3.4亿吨。作为世界第二大玉米生产国，中国2013年玉米产量预计较上年增加2.8%，创下2.14亿吨的新纪录。2013年欧盟国家的玉米播种面积预计略有增加，如果单产恢复，其玉米产量将较上年增产900万吨，约16%，达到6500万吨左右。

巴西官方预测，其2013年玉米产量将达到创纪录的7780万吨，较上年产量增长9%。阿根廷2013年玉米收割已近尾声，官方预测其产量较上年增长21%，达到2570万吨。

2.粗粮消费

FAO预计2013/2014年度全球粗粮消费达到12.17亿吨的历史高点，较2012/2013年度增长4%。2012/2013年度，发达国家粗粮消费缩减2%，而发展中国家则增长3.6%；2013/2014年度，预计粗粮消费增长可能会在发达国家和发展中国家之间均摊，均增长4%左右，主要是由于玉米供应反弹而使饲料玉米消费增加。

2013/2014年度全球粗粮食用消费量预计较上年增长1.5%，达到2.08亿吨。全球粗粮食用消费的增长紧随人口的增长，全球人均粗粮食用消费每年约29公斤，但在非洲人均为78公斤，中美洲人均为99公斤。

2013/2014年度全球粗粮饲料消费量预计达到6.86亿吨，较上年增长5.6%。其中发展中国家预计为3.49亿吨，较上年增长6%，连续两年超过发达国家的饲料消费量。2013/2014年度全球粗粮工业消费预计达到2.92亿吨，较上年增长3%。

3.粗粮库存

FAO预测2013/2014年度全球粗粮期末库存将达到2.14亿吨，较上年期初1.73亿吨的库存增长24%，约为4100万吨，达到自2000年以来的最高水平。这将使2013/2014年度全球粗粮库存消费比从2012/2013年度14.2%的历史最低水平上升至17%，标志着粗粮全球供需由异常紧张趋于平衡。预计出口国粗粮库存消耗比由2012/2013年度历史低点8%反弹至12.5%，为2009/2010年度以来的最高点。

预计粗粮库存量将得到恢复，美国的增幅最大。美国玉米库存在2012/2013年度下降至1900万吨的极低水平，预计2013/2014年度美国玉米库存将增加一倍以上，至少达到4500万吨，为2005/2006年度以来的最高点。预计2013/2014年度中国玉米库存也会增加，将达到6700万吨，比期初水平高500万吨。巴西因丰收和出口减少将拥有更多的玉米库存；欧盟也因玉米生产恢复而增加库存量。

4.粗粮贸易

FAO预测2013/2014年度全球粗粮贸易量较上年增长3%，达到前所未有的1.33亿吨，主要因为玉米贸易增长。其中玉米贸易量将达到创纪录的1.03亿吨，较上年增长350万吨，增幅为3.5%。预计亚洲粗粮贸易量大幅增加，玉米进口量可能会较上年增长11%，达到5560万吨。尽管预测中国玉米产量将创纪录，2013/2014年度中国玉米进口仍将增加300万吨。自2010/2011年度以来，中国的玉米进口一直呈上升趋势。

粗粮出口方面，由于预计2013/2014年度美国玉米产量的恢复将增加出口供应量，预计美国粗粮出口量将超过3400万吨，较上年至少增加1000万吨。其中，玉米出口量占3000万吨。2012/2013年度，巴西玉米出口总量达到了2700万吨，一度超过美国成为世界上最大的玉米出口国。2013/2014年度，美国重归世界玉米第一出口国地位。

5.粗粮价格

由于美国2012年遭遇干旱导致玉米减产，整个2012/2013年度主要粗粮价格得到支撑。在2013年的头几个月，同时受货币走势和出口加快影响，粗粮的国际价格进一步走高。最近几个月，来自南美的粗粮新作物入市，以及美国玉米产量预期恢复，粗粮价格开始回落。基准美国2号黄玉米5月份离岸价格平均为每吨295美元，较2012年7月下降了11%，但仍高出上年同期价格10%以上。

（三）稻米

2013 年 1 月以来，国际大米价格保持稳定，但前五个月平均价格仍高于 2012 年的同期水平。不同品种及产地的稻米，其价格变化不尽相同。FAO 预计，若亚洲的天气条件正常，2013 年世界稻米产量将增加到约 5 亿吨（以大米计），增幅为 1.9%。由于拉丁美洲和加勒比、北美和欧盟地区的稻谷种植回报率较低，农民可能会减少稻谷播种面积，从而影响稻米产量增长。因进口需求减弱，2013 年国际稻米贸易量将减少 2.8%。出口方面，印度出口量预计降幅最大，但仍将继续保持最大稻米出口国地位。大部分印度稻米出口量的减少，将由越南、埃及、巴基斯坦、缅甸和美国的出口量的增长来填补。泰国稻米出口量预计保持在上年水平，远远低于 2011 年创纪录的出口量。进口方面，印度尼西亚、尼日利亚、菲律宾和泰国将减少采购，从而导致贸易量下降。由于其国内市场与国际市场价差较大，预计中国的稻米进口将维持高位，与上年水平相当。

表4 全球稻米供需概况

	2010/2011年度	2011/2012年度估计值	2012/2013年度预测值	2012/2013年度与2011/2012年度的变化率（%）
	（百万吨）			
全球情况：				
生产	469.1	485.3	489.9	0.9
贸易	36.2	38.6	37.6	−2.6
总消费	460.4	469.5	478.4	1.9
食用	387.9	395.4	402.9	1.9
期末库存	145.7	161.7	173.7	7.4
供需指标				
人均食用消费：				
全球（公斤/年）	56.1	56.4	56.8	0.7
低收入缺粮国家（公斤/年）	69.3	70.2	70.9	1.0
全球库存消费比（%）	31.0	33.8	35.3	
主要出口国库存消耗比（%）	21.1	25.2	26.8	
FAO稻米价格指数：（2002−2004=100）	2011	2012	2013年1~5月	2013年1~5月较2012年1~5月变化率（%）
	251	240	241	2.3

1.稻米生产

2012年，全球稻米总产量约4.9亿吨，比2011年增加460万吨，增幅为1%。亚洲稻米产量为4.445亿吨，比上年增长约440万吨。主要因为中国、印度尼西亚、菲律宾、泰国和越南稻米增产，且增量高于印度、尼泊尔和巴基斯坦因不利天气造成的减产量。预计非洲稻米收获量为1750万吨，较上年增长5.4%。主要原因是，埃及稻米的高价格使得农民种植面积超过其官方限制，埃及稻米因而增产。

FAO预测，如果未来几个月内天气条件正常，2013年全球稻米产量将达到4.991亿吨，比2012年增加900万吨，增幅为1.9%，依然低于2010年和2011年的增幅。主要原因是目前全球稻米供应过剩，将打压稻米价格。

2.稻米消费

FAO预计2012/2013年度全球稻米消费量在4.78亿吨左右，较上年增长2%。稻米食用消费持续增长，总量接近4.03亿吨，比上年度增加750万吨以上，世界稻米人均消费2011/2012年度为56.4公斤， 2012/2013年度增长至56.8公斤。在发展中国家，稻米始终是主食谷物，2012/2013年度人均消费为每人67.6公斤，而发达国家人均稻米消费为12.3公斤。

FAO预计，2013/2014年度全球稻米消费将强劲增长，达到4.91亿吨，较上年增加1300万吨，增幅为2.7%。增长主要来自稻米食用消费，这将进一步提升人均稻米食用消费水平。世界大米人均食用消费量预计在2013/2014年达到57.1公斤，同比增长0.4%。发展中国家人均稻米食用消费预计达到67.7公斤，增长0.1%；发达国家人均食用消费预计为12.0公斤，下降2.4%。

3.稻米库存

FAO预测，2013年5月以来的全球稻米结转库存在2013年作物年度结束时已增加约200万吨，至1.737亿吨，库存较期初水平上升7%，主要由于中国和泰国的稻米库存增加。中国和泰国政府正在积极从市场上收购稻米以支持生产。库存增加将使全球稻米的库存消费比从2012年的33.8%增加到2013年的35.3%。从贸易的角度看，稻米出口国库存将增长10%，达到1.45亿吨，而进口国可能减少3%的库存，降低到2810万吨。总体而言，五大稻米出口国（印度、巴基斯坦、泰国、美国和越南）的期末库存，预计从2012年的4120万吨增加到2013年的4490万吨，从而使两年间的库存消耗比由25.2%上升至26.8%。FAO预计，全球稻米结转库存在2014年将达到1.82亿吨，较上年增长5%，这将进一步提升2014年全球稻米库存消费比至36.3%。

4.稻米贸易

FAO预计，2013年国际稻米贸易量预计达到3760万吨（以大米计），比上年减少2.6%，但仍是历史次高点。国际大米贸易量已从十年前不足产量的7%，发展到接近世界总产量的8%。预计2013年稻米贸易量的下降与印度尼西亚、尼日利亚、菲律宾和泰国的采购减少有关。伊朗和埃及的稻米进口量也可能下降，原因是上一年度它们增加了采购，补充了库存。由于中国国内稻米价格仍远高于邻近出口国的报价，使得采购商更愿意选择进口稻米。中国稻米进口预计将保持在上年的237万吨的水平。印度今年预计出口稻米860万吨，远远低于2012年出口的1030万吨，但仍足以保持其稻米出口国的领先地位。出口减少主要因为印度国内稻米价格上涨，需求增长；如果印度启动国家粮食安全法，需向广大民众提供大量平价稻米。

5.稻米价格

2013年前五个月，国际稻米价格总体稳定。5月份平均FAO稻米价格指数为240点。然而，平均价格仍比2012年同期高出2%。自年初以来，稻米价格呈现发散趋势。泰国和越南的报价受到稻米产量增加带来的下行压力。越南减少或取消稻米最低出口价格限制也促使价位走低。以泰国为例，尽管农民收入保证计划下的政府采购继续进行，但从1月至5月，泰国基准100%B级白米价格仍下降了6.1%，降至每吨574美元；2012年5月至2013年5月间，泰国基准100%B级白米价格下降了6.4%。泰国的庞大稻米库存也对国际市场产生了影响。由于担心泰国向市场投入大量稻米，越南抢先降低了稻米价格。相反，由于供应量较低而政府采购规模较大，印度常规籼米价格出现上涨。

（四）油脂油料

即使一些国家油料作物受到了不利的天气影响，2012/2013年度全球油料生产仍将显著恢复。因此，粕类产量将较上年增长，植物油产量增长可能仍低于趋势水平。由于油料期初库存水平较低，全球油料供给增长预计将慢于产量的增加。全球经济增长减缓，将影响2012/2013年度植物油和饼粕的需求。该年度末，预计油料及油脂库存将增加。油料及其衍生品的国际贸易量将减少，这反映出一些主要进口国国内消费疲软，尤其是饼粕，由于价格处于历史高位，抑制了进口。

本年度以来，因产量前景改善和消费增长疲软，国际市场油料、油和粕的价格总体疲软。下半年，南美历史最高产量的油料将进入市场，北半球油料生产前景看好，因而油料价格可能进一步走低。考虑消费增长持续疲软，预计生产增长将使2013/2014年度全球油料库存消费比进一步上升，饼粕的库存消费比回升明显，油料及其产品价格将全面回落。

表5 全球油料供需概况

	2010/2011年度	2011/2012年度估计值	2012/2013年度预测值	2012/2013年度与2011/2012年度的变化率（%）
		（百万吨）		
总体油料：				
生产	468.9	453.6	477.5	5.3
油脂				
生产	180.4	183.3	188.7	2.9
供给	208.0	214.5	220.3	2.7
消费	176.0	184.7	188.4	2.0
贸易	92.5	97.9	101.0	3.1
库存消费比（%）	17.7	17.1	17.4	

续表

	2010/2011年度	2011/2012年度估计值	2012/2013年度预测值	2012/2013年度与2011/2012年度的变化率（%）
		（百万吨）		
主要出口国库存消耗比（%）	11.2	10.1	10.0	
饼粕				
生产	118.6	110.3	118.0	7.0
供给	137.5	131.6	134.8	2.5
消费	114.1	117.1	115.9	−1.1
贸易	69.6	72.6	72.9	0.4
库存消费比（%）	18.7	14.4	15.5	
主要出口国库存消耗比（%）	9.3	5.6	7.5	
FAO油料价格指数:（1月/12月）（2002−2004=100）	2011	2012	2013年1~5月	2013年1~5月较2012年1~5月变化率（%）
油料	211	224	217	4.3
饼粕	212	245	265	2.7
油脂	252	225	202	−16.0

1.油脂油料生产

FAO预计2012/2013年度全球油料产量将强劲反弹，较上年增长5%，比2010/2011年度创下的历史纪录高出2%。增产的主要原因是大豆因种植面积扩大而增收，预计全球大豆产量将攀升至创纪录的2.66亿吨，较上年增长11%以上。

FAO预测2012/2013年度全球油脂产量较上年增长3%，虽高于上年产量但仍远低于增长趋势值。本年度油料产量增长主要源自大豆。相比其他油料，大豆属于低出油率的作物，加上产量增加幅度不大，因此全球油脂产量将仅现小幅增长。FAO预计全球油脂供应量（包括2012/2013年度产量和2011/2012年度期末库存量）将较上年增长约3%。

2.油脂油料消费

全球油脂2012/2013年度消费量估计为1.88亿吨，较上年增长2%，而过去四年平均增长率超过4%。全球经济低迷以及生物柴油行业的需求减少，使得油脂消费增速放缓。油脂消费增幅最大的是棕榈油。由于价格相对于大豆和其他油类有一定的竞争力，棕榈油的需求不断扩大，每年增长5%～6%，2012/2013年度棕榈油消费占油脂总消费量近30%。相比之下，大豆油和葵花籽油、油菜籽油消费增长放慢，预计油菜籽油消费将减少。

生物柴油行业对油脂的需求将继续推动全

球油脂消费增长，与过去几年不同的是，油脂工业需求增长将主要集中在发展中国家，这些国家生物柴油产能已经扩大，国家政策继续鼓励生物燃料的生产，无论是国内消费或出口。

3.油脂油料库存

FAO预测，2012/2013年度全球油脂期末库存（包括油脂库存加上油料库存中的油）将上升至3300万吨左右，较上年增长近4%。主要原因是棕榈油库存增加，大豆油和菜籽油库存也有一定程度增加，而葵花籽油和橄榄油库存减少。中国迄今仍是最大油脂库存国，本年度末，中国私人和公共油脂库存，包括库存油料中的油，预计将突破1100万吨。在其他几个主要进口国中，印度的油脂库存预计增长；欧盟的油脂库存预计将降至过去几年的平均水平以下。

4.油脂油料贸易

全球油脂贸易在过去五年年均增长5%，FAO预计2012/2013年度全球油脂贸易量达到1.01亿吨（包括交易油料中所含的油），较上年增长3%。全球油脂贸易增长放缓反映了本年度消费增长低迷。油脂交易量最大的两个品种是棕榈油和大豆油，贸易量分别增长8%和5%，而菜籽油和葵花籽油贸易量明显下降，反映了油脂的价格结构。油脂出口国方面，印度尼西亚和马来西亚主导棕榈油出口量。豆油出口增量主要来源于阿根廷，由于其国内生物柴油行业对油脂需求减少，阿根廷油脂出口供应增加。加拿大油菜籽歉收导致菜籽油贸易量下降，欧洲葵花籽减产也抑制了该地区葵花籽油的出口。在进口国方面，三个主要的油脂进口国——中国、印度和欧盟预计都将增加进口。

5.油脂油料价格

在2012/2013年度的头7个月，平均油料价格高于前三年度的同期价格，而饼粕的价格仍处于历史高位，油脂价格开始走弱，从2011年的高位开始下行。预计2012/2013年度全球油料总产量回升，可能会创下历史新高，从而使油料价格松动。南美大豆产量将创下新的历史纪录，可以抵消美国大豆减产带来的不利影响，使得市场对油料供应紧张的担忧得到平息。然而，一些因素却阻止油料价格大幅下行，比如突如其来的天气变化问题，对不断减少的美国大豆供给的严重依赖，近来巴西的物流“瓶颈”问题，以及阿根廷大豆销量不振等。2012/2013年度油脂价格下滑，除了大豆价格降低的因素外，棕榈油市场的变化也起到了重大影响。棕榈油产量大增以及进口国需求放缓的双重因素，导致棕榈油主产国库存激增，对价格施以下行压力。此外，全球经济增长低迷，影响了食用和油脂化工行业对油脂的需求。同期，因自身盈利能力降低及未来生物能源政策的不确定性，生物柴油行业的需求也将减少。由于2012/2013年度油和粕的期末库存量与库存消费比预计提高，加之预计2013/2014年度油料收成良好，因此，后期油料价格将进一步走低。

（外事司编译自FAO2013年6月《Food Outlook》）

附录

一 2012年大事记

一月

1月9～10日，经国务院批准，全国粮食局长会议在北京召开。会议的主要任务是：深入学习贯彻党的十七大及历次全会、中央经济工作会议、中央农村工作会议精神，总结交流2011年粮食流通工作，分析当前面临的新形势，研究部署2012年粮食流通各项工作。国家粮食局局长聂振邦在会上做了题为《稳定市场提升产业大力推动粮食行业科学发展》的工作报告。任正晓、张桂凤、曾丽瑛、吴子丹、赵中权同志出席会议。

1月11日，按照国家发展改革委和国家粮食局联合印发的《粮食行业“十二五”发展规划纲要》要求，为积极推进“十二五”期间粮食流通基础设施建设，国家粮食局印发了《粮食流通基础设施“十二五”建设规划》。

1月11日，根据《国家中长期科学和技术发展规划纲要（2006–2020年）》、《农业及粮食科技发展规划（2009–2020年）》、《国家“十二五”科学和技术发展规划及《粮食行业“十二五”发展规划纲要》等有关粮食科技工作的总体部署和要求，国家粮食局印发了《粮食科技“十二五”发展规划》。

1月12日，国家粮食局党组书记、局长聂振邦主持召开局党组扩大会议，传达学习胡锦涛总书记在十七届中央纪委第七次全会上的重要讲话和贺国强同志的工作报告，研究提出贯彻落实会议精神、做好2012年粮食部门党风廉政建设和反腐败工作的具体措施，包括加强对国家粮食宏观调控政策等重要政策措施执行情况的监督检查，维护粮食市场和价格的基本稳定；认真开展粮食最低收购价、临时收储等政策执行情况的监督检查，加大对压级压价等损害群众利益行为的查处力度，确保国家粮食收购政策的贯彻落实；加强党风政风建设，切实解决人民群众反映的突出问题，认真解决粮食收购、销售和企业改革等工作中损害群众利益的问题；切实加强行风建设，推进粮食系统党风廉政建设各项工作等。

1月13日，按照国家发展改革委和国家粮食局联合印发的《粮食行业“十二五”发展规划纲要》要求，为加快发展现代粮食流通产业，完善现代粮油加工体系，加快结构调整，推进转型升级，充分发挥加工对保障国家粮食安全的重要作用，国家粮食局印发了《粮食加工业“十二五”建设规划》。

1月21日，为贯彻落实《国家粮食安全中长期规划纲要（2008–2020年）》、《全国新增1000亿斤粮食生产能力规划（2009–2020年）》及《粮食行业“十二五”发展规划纲要》的有关精神，加强对全国粮食市场体系建设与发展规划指导，国家粮食局印发了《全国粮食市场体系建设与发展“十二五”规划》。

二月

2月2日，为保护农民的种粮积极性，进一步促进粮食生产发展，国家决定继续在稻谷主产区实行最低收购价政策，并适当提高2012年最低收购价水平。2012年生产的早籼稻（三等）、中晚籼稻和粳稻最低收购价分别提高到每50公斤120元、125元和140元，比2011年分别提高18元、18元和12元。

2月21日，国务院法制办公室印发《关于〈粮食法（征求意见稿）〉公开征求意见的通知》。通知指出，为促进粮食生产，维护粮食流通秩序，保障国家粮食安全，国家发展改革委、国家粮食局会同有关部门在调查研究的基础上，起草了《粮食法（征求意见稿）》，为广泛听取社会公众的意见，进一步提高立法质量，全文公布征求意见稿及其说明，征求社会各界意见。

2月28日，国家粮食局召开局机关和直属联系单位干部会议，对开展建立廉政风险防控机制工作进行全面动员和部署。为深入贯彻落实中央纪委第七次全会精神和中央纪委、监察部加强廉政风险防控工作的部署，国家粮食局党组决定，从2012年2月下旬至7月底，在局机关和直属联系单位开展建立廉政风险防控机制工作。聂振邦、赵中权同志出席会议并讲话。

2月28日，全国粮食流通监督检查工作会议在广东省东莞市召开。会议回顾总结了2011年粮食流通监督检查工作，交流了各地工作经验，部署了2012年工作，公布了2011年度全国粮食流通监督检查工作考核结果。吴子丹同志出席会议并讲话。

2月28～29日，2012年全国粮食人事处长会议在吉林省延吉市召开。会议的主要内容是：贯彻落实全国组织部长会议、全国人才工作座谈会、全国人力资源和社会保障工作会议、全国行政机关公务员管理工作会议、全国粮食局长会议精神，总结2011年粮食行业人事人才工作，分析当前的形势和任务，研讨今后一段时期行业人事人才工作思路，部署2012年工作。

三月

3月14～16日，粮油国家标准研究及制修订项目中期检查会在贵州省贵阳市召开。会议对47项正在制修订的标准和《主要蒸煮面食小麦品质评价体系的研究》、《食用植物油成分真实性鉴定标准研究》2个质检公益性科研项目进展情况进行了检查，并就2012年行业重点标准制修订计划进行讨论和研究。

3月15～16日，国家粮食局直属机关团委组织召开“共青团创先争优”系列报告会暨学雷锋活动动员会。会议组织参观了雷锋事迹大型图片展，传达学习了共青团中央《关于在全国青少年中深入开展学习雷锋活动的实施意见》和中央国家机关团工委《2012年中央国家机关共青团工作要点》，听取了参加“百村调研”活动青年同志的专题汇报。张桂凤同志出席会议并讲话。

3月21日，国家粮食局召开全局干部大会。中共中央组织部副部长王尔乘宣布中共中央决定：任正晓同志任国家粮食局党组书记、局长，聂振邦同志不再担任国家粮食局党组书记、局长职务。宣布决定后，中共中央组织部副部长王尔乘、国家发展和改革委员会党组书记、主任张平作了重要讲话。任正晓、聂振邦同志先后在会上作了讲话。

3月28～29日，全国粮食调控与统计工作会议在上海市召开。会议会审汇编了2011年度全国粮油统计年报，研究分析了2012年粮食供求形势和价格走势，并就做好2012年粮食调控与统计工作进行座谈讨论。会议还公布了2011年度全国粮食流通统计工作考核结果。曾丽瑛同志出席会议并讲话。

3月29～30日，全国粮食质量安全监管工作会议在重庆市召开。会议主要内容是：传达贯彻国务院食品安全委员会第四次全体会议精神，总结2011年全国粮食质量安全监管工作，研究部署2012年粮食质量安全监管重点工作。任正晓同志出席会议并讲话。

3月30～31日，全国粮食财会工作会议在江西省南昌市召开。会议主要内容是：认真贯彻落实中央经济工作会议、中央农村工作会议和全国粮食局长会议精神，总结交流2011年全国粮食财会工作的成绩和经验，研究布置2012年粮食财会工作。任正晓同志出席会议并讲话。

3月31日～4月1日，2012年中国小麦和面粉产业年会在河南省开封市召开。年会围绕“安全、诚信、创新、共赢”主题，邀请业内知名专家学者和企业家就宏观经济形势、农业政策走向、小麦产业发展、品种品质、粮食期货、进出口政策、国内外产销形势及小麦粉加工业新发展、新技术、新工艺应用等作专题报告，为获得首批制粉技师资格的学员代表和4家百年面粉厂进行授牌，同期举办了机械设备、检测仪器及相关产品展示会。张桂凤同志出席会议并讲话。

四月

4月6～7日，全国粮食系统纪检监察工作会议在浙江省杭州市召开。会议传达贯彻了中央纪委第七次全会和国务院第五次廉政工作会议精神，总结交流2011年党风廉政工作，研究部署2012年全国粮食系统党风廉政建设和反腐败工作任务。任正晓同志出席会议并讲话，赵中权同志作工作报告。

4月16日，全国人大农委王云龙主任委员主持召开《粮食法》座谈会，研究讨论《粮食法》起草有关事项。任正晓、赵中权同志参加会议。

4月19日，中国粮食行业协会四届四次理事会暨中国粮食经济学会六届四次理事会在北京召开。理事会聘请任正晓同志为中国粮食行业协会、中国粮食经济学会名誉会长，发布了《粮油企业社会责任指引》和2011年度重点粮油企业专项调查结果，并为“2011年度中国粮油企业100强”等企业颁发证书。任正晓同志出席会议并讲话。

五月

5月3日，全国人大农委王云龙主任委员主持召开《粮食法》座谈会，通报《粮食法》起草有关情况。赵中权同志参加会议。

5月7日，根据国务院统一部署，国家粮食局在北京召开全国粮食行业集中开展安全生产领域“打非治违”专项行动电视电话会议。会议强调，粮食行业开展“打非治违”专项行动要紧扣行业特点，着力源头治理。一要突出工作重点。重点对象是大型粮食企业，重点领域是“危仓险库”，重点环节是事故易发、高发的一线作业。二要坚持依法依规。各级粮食行政管理部门要牢固树立依法行政、依规治理的意识，做到严格程序、严格标准、严格实施、严格督查、严肃纪律。三要做到边整边改。要认真排查隐患、查处事故、整章建制、边整边改。深入开展事故调查，分析事故原因，总结事故教训，依法依纪处罚有关责任人。任正晓、吴子丹、赵中权同志出席会议并讲话。

5月11～21日，国家发展改革委、国家粮食局等部门派出6个全国粮食库存检查联合抽查工作组对辽宁、江苏、安徽、河南、广西、四川等6个重点省（区）的粮食库存检查情况进行随机抽查。

5月14～18日，全国粮食行业中青年高层次专业技术人才研修班在河南工业大学全国粮食行业（郑州）教育培训基地举行。本次研修班主题是科技创新的思维与方法，内容包括宏观形势与行业发展、科技创新思维、科技创新方法、考察调研、学员研讨五个模块。来自全国粮食行业的55名中青年专业技术骨干参加了研修。

5月16日，来自巴基斯坦、东帝汶、柬埔寨、吉尔吉斯斯坦、缅甸、尼泊尔、文莱、伊拉克、也门、埃及、加纳、肯尼亚、卢旺达、马拉维、南苏丹、巴布亚新几内亚、牙买加17个发展中国家的30名农业和粮食官员及专家到国家粮食局访问，了解我国粮食仓储、物流及加工等方面的情况。

5月16日，全国夏季粮油收购工作会议在安徽省合肥市召开。会议认真分析了2012年小麦和油菜籽生产、收购形势及价格走势，对如何做好夏季粮油收购工作进行了研究和讨论。会议对2012年夏季粮油收购工作作出具体部署：一是及早动手，对当地夏粮收购工作作出全面安排。二是准确把握并严格执行小麦最低收购价和油菜籽临时收储政策。三是加强组织协调，引导各类企业积极开展自营收购。四是加强督促检查，确保收购工作平稳有序进行。任正晓、曾丽瑛同志出席会议并讲话。

5月21日，国家发展改革委、国家粮食局等6部门印发《2012年小麦最低收购价执行预案》。预案规定了2012年小麦最低收购价水平，白小麦（国标三等）、红小麦和混合小麦最低收购价格均为每市斤1.02元。执行区域为河北、江苏、安徽、山东、河南、湖北6省。执行期限为2012年5月21日至9月30日。

5月25日，国家粮食局在北京召开《粮食流通管理条例》颁布实施八周年座谈会，总结交流《粮食流通管理条例》颁布实施以来的贯彻落实情况，研究讨论对《粮食法（草案）》和《粮食流通管理条例》修订的意见建议。国家粮食局围绕“维护市场秩序，保障国家粮食安全”的宣传主题，组织各级粮食行政管理部门在全社会范围内开展了《粮食流通管理条例》及相关法律法规的学习宣传活动。任正晓、赵中权同志出席会议并讲话。

5月28日，为加强国家政策性粮食出库管理，确保国家政策性粮食按质、按量、及时出库投放市场，充分发挥国家政策性粮食在国家宏观调控中的作用，国家发展改革委、国家粮食局联合印发《国家政策性粮食出库管理暂行办法》。

5月30～31日，全国粮油加工业暨主食产业化工作会议在河南省郑州市召开。此次会议是国家粮食局成立以来首次召开的粮油加工业工作会议。会议围绕“转方式调结构稳中求进，保安全增实效惠及民生”的主题，总结了近年来粮油加工业和主食产业化工作，研究落实粮食行业

“十二五”发展规划纲要和粮油加工专项规划，部署推动粮油加工业转型升级、全面推进主食产业化的各项工作。任正晓、吴子丹同志出席会议并讲话。

六月

6月1日，为贯彻落实中央第五次西藏工作座谈会精神，推动西藏粮食流通工作跨越式发展，国家粮食局印发了《关于全国粮食系统支持西藏粮食流通工作跨越式发展的实施意见》。意见从完善粮食调控体系、促进国有粮食企业改革和发展、加强基础设施建设、加强信息化和监督检查体系建设、加快人才队伍建设和其他相关工作六个方面细化支援措施，创新援助方式，确保对口支援工作落到实处、取得实效。

6月11～17日，国家粮食局开展以“迎接党的十八大，保持党的纯洁性”为主题的廉政宣传教育周活动。廉政宣传教育周主要围绕“五个一”活动展开，即举行一场保持党的纯洁性为主题的报告会、组织一次警示教育参观、开展一次廉政教育支部活动、观看一次警示教育片、赠送一批廉政教育书籍。

6月12日～7月2日，国家粮食局陆续派出5个工作组，分别由局领导或司级干部带队，分赴河北、山东、江苏、安徽、河南、湖北、四川、陕西、云南、甘肃10个夏季粮油主产区开展调研督导工作。此次调研督导，重点检查小麦最低收购价和油菜籽临时收储政策落实情况，切实保护种粮农民利益，规范收购市场秩序，维护粮食市场稳定。

6月18日，“粮油质量安全科普宣传日”主题活动在北京粮科大厦举行。本次活动围绕粮食主要污染物霉菌和霉菌毒素，通过现场展板介绍、开放展台展示粮食质量安全快检设备、视频播放储粮“四合一”技术及有关食品安全知识等多种形式，形象直观地向公众介绍了霉菌和霉菌毒素的产生、危害、检测技术以及防控技术，让公众科学了解、正确认识粮食真菌毒素的危害、安全限量和控制方法。

6月19日，国务院法制办农环司司长王振江一行到国家粮食局就《粮食法（草案）》起草工作进行调研。国家粮食局政策法规司汇报了粮食法制建设和《粮食法（草案）》起草工作情况。任正晓、赵中权同志与调研组全体成员进行座谈。

6月19～20日，国家粮食局直属机关党委组织全局基层党组织和部分党员干部以“坚定理想信念，迎接党的十八大”为主题赴河北省唐山市开展教育实践活动。60余名基层党务工作者、优秀党员和入党积极分子到河北乐亭李大钊纪念馆和故居参观学习，考察参观唐山北环国家粮食储备库，观看了唐山丰南区粮食执法工作成果展览。张桂凤同志出席教育实践活动。

七月

7月2日，国家发展改革委、国家粮食局等六部门印发《2012年早籼稻最低收购价执行预案》。预案规定了2012年早籼稻最低收购价水平，早籼稻（国标三等）最低收购价每市斤1.20元。执行区域为安徽、江西、湖北、湖南、广西5省（区）。执行期限为2012年7月16日至9月30日。

7月10日，早籼稻收购工作会议在湖南省长沙市召开。会议对2012年早籼稻收购工作做出具体部署：一要统一思想认识，积极稳妥做好早籼稻收购工作。二要认真落实早籼稻最低收购价政策，加强市场监测和分析研判。三要发挥国有粮食企业主渠道作用，引导各类企业理性入市收购。四要及时跟踪掌握收购进展情况，妥善解决好收购资金问题。五要加大监督检查力度，规范收购市场秩序。曾丽瑛同志出席会议并讲话。

7月31日～8月1日，全国粮食系统政策法规工作会议在湖南省长沙市召开。会议听取了与会代表关于当前和今后粮食流通工作发展重大问题的意见与建议，研究贯彻落实全国粮食市场体系建设与发展“十二五”规划的意见，总结交流《粮食流通管理条例》和《中央储备粮管理条例》的贯彻执行情况。会上，任正晓同志明确提出要统筹兼顾，突出重点，推动粮食流通各项工作科学发展，抓好产业发展，打造“粮安工程”。赵中权同志出席会议并讲话。

八月

8月7～9日，由中国粮油学会和国际谷物科技协会（ICC）共同举办的“第十四届国际谷物科技与面包大会暨国际油料与油脂科技发展论坛”在北京召开。本次大会的主题是科技创新与健康粮油。主要内容为：交流全球谷物和油脂产业科技发展的情况；探讨国际谷物和油脂科技、经贸发展的方向和重点；展示全球谷物、油脂产业科技发展的成果；推进全球谷物和油脂产业的合作和可持续发展，保障食品营养和安全。任正晓、张桂凤同志出席会议并讲话。

8月22日，国家粮食局印发《关于在部分省份开展国家临时存储菜籽油库存专项检查工作的通知》。决定于2012年10月至11月上旬在浙江、江西、湖北、湖南、贵州、青海6省开展一次国家临时存储油库存专项检查，重点检查上述6省2011年、2012年收购的国家临时存储油库存。检查内容包括：账实、账账相符情况，库存油脂质量卫生情况，仓储管理情况等。

8月23～24日，为深入贯彻落实中央关于西藏工作的决策部署，认真做好对西藏粮食流通工作的对口支援，推动西藏粮食流通工作跨越式发展，保障西藏粮食安全，国家粮食局在北京召开全国粮食系统对口援藏工作会议。任正晓、张桂凤、曾丽瑛、吴子丹、赵中权同志出席会议。

8月24日，国家粮食局印发《关于进一步推进主食产业化增强口粮供应保障能力的指导意见》。提出的主要目标是：到2015年，主食工业化的比例明显提高，其中面制主食品工业化的比例提高到30%左右，米制主食品工业化的比例提高到20%左右；优化和改进传统主食生产工艺，加工装备自主化率达到60%以上；食品安全水平明显提升，培育一批市场占有率高的知名品牌；培育壮大一批自主创新能力强、集约化程度高、处于行业领先地位的大型主食产业化龙头企业，形成一批相互配套、功能互补、联系紧密的主食产业化集聚示范区；建立军民融合、平战结合、宜军宜民、应急保障有力的军粮主食供应体系，使成品粮应急加工和供应体系更加健全，主食产业化发展水平明显提升，口粮供应保障能力明显增强。

8月28日，国家发展改革委、国家粮食局等

6部门印发《2012年中晚稻最低收购价执行预案》。预案规定了2012年中晚稻最低收购价水平，中晚籼稻（国标三等）最低收购价每市斤1.25元，粳稻最低收购价每市斤1.40元。执行区域为辽宁、吉林、黑龙江、江苏、安徽、江西、河南、湖北、湖南、广西、四川11省（区）。江苏、安徽、江西、河南、湖北、湖南、广西、四川8省（区）的执行期限为2012年9月16日至2012年12月31日，辽宁、吉林、黑龙江3省为2012年11月16日至2013年3月31日。

九月

9月6日，国家粮食局召开参加首届中央国家机关公文写作技能大赛表彰会。会议对国家粮食局参加首届中央国家机关公文写作技能大赛情况作了通报。全局共19个单位参加公文写作技能大赛，共收到请示报告类、信息简报类、决定决议类、调研报告类等16个门类的参赛公文340余篇，择优评出16类76篇作品上报参赛，参赛作品全部获奖，其中获评一等奖2篇、二等奖5篇、三等奖5篇、优秀奖64篇，国家粮食局获得“优秀组织奖”。

9月9日，国家粮食局印发《关于切实做好云南贵州抗震救灾工作确保灾区粮油供应的紧急通知》。通知要求：一是加强组织领导，全力做好抗震救灾工作；二是采取有效措施，确保受灾地区粮油供应；三是坚持以兵为本，确保军粮供应及时可靠；四是及时排除隐患，确保库存粮食安全；五是加强市场监测和监管，确保灾区粮油市场稳定；六是认真做好粮油收购工作，帮助受灾群众减少损失。

9月27～28日，全国秋粮收购工作会议在山西省太原市召开。会议对做好2012年秋粮收购工作提出具体要求：一是周密安排，精心组织，摸清底数，有针对性地制订秋粮收购工作方案；二是严格执行秋粮收购政策，妥善落实好秋粮收购资金，积极为售粮农民提供优质服务，抓住有利时机充实储备库存；三是多措并举，狠抓落实，确保收购工作顺利进行，确保粮食入库安全、储存安全。任正晓、曾丽瑛同志出席会议并讲话。

9月29日，为保护农民种粮积极性，进一步促进粮食生产发展，国家决定继续在小麦主产区实行最低收购价政策，并适当提高2013年最低收购价水平。2013年生产的小麦（三等）最低收购价提高到每50公斤112元，比2012年提高10元。

十月

10月12日，国家粮食局召开局长办公会议，安排部署做好秋粮收购的具体工作，要求各级粮食部门和粮食收购企业，严格执行国家粮食收购政策，坚决执行“五要五不准”的收购守则，合理布局收购网点，适时启动执行预案；重点解决好秋粮收购仓容不足问题，做好库存粮食合理移库调出、落实露天储粮措施、维修改造“危仓老库”等工作；切实协调做好收购资金供应工作，解决地方粮食企业收购贷款问题。同时，加强收购政策执行情况监督和粮食收购质量监测。

10月16日，是第32个“世界粮食日”，联合国粮农组织确定2012年“世界粮食日”的主题是“办好农业合作社，粮食安全添保障”。同时，2012年“世界粮食日”所在这一周也是我国的第22个“全国爱粮节粮宣传周”。为此，国家粮食局举办了丰富多彩的纪念活动，进一步引导社会树立起爱粮节粮、杜绝浪费的良好风尚，在全国粮食连年丰收的形势下，提醒人们“丰年不忘灾年，增产不忘节约，消费不可浪费”。

10月16～18日，由国家粮食局和山东省人民政府共同主办的第十二届中国国际粮油产品及设备技术展览会在山东省济南市举办。此次展览会有来自全国28个省（区、市）以及新加坡、瑞士、瑞典、韩国、意大利、法国等国家和地区的1000多家企业参展，实现交易总金额63.52亿元，其中合同及现场交易22.62亿元，意向交易40.9亿元；实现粮油产品现场零售及合同交易47.8万吨，实现粮机设备合同交易217台套。任正晓、张桂凤同志出席展览会并讲话。

10月23日，国家粮食局党组书记、局长任正晓同志主持召开全局领导干部大会，宣布中央关于国家粮食局领导班子成员调整的决定。国家发展和改革委员会党组成员、副主任张晓强同志出席会议并讲话。国家发展和改革委员会人事司司长孙霖同志宣布中央决定：卢景波同志任国家粮食局党组成员、副局长，免去张桂凤同志国家粮食局党组成员、副局长职务。

10月24日，为认真贯彻落实国务院领导同志关于做好秋粮收购工作的重要批示精神，切实保护种粮农民利益，维护粮食市场稳定，国家粮食局印发《关于切实做好秋粮收购工作的通知》。通知指出，各地粮食部门和有关中央企业要不折不扣地抓好粮食收购各项政策措施的贯彻落实，所有粮食收购企业都必须严格执行“五要五不准”的粮食收购守则，即要敞开收购、随到随收，不准折腾农民；要依质论价、优质优价，不准坑害农民；要公平定等、准确计量，不准克扣农民；要现款结算、不打白条，不准算计农民；要优质服务、排忧解难，不准怠慢农民。

10月25日，财政部、国家发展改革委、教育部、人力资源和社会保障部联合印发《关于做好扩大中等职业教育免学费政策范围进一步完善国家助学金制度有关工作的通知》，将中等职业学校粮油饲料加工技术、粮油储运与检验技术专业纳入涉农专业范围，享受涉农专业免学费政策和国家助学金资助。这是继2009年国家对中等职业学校21个农林类专业实施免学费政策后，首次扩大涉农专业范围。

10月30～31日，全国粮食系统党建工作交流会在海南省海口市召开。这次会议的主要任务是：认真贯彻落实党的十七届六中全会精神，总结交流粮食文化研究成果和弘扬优秀粮食文化，践行“为耕者谋利、为食者造福”理念，加强机关党建的经验做法，研究今后一个时期粮食文化建设工作，推动粮食文化发展繁荣，为粮食流通事业科学发展营造健康向上的文化氛围，提供强大精神动力。

十一月

11月2日，为进一步优化国有粮食企业改革发展环境，充分发挥农业政策性金融的重要支持作用，促进国有粮食企业尽快做大做强，更好地服务国家粮食宏观调控，切实保护种粮农民利益，维护粮食市场稳定，保障国家粮食安全。国家粮食局和中国农业发展银行印发了《关于进一步加强合作推进国有粮食企业改革发展的意见》，从政策层面有效改善了基层国有粮食企业收购资金贷款供应环境。

11月8日，中国共产党第十八次全国代表大会胜利召开。按照中央办公厅、中央国家机关工委的统一部署和局党组的要求，国家粮食局各司室和直属联系单位组织集体收看了大会开幕盛况，认真聆听胡锦涛总书记代表十七届中央委员会所作的报告。全局在京党员干部职工共有600余人收看了开幕式直播，局党组书记、局长任正晓同志出席十八大，曾丽瑛、吴子丹、赵中权、卢景波同志以及各司室、直属联系单位负责同志带头参加了集体收看。

11月9日，全国人大常委会法工委规划室主任吴高盛等一行到国家粮食局就《粮食法》起草工作进行座谈调研。国家粮食局政策法规司汇报了《粮食法》立法工作进展情况和2013年立法工作计划建议。赵中权同志出席座谈会。

11月12日，国家粮食局副局长吴子丹会见了来访的瑞士布勒集团总裁卡尔文·葛瑞德先生一行。双方出席了《国家粮食局科学研究院与瑞士布勒有限公司粮食科技合作框架协议》签字仪式。此合作协议的签订，将进一步促进国家粮食局科学研究院与布勒集团在粮油科技研发、技术推广和人员培训等方面的交流与合作。

11月15日，国家粮食局会同有关部门印发了《关于2012年国家临时存储玉米收购等有关问题的通知》和《关于2012年国家临时存储大豆收购等有关问题的通知》，对2012年的临储玉米和大豆收购工作作出具体安排。通知明确，此次国家临时存储玉米挂牌收购价格为：内蒙古、辽宁1.07元/斤，吉林1.06元/斤，黑龙江1.05元/斤；国家临时存储大豆挂牌收购价格为2.30元/斤。临时存储玉米和大豆收购期限截止2013年4月30日。

11月16日，国家粮食局召开全局党员大会传达学习党的十八大会议精神，对全局学习宣传贯彻落实党的十八大精神作了动员部署。十八大代表、局党组书记、局长任正晓同志向全局党员介绍了党的十八大盛况，传达了胡锦涛同志代表第十七届中央委员会向大会作的报告、中央纪委工作报告的重要精神和党章修改的主要情况，结合粮食流通工作实际，对学习宣传贯彻党的十八大精神做出部署，提出明确要求。曾丽瑛、吴子丹、赵中权、卢景波及全国政协委员聂振邦同志出席会议。

11月29日，由国家粮食局和马来西亚种植及原产业部共同主办的2012中国——马来西亚国际棕榈油贸易交流会开幕式在重庆市举行。来自9个国家300多位中外代表参加了此次棕榈油贸易交流会。曾丽瑛副局长在重庆会见了马来西亚种植及原产业部丹斯里柏纳·东博部长、马来西亚驻华使馆伊斯甘达·萨鲁丁大使及马来西亚棕榈油委员会李耀祖主席等一行，并就棕榈油加工、贸易等情况进行了交流。

11月30日，根据国家统计局对全国31个省（区、市）农业生产经营户的抽样调查和农业生产经营单位的全面统计，2012年全国粮食播种面积111267千公顷，比2011年增加694千公顷，增长0.6%；全国粮食单位面积产量5299公斤/公顷，比2011年增加133公斤/公顷，提高2.6%；全国粮食总产量11791亿斤，比2011年增加367亿斤，增长3.2%。我国粮食产量实现“九连增”。

十二月

12月7日，为落实国务院领导同志批示精神，根据国家“十二五”规划纲要有关“加强粮食物流、储备和应急保障能力建设”的要求，在国家发展改革委和国家粮食局联合印发的《粮食行业“十二五”发展规划纲要》等规划的基础上，国家粮食局向国家发展改革委报送了《关于申请将〈“粮安工程”建设规划〉纳入国务院2013年专项规划审批计划的函》。同时，国家粮食局组织了“粮食流通事业科学发展成就及‘粮安工程’建设规划展望图片展”，集中展示“十六大”以来粮食流通事业科学发展的新成就，重点描绘今后时期将全面实施的“粮安工程”建设方案。

12月7日，为全面贯彻落实《国务院关于加强食品安全工作的决定》、《国务院办公厅关于印发国家食品安全监管体系“十二五”规划的通知》精神，国家粮食局印发《国家粮食局关于全面贯彻落实〈国务院关于加强食品安全工作的决定〉的通知》，就切实做好粮食质量安全工作，从进一步健全粮食质量安全监管体制机制、加大粮食质量安全监管力度、落实粮食经营者的主体责任、加强粮食质量安全监管能力建设、完善相关保障措施、推动全社会广泛参与、加强粮食质量安全工作的组织领导七方面，对保障粮食质量安全做出工作部署。

12月17日，国家粮食局召开局党组扩大会议，传达学习贯彻习近平总书记、温家宝总理、李克强副总理在中央经济工作会议上的重要讲话精神。会议结合粮食流通工作实际，提出贯彻落实中央经济工作会议精神的具体措施：一是把贯彻中央经济工作会议精神与深入学习贯彻党的十八大精神紧密结合起来；二是把贯彻中央经济工作会议精神与学习贯彻中央农村工作会议精神紧密结合起来；三是贯彻中央经济工作会议精神与谋划明年工作、做好当前工作紧密结合起来；四是把贯彻中央经济工作会议精神与切实转变工作作风紧密结合起来。

12月19日，国家粮食局召开全局处长以上领导干部会议，传达学习中央关于改进工作作风、密切联系群众的八项规定。会议要求：认真学习、深刻领会中央关于改进工作作风、密切联系群众的“八项规定”和实施细则的精神实质和重大意义；认真研究、抓紧制订国家粮食局贯彻落实“八项规定”的实施细则；局党组和局党组成员要率先垂范，各级领导干部特别是“一把手”要以身作则；贯彻落实“八项规定”要从现在做起、从眼前的工作生活实践做起。

12月24日，国家粮食局下发了《关于印发2012年度国有及国有控股粮食企业财务会计决算报表的通知》，扩大了粮食财会数据的采集面和采集量，由原来仅收集汇总省级粮食财会部门的数据，拓展为同步采集各省、市、县粮食行政管理部门直至基层国有粮食企业的财会数据，建立了全国各级粮食部门和13803户国有粮食企业的财会数据库，进一步提高粮食财务信息质量和分析水平，为国家粮食宏观调控和领导决策提供可靠依据。

12月25日，国家粮食局印发《国家粮食局关于深入学习贯彻党的十八大精神全面推进粮食流通事业科学发展的意见》。意见主要内容：一是充分认识学习贯彻党的十八大精神的重大意义，切实把思想统一到党的十八大精神上来；二是深刻领会全面准确把握党的十八大精神，切实增强贯彻落实的自觉性和坚定性；三是紧密联系实际，扎实推进粮食流通事业科学发展；四是加强组织领导，切实把深入学习贯彻党的十八大精神工作落到实处。

12月31日，全国国有粮食企业实现统算盈利78.02亿元，同比增加11.32亿元，增幅16.97%。其中，4家中央粮食企业统算盈利49.41亿元，同比增加6.94亿元，占全国利润总额的63.33%。地方国有粮食企业统算盈利28.61亿元，同比增加4.38亿元。27个省（区、市）实现了统算盈利，省级盈利面达到90%，其中北京、山东、江苏、广东、河北等10个省（市）盈利超亿元。

二 粮食行业统计资料

1.全国主要农作物播种面积（1978～2012年）
2.全国主要农作物产量(1978～2012年)
3.全国主要农作物单位面积产量(1978～2012年)
4.各地区粮食播种面积（2011～2012年）
5.各地区粮食总产量（2011～2012年）
6.各地区粮食单位面积产量（2011～2012年）
7.2012年各地区粮食及油料播种面积和产量
8.人均主要农业产品产量（1978～2012年）
9.农产品生产价格指数（2005～2012年）
10.居民消费价格指数（2005～2012年）
11.粮食成本收益变化情况表（1991～2012年）
12.全国国有粮食企业主要粮食品种收购量（1978～2012年）
13.全国国有粮食企业主要粮食品种销售量（1978～2012年）
14.全国粮油进口情况表（1992～2012年）
15.全国粮油出口情况表（1992～2012年）
16.2012年粮食行业机构与从业人员情况年报表

1.全国主要农作物播种面积（1978～2012年）

单位：千公顷

年 份	粮食					油料
		稻谷	小麦	玉米	大豆	
1978	120587	34421	29183	19961	7144	6222
1979	119263	33873	29357	20133	7247	7051
1980	117234	33878	28844	20087	7226	7928
1981	114958	33295	28307	19425	8024	9134
1982	113462	33071	27955	18543	8419	9343
1983	114047	33136	29050	18824	7567	8390
1984	112884	33178	29576	18537	7286	8678
1985	108845	32070	29218	17694	7718	11800
1986	110933	32266	29616	19124	8295	11415
1987	111268	32193	28798	20212	8445	11181
1988	110123	31987	28785	19692	8120	10619
1989	112205	32700	29841	20353	8057	10504
1990	113466	33064	30753	21401	7560	10900
1991	112314	32590	30948	21574	7041	11530
1992	110560	32090	30496	21044	7221	11489
1993	110509	30355	30235	20694	9454	11142
1994	109544	30171	28981	21152	9222	12081
1995	110060	30744	28860	22776	8127	13102
1996	112548	31406	29611	24498	7471	12555
1997	112912	31765	30057	23775	8346	12381
1998	113787	31214	29774	25239	8500	12919
1999	113161	31283	28855	25904	7962	13906
2000	108463	29962	26653	23056	9307	15400
2001	106080	28812	24664	24282	9482	14631
2002	103891	28202	23908	24634	8720	14766
2003	99410	26508	21997	24068	9313	14990
2004	101606	28379	21626	25446	9589	14431
2005	104278	28847	22793	26358	9591	14318
2006	104958	28938	23613	28463	9304	11738
2007	105638	28919	23721	29478	8754	11316
2008	106793	29241	23617	29864	9127	12825
2009	108986	29627	24291	31183	9190	13652
2010	109876	29873	24257	32500	8516	13890
2011	110573	30057	24270	33542	7889	13855
2012	111205	30137	24268	35029	7172	13930

数据来源：国家统计局统计资料。

2.全国主要农作物产量（1978~2012年）

单位：万吨

年 份	粮食					油料
		稻谷	小麦	玉米	大豆	
1978	30476.5	13693.0	5384.0	5594.5	756.5	521.8
1979	33211.5	14375.0	6273.0	6003.5	746.0	643.5
1980	32055.5	13990.5	5520.5	6260.0	794.0	769.1
1981	32502.0	14395.5	5964.0	5920.5	932.5	1020.5
1982	35450.0	16159.5	6847.0	6056.0	903.0	1181.7
1983	38727.5	16886.5	8139.0	6820.5	976.0	1055.0
1984	40730.5	17825.5	8781.5	7341.0	969.5	1191.0
1985	37910.8	16856.9	8580.5	6382.6	1050.0	1578.4
1986	39151.2	17222.4	9004.0	7085.6	1161.4	1473.8
1987	40297.7	17426.2	8590.2	7924.1	1246.5	1527.8
1988	39408.1	16910.7	8543.2	7735.1	1164.5	1320.3
1989	40754.9	18013.0	9080.7	7892.8	1022.7	1295.2
1990	44624.3	18933.1	9822.9	9681.9	1100.0	1613.2
1991	43529.3	18381.3	9595.3	9877.3	971.3	1638.3
1992	44265.8	18622.2	10158.7	9538.3	1030.4	1641.2
1993	45648.8	17751.4	10639.0	10270.4	1530.7	1803.9
1994	44510.1	17593.3	9929.7	9927.5	1599.9	1989.6
1995	46661.8	18522.6	10220.7	11198.6	1350.2	2250.3
1996	50453.5	19510.3	11056.9	12747.1	1322.4	2210.6
1997	49417.1	20073.5	12328.9	10430.9	1473.2	2157.4
1998	51229.5	19871.3	10972.6	13295.4	1515.2	2313.9
1999	50838.6	19848.7	11388.0	12808.6	1424.5	2601.2
2000	46217.5	18790.8	9963.6	10600.0	1540.9	2954.8
2001	45263.7	17758.0	9387.3	11408.8	1540.6	2864.9
2002	45705.8	17453.9	9029.0	12130.8	1650.5	2897.2
2003	43069.5	16065.6	8648.8	11583.0	1539.3	2811.0
2004	46946.9	17908.8	9195.2	13028.7	1740.1	3065.9
2005	48402.2	18058.8	9744.5	13936.5	1634.8	3077.1
2006	49804.2	18171.8	10846.6	15160.3	1508.2	2640.3
2007	50160.3	18603.4	10929.8	15230.0	1272.5	2568.7
2008	52870.9	19189.6	11246.4	16591.4	1554.2	2952.8
2009	53082.1	19510.3	11511.5	16397.4	1498.2	3154.3
2010	54647.7	19576.1	11518.1	17724.5	1508.3	3230.1
2011	57120.8	20100.1	11740.1	19278.1	1448.5	3306.8
2012	58958.0	20423.6	12102.3	20561.4	1305.0	3436.8

数据来源：国家统计局统计资料。

3.全国主要农作物单位面积产量（1978～2012年）

单位：公斤／公顷

年 份	粮食	稻谷	小麦	玉米	大豆	油料
1978	2527.3	3978.1	1844.9	2802.7	1059.0	838.6
1979	2784.7	4243.8	2136.8	2981.9	1029.4	912.7
1980	2734.3	4129.6	1913.9	3116.4	1098.8	970.0
1981	2827.3	4323.7	2106.9	3047.9	1162.2	1117.2
1982	3124.4	4886.3	2449.3	3265.9	1072.6	1264.8
1983	3395.7	5096.1	2801.7	3623.3	1289.8	1257.4
1984	3608.2	5372.6	2969.1	3960.3	1330.6	1372.5
1985	3483.0	5256.3	2936.7	3607.2	1360.5	1337.7
1986	3529.3	5337.6	3040.2	3705.1	1400.2	1291.1
1987	3621.7	5413.1	2982.9	3920.6	1476.0	1366.5
1988	3578.6	5286.7	2968.0	3928.1	1434.1	1243.3
1989	3632.2	5508.5	3043.0	3877.9	1269.3	1233.1
1990	3932.8	5726.1	3194.1	4523.9	1455.1	1479.9
1991	3875.7	5640.2	3100.5	4578.3	1379.5	1421.0
1992	4003.8	5803.1	3331.2	4532.7	1427.0	1428.4
1993	4130.8	5847.9	3518.8	4963.0	1619.1	1619.0
1994	4063.2	5831.1	3426.3	4693.4	1734.9	1646.9
1995	4239.7	6024.8	3541.5	4916.9	1661.4	1717.6
1996	4482.8	6212.4	3734.1	5203.3	1770.2	1760.7
1997	4376.6	6319.4	4101.9	4387.3	1765.1	1742.5
1998	4502.2	6366.2	3685.3	5267.8	1782.5	1791.0
1999	4492.6	6344.8	3946.6	4944.7	1789.2	1870.5
2000	4261.2	6271.6	3738.2	4597.5	1655.7	1918.7
2001	4266.9	6163.3	3806.1	4698.4	1624.8	1958.1
2002	4399.4	6189.0	3776.5	4924.5	1892.9	1962.0
2003	4332.5	6060.7	3931.8	4812.6	1652.9	1875.2
2004	4620.5	6310.6	4251.9	5120.2	1814.8	2124.6
2005	4641.6	6260.2	4275.3	5287.3	1704.5	2149.2
2006	4745.2	6279.6	4593.4	5326.3	1620.9	2249.3
2007	4748.3	6433.0	4607.7	5166.7	1453.7	2270.0
2008	4950.8	6562.5	4762.0	5555.7	1702.8	2302.3
2009	4870.6	6585.3	4739.0	5258.5	1630.2	2310.5
2010	4973.6	6553.0	4748.4	5453.7	1771.2	2325.6
2011	5165.9	6687.3	4837.2	5747.5	1836.3	2386.7
2012	5301.8	6776.9	4986.9	5869.7	1819.6	2467.2

数据来源：国家统计局统计资料。

4.各地区粮食播种面积（2011～2012年）

单位：千公顷

地 区	2011年	2012年	2012年比2011年增加	
			绝对数	%
全国总计	**110573.0**	**111204.6**	**631.6**	**0.6**
东部地区	24899.6	24977.1	77.5	0.3
中部地区	32421.0	32662.7	241.7	0.7
西部地区	34034.7	34217.6	182.9	0.5
东北地区	19217.8	19347.2	129.4	0.7
北 京	209.4	193.9	−15.5	−7.4
天 津	310.8	322.9	12.1	3.9
河 北	6286.1	6302.4	16.3	0.3
山 西	3287.9	3291.5	3.7	0.1
内蒙古	5561.5	5589.4	27.9	0.5
辽 宁	3169.8	3217.3	47.5	1.5
吉 林	4545.1	4610.3	65.2	1.4
黑龙江	11502.9	11519.5	16.6	0.1
上 海	186.3	187.6	1.3	0.7
江 苏	5319.2	5336.6	17.4	0.3
浙 江	1254.1	1251.6	−2.6	−0.2
安 徽	6621.5	6622.0	0.5	0.0
福 建	1226.8	1201.1	−25.7	−2.1
江 西	3650.1	3675.9	25.9	0.7
山 东	7145.8	7202.3	56.5	0.8
河 南	9859.9	9985.2	125.3	1.3
湖 北	4122.1	4180.1	58.0	1.4
湖 南	4879.6	4908.0	28.5	0.6
广 东	2530.4	2540.2	9.8	0.4
广 西	3072.8	3069.1	−3.7	−0.1
海 南	430.6	438.6	8.0	1.9
重 庆	2259.4	2259.6	0.2	0.0
四 川	6440.5	6468.2	27.7	0.4
贵 州	3055.6	3054.3	−1.3	0.0
云 南	4326.9	4399.6	72.7	1.7
西 藏	170.2	170.9	0.7	0.4
陕 西	3134.9	3127.5	−7.3	−0.2
甘 肃	2833.7	2839.4	5.8	0.2
青 海	279.4	280.2	0.8	0.3
宁 夏	852.4	828.3	−24.1	−2.8
新 疆	2047.5	2131.2	83.7	4.1

数据来源：国家统计局统计资料。

5.各地区粮食总产量（2011～2012年）

单位：万吨

地　区	2011年	2012年	2012年比2011年增加	
			绝对数	%
全国总计	**57120.8**	**58958.0**	**1837.1**	**3.2**
东部地区	14315.6	14553.3	237.7	1.7
中部地区	17251.7	17734.9	483.2	2.8
西部地区	14776.5	15494.7	718.2	4.9
东北地区	10777.1	11175.0	397.9	3.7
北　京	121.8	113.8	−8.0	−6.6
天　津	161.8	161.8	−0.1	0.0
河　北	3172.6	3246.6	74.0	2.3
山　西	1193.0	1274.1	81.1	6.8
内蒙古	2387.5	2528.5	141.0	5.9
辽　宁	2035.5	2070.5	35.0	1.7
吉　林	3171.0	3343.0	172.0	5.4
黑龙江	5570.6	5761.5	190.9	3.4
上　海	122.0	122.4	0.4	0.4
江　苏	3307.8	3372.5	64.7	2.0
浙　江	781.6	769.8	−11.8	−1.5
安　徽	3135.5	3289.1	153.6	4.9
福　建	672.8	659.3	−13.5	−2.0
江　西	2052.8	2084.8	32.0	1.6
山　东	4426.3	4511.4	85.1	1.9
河　南	5542.5	5638.6	96.1	1.7
湖　北	2388.5	2441.8	53.3	2.2
湖　南	2939.4	3006.5	67.2	2.3
广　东	1361.0	1396.3	35.4	2.6
广　西	1429.9	1484.9	55.0	3.8
海　南	188.0	199.5	11.5	6.1
重　庆	1126.9	1138.5	11.6	1.0
四　川	3291.6	3315.0	23.4	0.7
贵　州	876.9	1079.5	202.6	23.1
云　南	1673.6	1749.1	75.5	4.5
西　藏	93.7	94.9	1.2	1.2
陕　西	1194.7	1245.1	50.4	4.2
甘　肃	1014.6	1109.7	95.1	9.4
青　海	103.4	101.5	−1.9	−1.8
宁　夏	359.0	375.0	16.1	4.5
新　疆	1224.7	1273.0	48.3	3.9

数据来源：国家统计局统计资料。

6.各地区粮食单位面积产量（2011～2012年）

单位：公斤/公顷

地　区	2011年	2012年	2012年比2011年增加	
			绝对数	%
全国总计	**5165.9**	**5301.8**	**135.9**	**2.6**
东部地区	5749.3	5826.7	77.3	1.3
中部地区	5321.1	5429.7	108.6	2.0
西部地区	4341.6	4528.3	186.7	4.3
东北地区	5607.9	5776.0	168.1	3.0
北　京	5815.7	5868.4	52.7	0.9
天　津	5207.1	5009.3	−197.8	−3.8
河　北	5047.0	5151.4	104.4	2.1
山　西	3628.5	3870.9	242.4	6.7
内蒙古	4292.9	4523.7	230.8	5.4
辽　宁	6421.5	6435.4	13.9	0.2
吉　林	6976.8	7251.2	274.3	3.9
黑龙江	4842.8	5001.5	158.7	3.3
上　海	6544.5	6523.6	−20.8	−0.3
江　苏	6218.5	6319.6	101.0	1.6
浙　江	6232.2	6150.8	−81.4	−1.3
安　徽	4735.3	4966.9	231.6	4.9
福　建	5484.2	5489.0	4.8	0.1
江　西	5624.0	5671.5	47.5	0.8
山　东	6194.2	6263.8	69.6	1.1
河　南	5621.3	5647.0	25.7	0.5
湖　北	5794.5	5841.6	47.1	0.8
湖　南	6023.8	6125.7	101.9	1.7
广　东	5378.3	5497.0	118.6	2.2
广　西	4653.5	4838.2	184.7	4.0
海　南	4366.9	4548.4	181.5	4.2
重　庆	4987.6	5038.7	51.1	1.0
四　川	5110.8	5125.1	14.3	0.3
贵　州	2869.9	3534.4	664.5	23.2
云　南	3867.9	3975.6	107.7	2.8
西　藏	5508.7	5553.7	45.0	0.8
陕　西	3811.0	3981.1	170.1	4.5
甘　肃	3580.5	3908.2	327.7	9.2
青　海	3699.2	3622.7	−76.6	−2.1
宁　夏	4210.9	4527.3	316.5	7.5
新　疆	5981.5	5973.2	−8.3	−0.1

数据来源：国家统计局统计资料。

7.2012年各地区粮食及油料播种面积和产量（一）

单位：千公顷；万吨；公斤/公顷

地　区	粮　食			稻　谷		
	播种面积	总 产 量	每公顷产量	播种面积	总 产 量	每公顷产量
全国总计	**111204.6**	**58958.0**	**5301.8**	**30137.1**	**20423.6**	**6776.9**
东部地区	24977.1	14553.3	5826.7	6517.9	4548.1	6977.9
中部地区	32662.7	17734.9	5429.7	12305.6	8145.7	6619.5
西部地区	34217.6	15494.7	4528.3	6880.9	4518.9	6567.2
东北地区	19347.2	11175.0	5776.0	4432.8	3211.0	7243.8
北　京	193.9	113.8	5868.4	0.2	0.1	6443.9
天　津	322.9	161.8	5009.3	14.6	11.2	7657.5
河　北	6302.4	3246.6	5151.4	85.9	49.8	5798.4
山　西	3291.5	1274.1	3870.9	1.0	0.6	5940.6
内蒙古	5589.4	2528.5	4523.7	89.3	73.3	8201.1
辽　宁	3217.3	2070.5	6435.4	661.8	507.8	7673.0
吉　林	4610.3	3343.0	7251.2	701.2	532.0	7587.5
黑龙江	11519.5	5761.5	5001.5	3069.8	2171.2	7072.8
上　海	187.6	122.4	6523.6	105.1	89.1	8481.3
江　苏	5336.6	3372.5	6319.6	2254.2	1900.1	8428.9
浙　江	1251.6	769.8	6150.8	832.6	608.3	7305.6
安　徽	6622.0	3289.1	4966.9	2215.1	1393.5	6291.1
福　建	1201.1	659.3	5489.0	827.6	503.8	6087.2
江　西	3675.9	2084.8	5671.5	3328.3	1976.0	5936.9
山　东	7202.3	4511.4	6263.8	123.9	103.4	8345.8
河　南	9985.2	5638.6	5647.0	648.2	492.6	7599.2
湖　北	4180.1	2441.8	5841.6	2017.9	1651.4	8183.7
湖　南	4908.0	3006.5	6125.7	4095.1	2631.6	6426.3
广　东	2540.2	1396.3	5497.0	1949.4	1126.6	5779.1
广　西	3069.1	1484.9	4838.2	2057.6	1142.0	5550.2
海　南	438.6	199.5	4548.4	324.4	155.8	4801.5
重　庆	2259.6	1138.5	5038.7	687.0	498.00	7248.9
四　川	6468.2	3315.0	5125.1	1997.8	1536.1	7689.0
贵　州	3054.3	1079.5	3534.4	683.0	402.4	5892.5
云　南	4399.6	1749.1	3975.6	1082.9	644.6	5952.7
西　藏	170.9	94.9	5553.7	1.0	0.5	5567.0
陕　西	3127.5	1245.1	3981.1	123.3	87.4	7082.4
甘　肃	2839.4	1109.7	3908.2	5.6	3.9	7019.7
青　海	280.2	101.5	3622.7	0.0	0.0	0.0
宁　夏	828.3	375.0	4527.3	84.3	71.3	8457.9
新　疆	2131.2	1273.0	5973.2	69.2	59.4	8574.3

数据来源：国家统计局统计资料。

7.2012年各地区粮食及油料播种面积和产量（二）

单位：千公顷，万吨，公斤/公顷

地 区	小 麦			玉 米		
	播种面积	总 产 量	每公顷产量	播种面积	总 产 量	每公顷产量
全国总计	**24268.3**	**12102.3**	**4986.9**	**35029.8**	**20561.4**	**5869.7**
东部地区	8468.3	4699.9	5550.0	7108.6	4191.0	5895.6
中部地区	9557.1	5112.2	5349.1	6554.9	3571.5	5448.6
西部地区	6026.1	2217.1	3679.1	10684.7	5908.7	5530.1
东北地区	216.9	73.2	3376.4	10681.6	6890.2	6450.5
北 京	52.2	27.4	5257.9	132.0	83.6	6330.9
天 津	113.1	55.8	4929.3	179.3	92.5	5155.3
河 北	2410.0	1337.7	5550.9	3049.1	1649.5	5409.8
山 西	689.0	259.2	3761.8	1669.0	903.9	5415.7
内蒙古	609.6	188.4	3091.0	2833.7	1784.4	6297.1
辽 宁	6.8	3.2	4705.9	2206.7	1423.5	6450.9
吉 林	0.0	0.0	0.0	3284.3	2578.8	7851.7
黑龙江	210.1	70.0	3333.3	5190.6	2887.9	5563.8
上 海	56.6	22.6	3983.8	3.8	2.5	6596.9
江 苏	2132.6	1048.8	4917.8	418.9	230.2	5495.3
浙 江	74.5	27.1	3638.1	62.0	29.1	4700.7
安 徽	2415.5	1294.0	5357.0	822.5	427.5	5197.4
福 建	2.5	0.7	2874.2	45.4	18.0	3970.9
江 西	11.9	2.3	1924.1	28.1	12.6	4484.8
山 东	3625.9	2179.5	6011.0	3018.1	1994.5	6608.6
河 南	5340.0	3177.4	5950.1	3100.0	1747.8	5637.9
湖 北	1065.5	370.8	3479.9	593.3	282.6	4762.2
湖 南	35.3	8.6	2428.4	342.0	197.3	5767.5
广 东	0.9	0.3	3225.8	172.5	79.7	4620.3
广 西	1.5	0.2	1333.3	500.5	250.6	4917.0
海 南	0.0	0.0		27.5	11.3	4121.0
重 庆	125.4	38.5	3066.3	468.4	256.3	5471.1
四 川	1234.1	437.0	3541.0	1371.1	701.3	5114.9
贵 州	259.8	52.4	2016.9	775.2	342.3	4415.3
云 南	442.2	88.3	1996.8	1456.9	700.0	4804.7
西 藏	37.7	24.6	6512.1	4.4	2.6	6023.0
陕 西	1127.6	435.5	3862.2	1167.4	566.9	4856.1
甘 肃	833.9	278.5	3339.6	902.7	504.1	5584.5
青 海	94.2	35.2	3735.5	22.9	17.0	7410.6
宁 夏	179.0	62.0	3463.7	245.9	191.2	7775.5
新 疆	1081.0	576.5	5333.2	855.7	592.1	6919.4

数据来源：国家统计局统计资料。

7.2012年各地区粮食及油料播种面积和产量（三）

单位：千公顷；万吨；公斤/公顷

地　区	大　豆			油　料		
	播种面积	总 产 量	每公顷产量	播种面积	总 产 量	每公顷产量
全国总计	7171.7	1305.0	1819.6	13929.8	3436.8	2467.2
东部地区	721.5	178.9	2479.4	2487.2	817.7	3287.7
中部地区	1821.6	272.8	1497.6	6130.5	1461.3	2383.7
西部地区	1619.1	317.9	1963.2	4551.5	933.6	2051.3
东北地区	3009.5	535.4	1779.1	760.6	224.1	2946.6
北　京	4.7	0.9	1880.8	4.5	1.3	2958.3
天　津	11.8	1.4	1216.2	1.9	0.6	3003.2
河　北	127.6	25.9	2032.1	454.0	142.8	3145.7
山　西	199.7	18.2	911.5	145.9	19.6	1341.5
内蒙古	616.7	122.0	1977.5	764.7	145.1	1897.1
辽　宁	115.8	31.2	2695.3	376.7	120.9	3208.9
吉　林	230.0	40.8	1775.6	266.6	80.7	3028.0
黑龙江	2663.8	463.4	1739.5	117.3	22.5	1919.2
上　海	2.9	0.8	2752.6	8.2	1.7	2116.5
江　苏	210.5	55.3	2628.1	527.7	146.9	2784.8
浙　江	88.5	25.2	2850.2	189.4	38.3	2022.4
安　徽	876.7	113.0	1289.0	843.6	227.7	2698.9
福　建	63.7	15.9	2493.3	113.6	28.1	2472.1
江　西	99.0	21.5	2168.3	744.2	117.1	1573.3
山　东	146.4	37.4	2556.7	796.0	351.0	4408.8
河　南	460.5	78.1	1696.6	1573.6	569.5	3619.1
湖　北	95.3	20.6	2157.2	1501.5	319.7	2129.0
湖　南	90.5	21.5	2371.3	1321.7	207.8	1572.3
广　东	62.0	15.3	2460.1	352.2	96.6	2743.0
广　西	94.4	15.3	1621.0	217.4	54.5	2506.8
海　南	3.4	0.7	2185.1	39.7	10.4	2608.3
重　庆	99.2	19.6	1973.3	271.0	50.1	1849.1
四　川	223.1	51.9	2325.0	1249.7	287.8	2302.6
贵　州	133.8	7.8	585.9	547.5	87.4	1596.0
云　南	127.1	26.9	2116.2	343.3	62.8	1830.5
西　藏	0.2	0.1	3000.0	24.0	6.3	2635.7
陕　西	166.8	36.0	2158.9	302.3	60.3	1995.7
甘　肃	90.7	16.3	1798.6	336.4	67.0	1991.6
青　海	0.0	0.0	0.0	164.4	35.2	2142.6
宁　夏	11.9	0.5	420.2	88.4	18.0	2040.2
新　疆	55.2	21.6	3901.9	242.3	59.0	2436.4

数据来源：国家统计局统计资料。

8.人均主要农业产品产量（1978～2012年）

单位：公斤

年 份	粮食	棉花	油料	糖料	水果	水产品
1978	318.7	2.3	5.5	24.9	6.9	4.9
1980	326.7	2.8	7.8	29.7	6.9	4.6
1985	360.7	3.9	15.0	57.5	11.1	6.7
1990	393.1	4.0	14.2	63.6	16.5	10.9
1995	387.3	4.0	18.7	65.9	35.0	20.9
1996	414.4	3.5	18.2	68.7	38.2	27.0
1997	401.7	3.7	17.5	76.3	41.4	25.4
1998	412.5	3.6	18.6	78.8	43.9	27.2
1999	405.8	3.1	20.8	66.5	49.8	28.5
2000	366.0	3.5	23.4	60.5	49.3	29.4
2001	355.9	4.2	22.5	68.1	52.3	29.8
2002	357.0	3.8	22.6	80.4	54.3	30.9
2003	334.3	3.8	21.8	74.8	112.7	31.6
2004	362.2	4.9	23.7	73.8	118.4	32.8
2005	371.3	4.4	23.6	72.5	123.6	33.9
2006	379.9	5.7	20.1	76.4	130.4	35.0
2007	380.6	5.8	19.5	92.5	137.6	36.0
2008	399.1	5.7	22.3	101.3	145.1	37.0
2009	398.7	4.8	23.7	92.2	153.2	38.4
2010	408.7	4.5	24.2	89.8	160.0	40.2
2011	425.2	4.9	24.6	93.2	169.5	41.7
2012	436.0	5.1	25.4	99.8	178.1	43.7

注：2003年起水果产量含果用瓜。

数据来源：国家统计局统计资料。

9.农产品生产价格指数（2005～2012年）

（上年＝100）

指　　标	2005年	2006年	2007年	2008年	2009年	2010年	2011年	2012年
农产品生产价格指数	**101.4**	**101.2**	**118.5**	**114.1**	**97.6**	**110.9**	**116.5**	**102.7**
农业产品	**101.6**	**104.5**	**109.8**	**108.4**	**102.9**	**116.6**	**107.8**	**104.8**
谷物	99.2	102.1	109.0	107.1	104.9	112.8	109.7	104.8
小麦	96.4	100.1	105.5	108.7	107.9	107.9	105.2	102.9
稻谷	101.6	102.0	105.4	106.6	105.2	112.8	113.3	104.1
玉米	98.0	103.0	115.0	107.3	98.5	116.1	109.9	106.6
大豆	94.2	99.2	124.2	119.7	92.3	107.9	106.3	105.7
油料	91.3	104.8	133.4	128.0	94.2	112.1	112.1	105.2
棉花	111.8	97.1	109.6	90.6	111.8	157.7	79.5	98.1
糖料	111.6	121.1	100.0	98.4	101.5	106.0	125.5	105.0
蔬菜	107.2	109.3	106.9	104.7	111.8	116.8	103.4	109.9
水果	107.4	111.4	101.3	101.4	107.0	118.9	106.2	103.9
林业产品	**104.8**	**112.8**	**104.4**	**108.5**	**94.9**	**122.8**	**114.9**	**101.2**
畜牧产品	**100.5**	**94.3**	**131.4**	**123.9**	**90.1**	**103.0**	**126.2**	**99.7**
猪(毛重)	97.6	90.6	145.9	130.8	81.6	98.3	137.0	95.9
牛(毛重)	101.7	100.6	117.5	123.6	101.0	104.7	108.1	116.8
羊(毛重)	101.7	101.8	121.0	118.8	101.1	108.7	115.7	107.8
家禽(毛重)	105.6	97.2	117.0	111.9	102.2	107.0	112.0	103.8
蛋类	106.4	96.0	115.9	112.2	102.8	107.5	112.6	100.5
奶类	99.6	102.9	106.2	125.5	91.6	115.3	108.1	103.9
渔业产品	**104.7**	**103.9**	**108.1**	**111.2**	**99.0**	**107.6**	**110.0**	**106.2**
海水养殖产品							111.5	101.0
海水捕捞产品							111.2	110.9
淡水养殖产品							109.5	106.8
淡水捕捞产品							103.7	107.2

数据来源：国家统计局统计资料。

10.居民消费价格指数（2005～2012年）

（上年＝100）

项　目	2005年	2006年	2007年	2008年	2009年	2010年	2011年	2012年
居民消费价格指数	101.8	101.5	104.8	105.9	99.3	103.3	105.4	102.6
食品	102.9	102.3	112.3	114.3	100.7	107.2	111.8	104.8
#粮食	101.4	102.7	106.3	107.0	105.6	111.8	112.2	104.0
油脂	94.3	98.6	126.7	125.4	81.7	103.8	113.4	105.1
肉禽及其制品	102.5	97.1	131.7	121.7	91.3	102.9	122.6	102.1
蛋	104.6	96.0	121.8	104.3	101.6	108.3	114.2	97.1
水产品	105.9	101.2	105.1	114.2	102.5	108.1	112.1	108.0
菜	109.1	108.2	107.9	111.0	113.6	118.5	101.1	113.7
糖	104.0	111.2	101.6	104.0	102.5	108.3	111.2	104.2
茶及饮料	100.1	101.0	101.5	103.7	101.8	101.3	104.0	104.2
干鲜瓜果	102.2	117.9	102.2	110.8	107.1	114.6	115.9	100.1
液体乳及乳制品	100.9	100.9	102.7	117.0	101.5	102.8	105.1	103.2
烟酒及用品	100.4	100.6	101.7	102.9	101.5	101.6	102.8	102.9
#烟草	100.4	100.2	100.8	100.4	100.4	100.5	100.3	100.5
酒	100.6	101.2	103.5	107.5	103.4	103.6	106.7	106.3
衣着	98.3	99.4	99.4	98.5	98.0	99.0	102.1	103.1
#服装	98.1	99.0	99.4	98.3	97.8	99.1	102.4	103.3
鞋袜帽	98.3	100.2	99.0	98.2	97.8	98.2	100.7	102.3
家庭设备用品及维修服务	99.9	101.2	101.9	102.8	100.2	100.0	102.4	101.9
#耐用消费品	98.8	100.8	101.6	101.2	98.1	98.5	100.4	100.4
室内装饰品	99.5	100.0	100.3	100.2	99.7	99.9	101.0	100.8
家庭服务及加工维修服务	104.4	105.8	107.2	109.0	105.2	106.7	111.4	109.7
医疗保健和个人用品	99.9	101.1	102.1	102.9	101.2	103.2	103.4	102.0
医疗保健	99.5	100.2	102.1	102.2	101.4	103.3	102.9	101.7
个人用品及服务	100.8	103.2	102.1	104.4	100.8	103.0	104.4	102.6
交通和通信	99.0	99.9	99.1	99.1	97.6	99.6	100.5	99.9
交通	101.5	103.2	100.8	102.2	98.6	101.7	102.6	101.2
通信	96.6	96.4	97.1	95.6	[illegible]	[illegible]	97.5	98.0
娱乐教育文化用品及服务	102.2	99.5	99.0	99.3	99.3	100.6	100.4	100.5
文娱用耐用消费品及服务	93.8	94.2	93.1	92.3	90.6	94.3	93.7	94.5
教育	105.1	100.0	99.6	100.5	101.6	101.4	101.3	101.7
文化娱乐	101.2	101.0	101.0	101.3	102.5	101.0	101.1	101.3
旅游	99.6	103.1	102.3	101.1	97.5	104.9	103.8	101.7
居住	105.4	104.6	104.5	105.5	96.4	104.5	105.3	102.1
建房及装修材料	102.6	103.9	105.1	107.1	100.2	103.3	104.7	101.0
住房租金	101.9	102.7	104.2	103.5	101.6	104.9	105.3	102.7
自有住房	105.6	103.7	107.0	102.8	85.3	103.6	106.5	102.3
水电燃料	108.6	105.9	103.0	106.4	97.9	105.5	103.5	102.4

数据来源：国家统计局统计资料。

11.粮食成本收益变化情况表（1991～2012年）

单位：元

年份	每50公斤平均出售价格				每亩总成本				每亩净利润			
	粮食平均	稻谷	小麦	玉米	粮食平均	稻谷	小麦	玉米	粮食平均	稻谷	小麦	玉米
1991	26.1	28.5	30.0	21.1	153.9	188.4	138.4	135.3	34.3	62.4	6.3	34.0
1992	28.4	29.3	33.1	24.3	163.8	192.3	149.3	150.6	44.0	67.7	21.2	42.3
1993	35.8	40.4	36.5	30.2	178.6	211.2	169.8	155.2	92.3	145.1	35.6	95.8
1994	59.4	71.2	56.5	48.2	239.4	298.1	213.2	206.7	190.7	316.7	82.3	173.3
1995	75.1	82.1	75.4	67.0	321.8	391.4	281.7	292.2	223.9	311.1	130.5	230.1
1996	72.3	80.6	81.0	57.2	388.7	458.3	359.5	351.2	155.7	247.5	92.9	123.8
1997	65.1	69.4	70.1	55.8	386.1	450.2	349.5	358.4	105.4	171.8	74.8	69.8
1998	62.1	66.9	66.6	53.8	383.9	437.4	357.5	356.6	79.3	155.9	−6.2	88.2
1999	53.0	56.6	60.4	43.7	370.7	425.2	351.5	337.2	25.6	75.8	−12.1	11.2
2000	48.4	51.7	52.9	42.8	356.2	401.7	352.5	330.6	−3.2	50.1	−28.8	−6.9
2001	51.5	53.7	52.5	48.3	350.6	400.5	323.6	327.9	39.4	81.4	−27.5	64.3
2002	49.2	51.4	51.3	45.6	370.4	415.8	342.7	351.6	4.9	37.6	−52.7	30.8
2003	56.5	60.1	56.4	52.7	368.3	419.1	339.6	347.6	42.9	94.9	−30.3	62.8
2004	70.7	79.8	74.5	58.1	395.5	454.6	355.9	375.7	196.5	285.1	169.6	134.9
2005	67.4	77.7	69.0	55.5	425.0	493.3	389.6	392.3	122.6	192.7	79.4	95.5
2006	72.0	80.6	71.6	63.4	444.9	518.2	404.8	411.8	155.0	202.4	117.7	144.8
2007	78.8	85.2	75.6	74.8	481.1	555.2	438.6	449.7	185.2	229.1	125.3	200.8
2008	83.5	95.1	82.8	72.5	562.4	665.1	498.6	523.5	186.4	235.6	164.5	159.2
2009	91.3	99.1	92.4	82.0	630.3	716.7	592.0	582.3	162.4	217.6	125.5	144.2
2010	103.8	118.0	99.0	93.6	672.7	766.6	618.6	632.6	227.2	309.8	132.2	239.7
2011	115.4	134.5	104.0	106.1	791.2	897.0	712.3	764.2	250.8	371.3	117.9	263.1
2012	119.9	138.1	108.3	111.1	936.4	1055.1	830.4	924.2	168.4	285.7	21.3	197.7

数据来源：国家发展改革委统计资料。

12.全国国有粮食企业主要粮食品种收购量（1978～2012年）

单位：贸易粮，万吨

年份	粮食合计	小麦	大米	玉米	大豆	其他
1978	5110.15	1176.80	1995.70	1046.65	216.00	675.00
1979	5925.00	1562.55	2200.95	1280.95	205.00	675.55
1980	5882.10	1396.10	2214.50	1357.75	296.50	617.25
1981	6255.50	1418.30	2421.05	1408.00	412.60	595.55
1982	7367.45	1933.60	2900.30	1427.40	401.65	704.50
1983	9879.55	2763.30	3312.40	2337.75	409.80	1056.30
1984	11165.85	3427.00	3858.10	2588.05	382.35	910.35
1985	7925.50	2666.10	3012.90	1374.20	503.30	369.00
1986	9453.20	2842.00	3258.70	2183.10	653.70	515.70
1987	9920.10	2816.20	3143.70	2848.60	609.70	501.90
1988	9430.40	2673.90	3185.90	2414.70	693.50	462.40
1989	10040.20	2855.50	3622.90	2587.70	620.00	354.10
1990	12364.50	3646.60	4316.00	3372.80	661.20	367.90
1991	11423.00	3392.45	3810.00	3338.40	582.20	299.95
1992	10414.35	3841.40	3272.60	2621.70	406.10	272.55
1993	9233.95	3373.10	2505.00	2469.95	606.20	279.70
1994	9226.41	3230.41	2697.60	2185.00	732.20	381.20
1995	9443.80	3125.00	3061.40	2435.60	522.50	299.30
1996	11919.80	3614.80	3382.15	4224.65	437.80	260.40
1997	11535.40	4600.20	3510.55	2692.15	515.20	217.30
1998	9654.50	2795.60	2562.00	3867.40	351.00	78.50
1999	12807.70	3863.30	3186.10	5425.10	246.60	86.60
2000	11695.10	4018.20	3327.30	4019.20	237.90	92.50
2001	11784.15	4437.85	2798.80	4128.20	326.80	92.50
2002	10826.25	4201.30	2189.60	4181.95	140.40	113.00
2003	9717.05	3682.00	2109.80	3702.45	120.30	102.50
2004	8919.45	3448.10	2138.05	3158.10	91.00	84.20
2005	11493.75	3745.20	2572.25	4529.90	506.00	140.40
2006	12256.50	6039.95	2153.45	3424.70	492.20	146.20
2007	10167.40	4733.15	1985.05	3008.30	321.45	119.45
2008	15470.88	6712.73	3604.84	4754.18	313.47	85.65
2009	15223.00	6833.95	2637.45	4988.45	653.00	110.15
2010	12406.00	6177.70	2135.95	3333.65	648.80	109.90
2011	11442.65	4650.40	2799.30	3428.10	465.65	99.20
2012	12363.50	4871.40	2574.40	4260.90	563.90	92.90

注：1978～2002年粮食购销存数字按粮食年度统计，粮食年度是指当年4月1日至翌年3月31日。从2003年开始，粮食统计年度改为日历年度。年度数字均为国有粮食企业收购量。

数据来源：国家粮食局统计资料。

13.全国国有粮食企业主要粮食品种销售量（1978～2012年）

单位：贸易粮，万吨

年份	粮食合计	小麦	大米	玉米	大豆	其他
1978	5343.45	1869.50	1773.90	876.10	162.45	661.50
1979	5679.05	1940.30	1826.00	1067.90	179.80	665.05
1980	6416.80	2256.75	2014.30	1301.45	204.40	639.90
1981	7223.25	2563.50	2122.90	1622.25	239.00	675.60
1982	7710.40	2858.05	2289.45	1596.70	271.80	694.40
1983	8003.20	3005.90	2497.65	1458.50	288.75	752.40
1984	10417.85	3699.65	3438.50	1931.95	355.25	992.50
1985	8564.90	3078.50	3006.30	1328.10	322.90	829.10
1986	9347.70	3618.10	3243.90	1357.00	321.30	807.40
1987	9190.80	3643.30	3080.00	1423.80	355.50	688.20
1988	10091.00	3885.20	3038.00	1898.60	406.70	862.50
1989	8931.10	3521.80	2566.20	1846.10	346.50	650.50
1990	9033.30	3574.90	2770.50	1723.10	341.70	623.10
1991	10433.00	4085.00	3267.40	1046.30	1402.60	631.70
1992	9000.00	3247.00	3044.43	1637.30	256.80	814.47
1993	6700.30	2848.50	2128.50	1088.20	229.90	405.20
1994	7648.40	3328.20	2609.40	1121.30	234.00	355.50
1995	9264.20	3707.60	2896.80	1570.00	620.30	469.50
1996	7340.55	3090.25	2259.48	1346.72	356.80	287.30
1997	6830.65	2439.29	2042.94	1632.34	429.40	286.70
1998	6115.95	2137.10	1795.45	1648.50	348.60	186.30
1999	9353.25	3137.15	2420.90	3197.60	439.40	158.20
2000	12556.90	3961.88	3029.80	4718.50	645.50	201.20
2001	8528.70	3225.60	2155.60	2574.90	439.20	133.40
2002	12070.00	4733.00	3155.50	3551.50	510.50	119.50
2003	13453.70	5500.30	3559.05	3800.85	422.20	171.30
2004	11944.00	4640.60	3246.20	3574.50	309.30	173.40
2005	12138.30	4276.90	2556.75	4348.75	841.70	114.20
2006	12034.15	4246.10	2671.35	4133.20	847.60	135.90
2007	12958.25	5104.00	2896.00	3890.35	892.75	175.15
2008	15324.79	7352.83	3120.00	3985.40	755.91	110.65
2009	16693.18	7094.24	3054.12	5261.36	1145.71	137.75
2010	18911.25	7569.00	3047.63	6454.77	1662.90	176.94
2011	18922.45	7342.20	3609.45	5839.05	1992.20	139.55
2012	16829.40	6929.95	2970.75	4548.00	2188.10	192.60

注：1978～2002年粮食购销存数字按粮食年度统计，粮食年度是指当年4月1日至翌年3月31日。从2003年开始，粮食统计年度改为日历年度。年度数字均为国有粮食企业销售量。

数据来源：国家粮食局统计资料。

14.全国粮油进口情况表（1992~2012年）

单位：万吨

年份	粮食	谷物					大豆	食用植物油
			小麦	大米	玉米	大麦		
1992	1182	1152	1058	10	0	0	0	38
1993	16	1	1	0	0	0	0	24
1994	925	913	730	51	0	0	0	161
1995	2083	2036	1159	164	518	0	0	214
1996	1106	1078	825	76	44	0	0	163
1997	738	410	186	33	0	187	288	159
1998	742	382	149	24	25	152	319	113
1999	809	334	45	17	7	227	432	89
2000	1391	312	91	24	0	196	1042	41
2001	1950	344	74	27	4	237	1394	149
2002	1605	285	63	24	1	191	1131	266
2003	2526	208	45	26	0	136	2074	441
2004	3352	974	726	76	0	171	2023	529
2005	3647	627	354	51	0	218	2659	472
2006	3714	358	61	72	7	213	2824	581
2007	3731	155	10	49	4	91	3082	767
2008	4131	154	4	33	5	108	3744	753
2009	5223	315	90	36	8	174	4255	816
2010	6695	571	123	39	157	237	5480	687
2011	6390	545	126	60	175	178	5264	657
2012	8025	1398	370	237	521	253	5838	845

数据来源：国家发展改革委统计资料。

15.全国粮油出口情况表（1992~2012年）

单位：万吨

年份	粮食	谷物					大豆	食用植物油
			小麦	大米	玉米	大麦		
1992	1391	1194	0	95	1034	0	0	6
1993	151	1	0	0	1	0	0	13
1994	1306	1088	11	152	874	0	0	27
1995	162	43	2	5	11	0	0	25
1996	135	68	0	27	16	0	0	—
1997	878	788	0	94	662	1	19	71
1998	939	861	1	374	469	1	17	27
1999	840	721	0	271	431	1	20	9
2000	1452	1359	19	295	1029	0	21	11
2001	991	876	71	186	600	0	25	13
2002	1620	1482	98	198	1167	0	28	10
2003	2355	2195	251	260	1640	0	27	6
2004	620	473	109	90	232	0	33	7
2005	1182	1014	60	67	864	0	40	23
2006	774	605	151	124	310	1	38	40
2007	1169	987	307	134	492	12	46	17
2008	379	181	31	97	27	1	47	25
2009	328	132	25	78	13	1	35	11
2010	275	120	28	62	13	1	16	9
2011	288	116	33	52	14	1	21	12
2012	277	96	29	28	26	1	32	10

数据来源：国家发展改革委统计资料。

16.2012年粮食行业机构与从业人员情况年报表

项　目	乙	粮食行业机构													
		机构总数	按层次划分				人员总数	其中：女	其中：少数民族	其中：中共党员	1.在岗职工	其中：企业经营管理人员	其中：专业技术人员	其中：技术工人	长期职工
			中央	省、自治区、直辖市	省辖市、自治州、行署	县（市、区）及以下									
甲		1	2	3	4	5	6	7	8	9	10	11	12	13	14
总　计	01	43185	694	704	4160	37627	1079218	311667	46113	249478	1037312	147153	122271	178786	963964
一、行政管理部门	02	2761	2	45	432	2282	45105	10932	3911	36426	44894	0	649	4616	44675
二、事业单位	03	2843	9	157	627	2050	36909	13226	2540	19798	36467	0	11293	7679	35937
三、企业	04	37581	683	502	3101	33295	997204	287509	39662	193254	955951	147153	110329	166491	883352
其中：国有及国有控股企业	05	14017	683	359	1298	11677	459049	139729	20370	137740	440458	89300	59912	80599	421587

注：1.“单位总数”：指具有法人资格的独立核算单位。

2.“从业人员”：指报告期的最后一天，在各级国家机关、政党机关、社会团体及企业、事业单位中工作，取得工资或其他形式的劳动报酬的全部人员。包括在岗职工、再就业的离退休人员、民办教师以及在各单位中工作的外方人员和港澳台方人员、兼职人员、借用的外单位人员和第二职业 者。不包括离开单位仍保留劳动关系的职工。

3.“在岗职工”：指在本单位工作并由单位支付工资的人员，以及有工作岗位，但由于学习、病伤产假（六个月以内）等原因暂未工作，仍由单位支付工资的人员。其中，长期职工是指用工期限在一年以上（含一年）的在岗职工，当年新分配的大中专技校毕业生虽在当年用工期限不满一年， 但应视为长期职工；临时职工是指用工期限在一年以内的在岗职工，包括签订一年以内的劳动合同或使用期不超过一年的临时性、季节性用工， 如临时招用的清洁工、司炉工等。

4.“企业经营管理人员”：指具体从事经营管理活动的人员，包括各级经理人以及具体从事规划计划、人力资源管理、市场营销、资本运营、财务审计、生产管理、法律事务、质量安全环保、行政管理等业务工作的人员。

5.“专业技术人员”：指在企事业单位中从事专业技术工作的人员和具有专业技术职务（职称）从事专业技术管理工作的人员。

6.“技术工人”：指具有一定的专业知识，掌握一定的工艺和技术，能够独立使用工具、设备进行操作或生产加工的熟练工人。分为初级工、中级工、高级工、技师、高级技师五个等级。

7.“其他从业人员”：是指劳动统计制度规定不作在岗职工统计，但实际参加各单位工作并取得劳动报酬的人员。包括：聘用和留用的离退休人员；聘用的外籍人员和港、澳、台方人员；领取补贴的人员（指主要由街道、里弄临时安排到单位劳动锻炼的待业青年和犯了错误开除公职留用察看的人员）、兼职人员和从事第二职业者，不包括领取报酬的在校学生；使用外单位离岗职工。

8.“学历”：指在国家认可的各类学校接受正规教育的学习经历，有国家认可的毕业证书，含全日制教育和在职教育。其中，研究生含博士研究生、硕士研究生。参加各种课程进修班学习获得结业证书的，不作为学历依据。

数据来源：国家粮食局统计资料。

单位：人数，人；单位数，个

从业人员															
			按层次划分				按学历划分						按年龄划分			
	按用工期限划分	2. 其他从业人员	中央	省、自治区、直辖市	省辖市、自治州、行署	县（市、区）及以下	研究生	大学本科	大学专科	中专	高中	初中及以下	35岁及以下	36～45岁	46～54岁	55岁及以上
	临时职工															
	15	16	17	18	19	20	21	22	23	24	25	26	27	28	29	30
	73348	41906	69540	52118	185124	772436	7182	95585	193304	185290	330924	266933	328166	408978	270600	71474
	219	211	144	1988	8628	34345	1524	14377	18653	4848	4484	1219	5005	11848	21264	6988
	530	442	430	7095	7286	22098	1204	9447	11961	5155	6822	2320	8509	12468	12517	3415
	72599	41253	68966	43035	169210	715993	4454	71761	162690	175287	319618	263394	314652	384662	236819	61071
	18871	18591	68966	31117	73044	285922	2431	34088	88227	85884	148545	99874	116009	184528	127084	31428

后　记

经国家粮食局批准，在有关部门的大力支持下，《中国粮食发展报告》自2004年以来已连续出版9年，受到社会的普遍关注，得到了有关部门及社会各界的一致肯定。《2013中国粮食发展报告》(以下简称《报告》)全面、客观地介绍了我国2012年粮食发展情况，针对当前粮食生产和流通领域的热点、难点问题进行对策研究，收录了较为完备的粮食行业统计资料。《报告》（包括附表）所有统计资料和数据均未包括我国香港、澳门特别行政区和台湾地区。

《报告》在编写过程中得到了国家发展改革委、农业部、国家统计局等有关部门的大力支持，参加《报告》编写工作的部门及单位有：国家发展改革委经贸司、农经司、价格司，农业部种植业管理司，国家统计局综合司、农村司，国家粮食局办公室、人事司、外事司、调控司、政策法规司、监督检查司、财务司、流通与科技发展司，国家粮油信息中心、标准质量中心、发展交流中心，中国粮油学会、中国粮食行业协会杂粮分会等。

在此，谨向在《报告》编写过程中给予大力支持的领导、专家和同志们表示衷心的感谢！《报告》如有不妥之处，敬请批评指正。

中国粮食研究培训中心

《中国粮食发展报告》编辑部

2013年9月26日